KB112857

역사 속에 숨어 있는
논술

역사 속에 숨어 있는 논술

최경석 지음

살림

역사의 창(窓)으로 세상을 바라보다

고등학교에서 역사는 기본 과정으로 필수 과목인 국사와 선택 과정인 한국근현대사, 세계사 과목으로 구성된다. 어렸을 때 보던 만화나 위인전에 익숙한 요즘 고등학생들에게 이야기의 매력을 상실한 역사 과목은 인기가 시들하다. 관심을 가지고 있는 역사 마니아 학생들이 있긴 하지만 기본적으로 사회과학적인 딱딱한 서술로 이루어져 있는 과목, 대학 입시를 위한 수능 과목 중 하나, 게다가 달달 외워야 한다는 부담까지 있는 역사는 종종 화석화된 교과가 되어버리곤 한다. 더구나 인간들이 살아가는 작은 이야기보다는 정치·경제·사회·문화의 분야로 나누어 크고 굵직한 사건 위주로 서술되는 과목이다 보니 '나'와 연관된 역사, 흥미 있는 역사로 각인시키는 것이 교사로서는 여간 힘든 일이 아니다. 주변의 어른들도 역사 과목은 학창 시절 재미는 있었지만 외우는 능력(?)이 떨어져 잘 하지 못했다는 말을 종종 하곤 한다.

이런 역사를 왜 학습하는 것일까? 크로체라는 역사가가 남긴 "모든 역사는 현대사"라는 표현에서 드러나는 것처럼, 역사는 오늘 우리가 살아가고 세상을 바라보며 행동하는 데 직·간접적인 거울 역할을 하기 때문이다. 최근 중국의 동북공정과 일본의 역사 교과서 왜곡, 독도에 대한 일본의 영유권 주장 등의 시사적 이슈에서 보듯 역사는 한 국가와 국민의 정체성과 대외적 독립성의 주요한 근거가 된다. 또한 대내외적인 정치 등의 문제에서는 '역사적 해법'이란 표현처럼 과거의 경험에서 유효한 교훈을 떠올리기도 한다. 한반도의 평화와 통일을 둘러싼 6자 회담에서는 우리의 외교 정책의 역사적 해법으로 광해군의 중립 외교를 떠올려 본다거나, 병자호란 당시 주전론과 주화론의 논쟁을 떠올리는 것이 그러한 예일 것이다. 또한 호주제 폐지를 둘러싼 논쟁에서 고려 시대와 조선 시대의 여성의 사회적 지위를 비교해 본다거나 세계화 시대 개방을 둘러싼 논의에서 한말의 상황을 비교하며 우리가 선택해야 하는 올바른 방향은 무엇인지 찾게 되는 것도 좋은 예이다.

한편 역사는 그 자체로 오늘의 우리가 이 땅에 발 딛고 서 있는 과정을 설명해 주기도 한다. '루시'라는 애칭으로 알려진 최초의 인류 오스트랄로피테쿠스에서부터 4대 문명을 지나 인류라는 공동체가 어떻게 오늘날의 모습을 가지게 되었는지 탐구하는 가운데 우리는 역사만이 가르쳐 줄 수 있는 인간의 모습을 알게 된다. 전쟁, 발명, 발견, 교류, 혁명 등의 과정을 통해 '그 당시의 사람들은 어떻게 살았을까'라는 궁금증을 해소하는 것은 물론, 자연스럽게 '미래의 우리는 어떻게 살아야 할 것인가'라는 질문에 어렴풋하게나마 지혜로운 대답을 얻기도 한다. 이것은 역사학의 발전 과정과도 맥락을 같이 한다. 거대한 정치사에서 사회·경제사로, 최근에는 문화사나 미시사 등으로 역사학이 분화·발전하며 인간의 생생한 삶에 대한 탐구가 그 지평을 넓히고 있음을 알 수 있다.

그렇지만 역사 교과서나 역사책을 볼 때 우리가 빠뜨려서는 안 될 전제가 몇 가지 있다.

우선 역사를 서술하는 관점과 방식을 이해해야 한다는 것이다. 역사는 객관적 사실을 그 어떤 가치보다 소중하게 여긴다. 따라서 사실이 잘못되었거나 오류, 조작의 흔적이 발견된다면 그것은 곧바로 역사로서의 지위를 박탈 당한다.

더불어 그 객관적 사실이 누구에 의해 어떻게 기록되었는지를 파악해야 할 필요도 있다. 같은 사건이라 해도 왕이나 귀족의 입장에서 해석되고 기록된 것과 노예나 평민의 입장에서 해석되고 기록된 것은 얼마든지 차이가 있을 수 있기 때문이다. 고려 시대의 유학자이자 문벌 귀족이었던 김부식의 눈에 비친 삼국 시대와 민족주의 역사학자인 신채호가 보는 삼국 시대가 다르다는 것은 아마 고등학생이라면 국사 시간에 한 번쯤은 들어보았을 것이다. 삼국의 정통성이 고구려에 있는지 아니면 신라에 있는지에 대한 평가까지 비교해 보면 두 입장의 차이가 더욱 분명히 드러난다. 우리가 매일매일 받아보는 신문들도 같은 사건에 대해 서로 다른 내용의 기사를 싣는 경우가 있음을 떠올려 보면 이를 쉽게 이해할 수 있을 것이다. 이 같은 현상은 각각의 신문사마다 사건을 바라보고 해석하는 관점이 다르기 때문에 발생하는 것이다. 그렇기 때문에 역사적 사실이라 해도 그것을 누가 어떤 관점에서 기록하고 정리하였는지를 염두에 둘 필요가 있다는 것이다. 이것은 오늘날에도 마찬가지이다. 비정규직인 노동자가 바라보는 한국 경제와 기업의 경영자가 바라보는 한국 경제는 분명 다를 것이다.

역사뿐 아니라 각 국가의 이해관계가 얽혀 있는 국제 문제에 있어서도 이와 마찬가지로 하나의 관점과 해법이란 존재하지 않을지도 모른다. 일례로 이라크 전쟁을 둘러싼 국가 간의 입장이나 여론 등을 떠올려 보면 세상을 바라보는 관점에는 단 하나의 옳은 정답만이 있는 것이 아님을 잘 알 수 있을 것이다. 우리가 역사 속에 깔려 있는 이러한 전제들을 이해한다면 세상을 바라보는 자신만의 관점을 정립하고 비판적 사고력과 대안을 찾을 수 있는 방안을 모색하는 문제 해결력을 역사를 통해 기를 수 있을 것이다.

한편 역사는 인간을 탐구 대상으로 하는 학문이다. 정치사나 경제사, 혹은 과학사나 미술사라고 하더라도 그것의 핵심은 우리 인간 자신을 탐구하는 학문이라는 것이다. 소재만 다를 뿐이기에 우리는 어떤 활동이나 결과물 속에서도 다양한 인간의 모습들을 발견할 수 있다. 이를 통해 역사는 바로 자기 자신을 이해하고 함께 더불어 살고 있는 '우리'를 이해할 수 있는 열쇠가 된다.

한국근현대사 수업 시간, 갑신정변과 갑오개혁 등 근대적 개혁에 대한 수업을 하면서 '입헌군주제'에 대한 개념을 설명하게 된다. 전통적 전제왕권과 다른 근대적 정치 체제인 입헌군주제를 이해시키면서 고등학교 사회교과목인 정치와 법과 사회 교과서에 나오는 공화제와 헌법 등에 대한 이야기도 자연스럽게 연결된다. 국사 수업 시간에 고대 문화를 다루며 석굴암의 구조를 설명할 때에는 수학 교과서에 나오는 기하학의 원리가 등장한다. 조선 후기 실학자인 홍대용에 관한 설명은 일명 '지전설'을 통해 오늘날 지구의 자전 원리 등 과학적 설명과 만나게 된다. 각 시대별 빈민 구제책을 통해서는 오늘날 사회 복지 정책을 이해할 수 있는 단초를 얻는다.

이처럼 이제는 대학 입시를 위한 통합 논술과 구술 준비가 아니더라도 고등학교 정규 수업에서 교과목의 경계를 뛰어 넘는 통합적 사고가 요구되고 있다. 개별 교과목의 지식을 종합하여 총체적인 사고를 형성하고 오늘날의 시사적인 이슈에 대해 교과서의 내용을 기본으로 비판적인 사고와 함께 그 해법을 찾는 과정이 자기 주도적 학습으로 연결되는 것이다. 대학 입시에서 요구하는 통합적이며 창의적인 사고를 바탕으로 하는 논·구술 또한 이것과 그리 멀지 않을 것이다. 오히려 지식 전달과 습득의 기존 교육에서 좀 더 자유로운 사고와 논리적인 문제 해결 과정을 추구하는 과정이 역사 수업 시간에 더욱 활발하게 진행될 수 있을 것이다. 과거의 다양한 역사 속에서 오늘날 쟁점이 되는 문제를 자신만의 관점으로 비교·분석하여 대안을 제시할 수 있는 길이 숨어 있기 때문이다.

이 책은 역사를 바탕으로 다양한 사회적 이슈나 주제에 대해 탐구하고 사고해 보는 것을 목적으로 서술되었다. 학교에서 배우는 역사 교과서와 같은 체계로 정치·경제·사회·문화의 분야에서 역사적 시선으로 문제를 파악하고 해결점을 찾을 수 있는 12가지 주제를 선정하여 다루었다.

정치면에서는 최근 논란이 되고 있는 민족주의와 개헌 논의, 그리고 대한민국이라는 공화정체에 대한 주제를 중심으로 글을 전개하였다. 경제면에서는 FTA를 둘러싼 논쟁을 원론적인 측면과 역사적인 경험 속에서 파악하였고, 부의 축적 과정도 살펴보았다. 또한 우리 경제의 심각한 문제인 양극화 현상을 역사 속에서 살피며 그 해법을 찾아보기도 하였다. 사회면에서는 우리 시대 화두인 인권을 비롯해 혁명, 노동과 여가 등의 주제로 인문·사회적인 측면에서 접근해 보았다. 마지막으로 문화면에서는 죽음에 대한 성찰과 놀이의 의미, 문화의 주체적 수용에 대한 주제를 중심으로 통합적인 글을 담아 보았다.

각 부문에서는 주제에 관련된 사상이나 이론에 대해 교과서를 중심으로 소개하면서도 논·구술을 위한 배경 지식과 심화된 개념 이해를 위한 지식을 담기도 하였다. 이를 위해 여러 도서 자료를 인용하였으며 최근의 시사적인 이슈와 연결시키면서도 역사적인 맥락과 논리적 전개를 놓치지 않도록 서술하였다. 따라서 역사 교과서의 내용을 충실히 담으면서 철학, 신화, 영화, 시사 등을 곁들여 학생들이 깊이 있고 다양하게 생각할 수 있도록 노력하였다. 이 책의 주제별 글을 통해 인문·사회적인 관점에서 비판적 사고와 통합적 논리를 전개할 수 있는 힘을 기를 수 있기를 기대해 본다.

2007년 6월

최경석

일러두기

- 본문 내용 중 알아야 할 기초적인 정보는 ▶표시를 하고 본문 옆에 적어 두었다.
- 역사적인 정보가 담긴 내용은 갈색 글씨로 표시하고 장 뒤에 '꼭 알아 두어야 할 역사적 사실'에 추가 설명을 담았다.
- 각 장에서 참고한 책은 책의 맨 뒤에 '참고문헌'에 담았다.
- '더 생각해 보기'는 그 장과 연결지어 생각할 만한 문제를 담았다.

역사 속에 숨어 있는
논술 | 차 례 |

역사의 창으로 본 정치 1부

민족주의, 극복의 대상인가 아니면 발전시켜야 할 지향점인가? 새로운 헌법, 필요한가? 대한민국에서 공화국 시민으로 산다는 것은?

민족주의, 극복의 대상인가
아니면 발전시켜야 할 지향점인가?

검색! 교과서

_ 민족주의

　흔히 현대를 세계화 시대라고 한다. 이는 정보 통신 기술과 교통의 발달로 점점 세계는 긴밀해지고 교류가 활발해지고 있다는 의미이다. 세계화 시대의 역사 의식은 안으로 민족 주체성을 견지하되, 밖으로는 외부 세계의 변화에 적극적으로 대응하는 개방적 민족주의에 기초해야 한다. 내 것만이 최고라는 배타적 민족주의도, 내 것을 버리고 무조건 외래의 문화만 추종하는 것도 모두 세계화 시대에는 버려야 할 닫힌 사고이다.

– 국사 1부 2장(교육인적자원부)

　전체주의는 개인보다 민족이나 국가에 더 높은 가치를 둔다. 따라서, 전체주의 국가에서는 민족이나 국가의 이익을 위해 개인의 자유를 제한하는 것을 당연하게 여겼다. 특히, 나치즘은 독일 민족의 우수성을 주장하기 위해, 유대인, 집시, 장애인들을 희생시켰다는 점에서 가장 악독한 전체주의라 할 수 있다.

– 세계사 8부 3장(금성출판사)

___박찬호 선수와 외국인 노동자

지구촌 혹은 세계화의 시대라는 21세기. 한국인이 국제연합(UN)▶의 사무총장이 된 이 시대, 이제 우리도 세계 일류 국가의 대열에 들어선 느낌이다. 박찬호의 호쾌한 삼진 아웃 장면과 박세리의 시원한 장타, 폭주 기관차와 같은 속도로 그라운드를 누비는 박지성의 모습에서 우리는 짜릿한 쾌감을 느낀다. 단순히 스포츠가 주는 재미를 넘어 우리 한민족도 외국의 실력 있고 유명한 선수들과 당당히 대등하게 어깨를 겨루고 있다는 자부심이 우리를 감성적으로 자극하고 있다. 그 감성적 코드의 본질은 어김없이 민족주의이다. 한민족의 우수성과 긍지, 이것이 그 뜨거웠던 지난 월드컵 응원으로 이어졌다는 건 누구나 잘 아는 사실이다.

그러나 이러한 민족주의적 감수성과 의식이 그리 탐탁치만은 않다. 최근 몇 해 동안 외국인 노동자에 대한 한국인의 불법적이고 반인권적인 노동 착취와 임금 체불 등의 사례는 끊임없이 발견되고 있다. 국제결혼을 통해 한국의 농촌에 온 외국 여성의 열 명 중 한 명은 가정폭력을 당했다는 모 일간지의 기사도 있다. '어글리 코리안'이라는 말이 나돌 정도이다. 이제는 '단일민족의 혈통과 언어 등을 자랑해 온 반만 년의 역사 속에서 과연 민족주의를 어떻게 볼 것인가' 하는 문제가 더 이상 진부하게만 여겨질 수 없는 시점이다.

역사적으로 보면 민족주의의 형태에는 크게 두 가지가 있다. 하나는 우리나라나 독일 등과 같이 혈통을 중심으로 언어, 지역 등의 객관적 요소를 강조하는 민족주의이고, 다른 하나는 프랑스처럼 왕, 귀족, 성직자 등 소수 기득권층을 무너뜨린 프랑스혁명의 근대적 이데올로기로서의

국제연합(UN)_ 제2차 세계대전 이후 창립된 국제 기구. 세계의 평화 유지와 전쟁 방지를 위한 활동을 하고 있다. 190여 개 국가들이 가입해 있다.

르낭(Joseph-Ernest Renan, 1823~1892)_ 프랑스의 사상가이자 종교사가. 주로 기독교에 대한 문화사적 연구를 하였다. 1882년 소르본 대학 강의에서 '민족이란 자발적인 인간의지로 만들어진다'는 근대 민족국가의 개념을 밝혔다.

민족주의로, 이는 구성원의 역사적 경험과 애국심 등의 주관적 요소를 강조한다.

프랑스 역사학자 르낭ᐟ은 그의 저서 『민족이란 무엇인가』에서 "많은 이들이 고대 종족이나 부족, 도시 국가 정도의 개념을 오늘날 '민족'과 동일시하는 오류를 범한다"고 지적한다. 그는 '순수한 혈통' 혹은 '같은 지역에서의 거주', 그리고 '동일한 언어의 사용'이라는 요소만으로 '민족'이라는 개념을 구성할 수는 없다고 주장한다. 인류학 또는 언어학적으로 보았을 때 순수한 의미에서 단일한 혈통·지역·언어가 계속해서 이어져 왔다는 것은 역사적으로 불가능하기 때문이라는 것이 그 이유이다.

한편 '민족(혹은 인종)의 용광로'라 일컬어지는 미국처럼 어떤 한 인종(미국의 경우에는 백인)을 중심으로 다양한 인종이 하나의 국가를 구성하는 경우도 있다. 본래는 흑인 노예의 해방과 이들의 자유로운 시민권 획득을 위해 쓰인 속지주의ᐟ 개념—미국에서 태어나면 무조건 미국 국적을 취득한다는 것—이 일부 한국인들이 병역 기피를 위한 원정 출산과 이중 국적 취득의 수단이 되는 것처럼 오늘날에는 웃지 못할 민족·국가 선택의 문제가 나타나기도 한다.

속지주의(屬地主義)_ 국적과 상관없이 영역을 기준으로 해당 영역 내에 있는 모든 사람에 대하여 법을 적용하는 원칙. 국적을 중심으로 하는 속인주의도 있다.

어쨌거나 우리의 경우처럼 수많은 외세의 침입을 막아 내는 역사적 경험을 공유하면서 근대 민족의식이 혈통 등의 객관적 요소와 자연스럽게 결합하는 경우도 있다. 더구나 우리나라는 일본 제국주의에 의한 강제 점령기를 거치면서 이에 맞서 민족의 독립을 쟁취하기 위한 사상적 기반으로서의 민족주의가 '저항의 밑거름'이 되기도 하였다.

___ '민족' 개념의 형성

그렇다면 우리는 언제부터 '민족'이라는 용어를 사용하였을까?『동아시아 근대 '네이션' 개념의 수용과 변용』에서는 청일전쟁과 러일전쟁을 거치면서 1904년에 이르러 현재 사용하고 있는 '민족'이라는 용어가 정착되기 시작했다고 설명하고 있는데, 처음 등장한 것은 1900년『황성신문』에 '동방 민족'이라는 용어가 사용되었던 때였다 한다. 그 이전까지는 주로 '동포'라는 용어를 썼는데 독립협회에서는 '이천만 동포'라는 말을 썼고,『독립신문』에서는 '전국 동포형제'라는 표현이 사용되기도 했다. 당시에는 '인종'과 '민족'이 동의어로 사용되고 있었고, '동방 민족'이란 표현에서 알 수 있듯이 '민족'이라는 개념은 동아시아 3국으로까지 확장되어 인식됐다고 이 책은 전한다. 즉, 이 시기에는 인종론적 사고에 입각한 세계에 대한 인식이 강하게 영향을 미침으로써 '인종' 용어의 범주와 '민족' 용어의 범주가 혼용되었던 것이다.

'민족'이란 용어가 오늘날의 뜻으로 사용되기 시작한 것은 러일전쟁 직후인 1904년 2월, 한일의정서 체결로 인해 일본의 침략적 본성이 분명하게 인식되면서부터이다. 다시 말해 종래의 동양주의적 관점에서 사용되었던 '민족'이라는 표현은 점차 그 의미하는 범위가 좁아지면서 한반도 주민 집단에 한정하여 사용되기 시작했다는 것이다.

한편 민족의식은 주로 외부 세력과의 접촉, 더 나아가 침입에 맞선 항쟁을 통해 자연스럽게 형성되기 시작하였다. 고등학교 국사 교과서 중 중세 고려 정치사를 살펴보면 몽골이 세운 원나라의 침략에 항거하는 과정에서, 즉 외세와의 대립과 극복이라는 역사적 경험 속에서 우리의 민족의식이 형성되었음을 확인할 수 있다. 특히 고려의 피지배층이자 직접 생산자인 평민 및 특수 집단으로 차별 받았던 향·소·부곡민, 살아 있는 재산 정도로 여겨졌던 공사노비 등의 풀뿌리 민중들이 고려를 지키기 위한 민족적 항쟁을 펼쳤음을 교과서는 강조하고 있다.

> 충주부사 우종주가 매양 장부와 문서로 인하여 판관 유홍익과 틈이 있었는데, 몽고병이 장차 쳐들어온다는 말을 듣고 성 지킬 일을 의논하였다. 그런데 의견상 차이가 있어서 우종주는 양반 별초를 거느리고, 유홍익은 노군과 잡류 별초를 거느리고 서로 시기하였다. 몽고병이 오자, 우종주와 유홍익은 양반 등과 함께 다 성을 버리고 도주하고, 오직 노군과 잡류만이 힘을 합하여 쳐서 이를 쫓았다.

위에서 인용한 충주성 전투는 대몽 항쟁의 대표적인 사례로 들 수 있다. 여기에서의 노군은 관청에서 사역하는 공노비를 주축으로 한 일종의 잡역인들이다. 글에서 나타나는 것처럼 지휘관인 관리들은 모두 성을 버리고 도망쳐 버렸고, 실제 전투에 참여하여 성을 방어한 것은 노군 잡류였다. 지도부가 없는 상황에서 피지배층인 민중들은 매우 당황하고 혼란스러웠을 것이다. 그러나 그들은 고려를 지키기 위하여 무기를 들고 충주성을 끝까지 지킨 것이다.

대몽 항쟁을 격렬히 벌인 삼별초 부대도 이와 비슷한 사례에 해당한다. 강화도에서 진도, 제주도로 근거지를 옮기면서 끝까지 민족적 저항을 시도한 이들은 제주도에서 고려 관군과 원의 연합군에 의하여 처절하게 전멸할 때까지 계속 저항하였다. 삼별초 부대와 충주성 전투 모두 우리는 외세의 침입에 맞선 민족주의적 역사로 받아들이고 있다.

그러나 이 같은 시각과 다른 관점도 존재한다. 역사학자 임지현은 충주성에서 적극적으로 저항한 민중들에게 과연 오늘날의 '민족주의'라는 잣대를 들이대며 역사를 서술할 수 있느냐고 되묻는다. 그는 당시 노군 잡류 등의 피지배층은 고려라는 국가 혹은 민족을 위해서 싸운 것이 아니라 자신들의 생존을 지키기 위해 싸웠다고 주장한다. 항쟁으로 자신들의 목숨을 지키지 못할 경우에는 원나라에 의한 참혹한 죽음만이 그들을 기다리고 있었고, 따라서 고려라는 국가와 민족과는 무관하게 그들은 '삶을 지키기 위한 저항'을 선택했다는 것이다. 이는 곧 고려 민중의 투쟁이 '민족의식에 기초한 민족적 항쟁'보다는 '향촌 혹은 농촌 공동체의 수호 투쟁'으로서의 성격을 더 많이 띠고 있었다는 주장이다. 더 나아가 그는 그들 중 일부가 '생존을 위한 항복' 및 '도망'이라는 전략을 선택하였다고 강조한다.

국사 교과서에는 전혀 나오지 않는 고려 농민들의 대거 투항, 즉 고려를 포기하는 방식은 하나의 충격일지도 모른다. 이 대목에서 '왜?'라는 의문이 자연스레 든다. 이들은 원나라가 좋아서가 아니라, 민족주의만으로는 설명할 수 없는 복합적인 생존 및 계급적 문제 때문에 자신들만의 선택을 하였다고 볼 수 있다. 다시 말해 그들은 죽음이라는 최악을 피하기 위한 전략으로 자신들의 삶을 지키기 위한 선택을 내린 것이다. 또한 삼별초 구성원들 역시 고려라는 국가와 민족을 지키기 위한 군인이라는 점보다는 최씨 정권의 사병집단이라는 점에서 정체성이 형성되었다는 사실에 주목하는 관점도 있다. 즉, 삼별초는 당대 최고 권력층을 비호하는 보디가드 집단이었다. 그러나 당시 강화도에서 그들의 주

군인 최씨 정권이 몰락하고 원과 협상을 맺어 고려 왕조를 유지하려는 이들이 정권을 차지하자 삼별초는 자연히 그 존재 자체가 흔들리게 되었고, 결국 그들은 몽골과의 싸움만을 선택할 수밖에 없었다는 것이다.

그러나 이것만으로 대몽 항쟁의 전후를 설명하는 것도 역부족이다. 분명 피지배층이자 차별과 수탈의 대상인 농민과 노비들이 생존을 위한 항복을 선택한 것은 사실이다. 더불어 충주성의 관노비들은 일부 관리들이 '신분 해방'을 약속하자 그제야 싸움에 임했다는 자료도 있다. 그렇다면 그들이 비록 자신의 목숨만을 염려하는 중세인이었다 할지라도 민족의식이라는 근대적 정체성이 전혀 없었다고 부인할 수 있을까? 당시 고려 사회가 상당히 억압적이었다 해도 당장 목숨을 빼앗기는 엄혹한 상황에서 충주성의 민중은 싸움을 선택했다. 그리고 민족의식은 프랑스혁명에서 나타나는 것처럼 외부와의 격렬한 투쟁 속에서 자신들의 정체성으로 형성되기도 한다. 즉, 외부 세력과의 투쟁을 통해 계급을 뛰어넘는 결속력, 자신들을 뭉치게 하는 흡입력으로 '민족'은 역사 속에서 등장하는 것이다. 이는 삼별초의 항쟁에서도 확인할 수 있다. 그들이 투항하거나 도주하지 않고 근거지를 옮기면서까지 원나라라는 이질 집단과 투쟁하는 과정에서 민족의식이 형성되었음을 완강히 부인할 수는 없을 것이다.

___민족주의의 또 다른 모습

그렇다면 민족주의란 과연 무엇일까? 한 국가의 발전 경로와 구성원의 삶이 밀착되면서 개인의 존재와 삶의 방식이 거대한 민족이라는 집단과 함께 얽혀 진행되는 과정에서 나타나는 정체성이자 사상이 바로 민족주의이다. 또한 근대 국민 국가들에서 나타난 신분제라는 구제도와 계급적 모순을 넘어선, 수평적이고 통합적인 이데올로기라고 파악할 수도 있겠다.

역사적으로 살펴보면, 신분제의 모순으로 인해 각각 다른 존재로 취급되던 사람들을 평등하고 수평적인 존재라고 설명한 이데올로기가 민족주의라고도 할 수 있다. 예를 들어 서양 중세에서 근대로 넘어오는 시기에는 농노, 시민 계급(부르주아▶), 기사, 귀족, 왕 등의 계급이 존재했는데, 왕만이 국가의 주인이고 다른 존재들은 국가의 부속물에 불과하다고 여겨졌다. 그러나 근대에서는 이들 모두가 평등하며, 모두가 국가의 주인이 된다. 프랑스혁명이 바로 그 대표적인 예이다.

이제 민족이란 르낭이 말하는 것처럼 '역사의 깊은 분규의 결과로 생긴 정신적 원칙이며 영적인 가족으로서의 집단'으로 등장한다. 민족적 고통과 기쁨을 함께하는 정신적 측면에서 애국심과 민족의식이 '민족주의'라는 형태로 나타난다. 우리나라의 경우에도 '민족주의'는 제국주의의 억압에서 벗어나기 위한 정신적 단결의 구심이자 일제 강점기 시절의 저항 이데올로기로서 독립 운동의 원천이 된다. 그리고 지금까지 우리는 세상을 바라보고 우리 국민이 나아가야 할 방향의 하나로 '민족주의'라는 잣대를 여전히 받아들이는 것이다.

부르주아(Bourgeois)_ 중세 성직자와 귀족과 달리 자본주의 발달에 따라 자본을 소유한 시민 계급. 이들에 의해 프랑스혁명이 주도되었다.

___민족주의를 둘러싼 논쟁

그러나 과연 '민족주의'라는 잣대가 오늘날에도 유효할까? 최근 역사학계와 문학계 등 각 분야에서는 이 '민족주의'를 해체하거나 다시 논의하려는 작업이 한창이어서 또 다른 '뜨거운 감자'로 등장하기도 한다.

역사학계에서는 주로 서양사를 전공한 이들이 이에 관한 문제를 제기한다. 이들은 한국사에 대한 연구와 해석이 민족주의에 의해 지나치게 확대되어 있다고 주장한다. 즉, 고구려와 발해에 대하여 민족주의적으로만 바라보고, 몽골에 대한 항쟁 등을 높이 평가하며, 일제 강점기의 다양한 운동 중 민족 독립 운동만을 중심으로 역사를 해석한다는 것이다. 또한 교육 과정에서도 여전히 객관적 시각의 '역사'가 아닌 '국사'를 고집하며 민족주의를 최고의 가치로 서술하고 있고, 따라서 사회사나 문화사 등 다른 시각에서 한국사를 바라보는 것이 불가능하다는 점을 이들은 꼬집고 있다. 이것은 최근의 '국사 해체', 동북공정◀에 대한 민족주의적 대응 반대 등으로 나타나기도 하였다.

문학계에서는 '민족문학작가회의'◀의 내부에서 '민족'이라는 명칭을 바꾸자는 의견이 나오며 논쟁이 점화되었다. 세계화 시대에 '민족'이라는 이름은 걸맞지 않으며 활동의 폭도 오히려 줄어들 수 있으니 바꾸자는 주장이 제기되었으나, 기존 회원과 지역 문인들이 이를 거세게 반대하며 신문지상에서 논쟁이 가열되었다. 후자에 속하는 이들의 주장은, 여전히 세계는 '민족' 문제로 분쟁을 겪고 있고 지금껏 민족의 일원으로서 '나'의 보편화·세계화를 항상 염두에 두고 있는데 왜 이제 와서

동북공정_ 2002년부터 중국에서 동북쪽 지역의 역사와 현상을 체계적으로 연구한다는 프로젝트. 실제로는 고조선, 고구려, 발해 등 우리 역사를 자신들의 역사로 포함시키는 역사 왜곡을 통해 이 지역에 대한 자신들의 정치적 발언력을 높이려는 의도로 여겨진다.

민족문학작가회의_ 1987년 참다운 민족문학의 구심점을 마련하고, 사회 민주화와 남북통일에 이바지하고자 기존의 '자유실천문인협의회'를 확대 개편한 문학인들의 사단법인

'민족'이라는 명칭이 문제가 되느냐는 것이었다.

『민족주의의 기원과 전파』를 지은 베네딕트 앤더슨은 이러한 논쟁거리인 '민족'에 대한 실체를 철저하게 해부한다. 그는 이 책에서, 민족이란 본래 제한되고 주권을 가진 것으로 '상상되는 정치 공동체'라고 주장한다. 즉, 우리는 서로를 같은 '민족'이라 부르지만 앤더슨이 보기엔 가장 작은 민족의 성원들도 대부분의 자기 동료들을 알지 못하고 만나지 못하며 심지어 그들에 관한 이야기를 듣지도 못한다. 다만, 구성원 각자의 마음에 이미지가 살아 있어 상상할 수 있다는 것이다. 실제 우리는 출판물이나 방송 등 대중매체를 통해서 국가적 혹은 민족적 이슈라는 것들을 접한다. 물론 그것들 역시 이미 언론인들에 의해 가공된 상태의 것들이다. 그리고 이것들을 통해 우리는 '민족적' 열정으로 빠져든다. 월드컵의 열기나 독도 문제 등을 떠올리면 쉽게 이해가 갈 것이다.

그런데 문제는 지배층 또한 자신들의 지배 이데올로기로서 혹은 집단적 정체성을 만들고 권위를 세우기 위해 민족주의를 이용한다는 것이다. 이러한 현상은 특히 자기 민족만의 '전통'이라 여기는 문화와 의례, 상징들에 의해 더욱 가속화된다. 앤더슨은 그 예로 국가를 위해 몸 바친 '무명용사의 기념비'를 들고 있다. 고대 그리스인들도 기념비를 세웠지만 그것은 특정한 개인을 위한 것이었다고 한다. 그러나 근대 민족주의가 번성하며 대부분의 민족 국가들은 무명용사의 기념비를 애국심의 표본으로 삼고 그것에 국민적 경의를 표하게 되었다고 앤더슨은 지적한다.

영국의 역사학자 에릭 홉스봄▶은 여기서 한발 더 나아가, 우리가 '민족적 전통'이라고 여긴 것이 사실은 최근에 '만들어진 것'이라고 주장한다. 영국 왕실의 엘리자베스 2세가 고색창연한 마차를 타고 의회 개원을

에릭 홉스봄(Eric John Ernst Hobsbawm, 1917~)_ 케임브리지대학교 킹스칼리지에서 역사학을 전공했다. 자본주의 형성 과정과 그에 따른 인간의 다양한 삶에 근거한 근대 자본주의 사회의 역사 연구로 명성을 얻었다. 저서에 『혁명의 시대』 『자본의 시대』 등이 있다.

위해 웨스트민스터로 향하는 모습을 보면서 영국 국민들은 한결같이 '천 년의 전통'을 되뇌고, 왕실과 국가에 대한 존경심을 새삼 확인하곤 한다. 그러나 이 거창한 왕실 의례의 대부분은 천 년 동안 이어진 것이 아닌, 실은 19세기 후반에 '만들어진' 전통이라는 것이다. 또 다른 사례로 스코틀랜드를 상징하는 각양각색의 격자무늬 천으로 만든 '킬트'를 들 수 있는데, 홉스봄은 킬트가 태고적부터 입던 옷이 아니라 18, 19세기에 '만들어진' 것이라고 지적하였다.

이렇게 통상 낡은 것처럼 보이고 실제로 낡은 것이라고 주장되는 이른바 전통들은 그 기원을 따지고 보면 극히 최근에 만들어지거나 발명된 것인 경우가 종종 있다. 『만들어진 전통』이라는 책에서 홉스봄은 우리가 '전통'이라고 알고 있는 의례 및 상징들을 통한 집단적 기념 행위가 사실은 국민 정체성을 형성하기 위한 '전략'이었으며, 신화의 의례가 사람들로 하여금 만들어진 '공식 기억'을 믿게끔 의도적으로 사용되었다는 사실을 밝히고 있다.

민족주의가 민중들의 저항 이데올로기로서가 아니라 세련된 지배 이데올로기로 사용될 수 있다는 이 학자들의 주장은 제2차 세계대전 당시 히틀러의 경우에서 좀 더 구체적으로 확인할 수 있다. 19세기 낭만주의적 내용을 바탕으로 하는 「니벨룽겐의 반지」 등 고대 게르만족의 대서사시를 음악으로 옮긴 바그너의 작품들은 히틀러 치하의 독일에서 가장 많이 연주되었다. 바로 게르만 민족의 '영광'을 그것들이 떠받쳐 주었기 때문이다. 히틀러는 니체의 '권력 의지'와 '초인' 사상 또한 자신의 침략을 정당화시키는 도구로 사용하기도 하였다. 결국 제2차 세계대전은 '고대 게르만의 영광을 현실에서 재현하겠다'는 왜곡된 의지들이

킬트_ 스코틀랜드 사람이 착용하는 스커트형의 남자용 하의.

「니벨룽겐의 반지」_ 독일의 바그너가 작사, 작곡한 오페라. 게르만 신화를 중심으로 거인과 신, 인간과 난쟁이들을 등장시켜 환상적이고 몽환적인 작품으로 만들었다. 용과 싸워 이겼다는 지크프리트의 영웅담이 담겨 있기도 하다.

바그너(Wilhelm Richard Wagner, 1813~1883)_ 독일의 작곡가. 「트리스탄과 이졸데」「니벨룽겐의 반지」 등의 작품이 있다.

히틀러에 의해 전쟁으로 표출된 것이다. 제1차 세계대전과 1929년의 세계 경제 대공황의 여파로 정치가 분열되고 경제는 붕괴된 독일, 그 속에서 히틀러는 유대인을 희생양으로 삼아 자국민의 불만을 외부로 돌리고 현실의 왜곡된 영웅으로 스스로를 부각시켰다. 그로 인해 유럽을 비롯한 전 세계는 엄청난 전쟁의 대가를 치러야 했다. 이것이 바로 민족주의의 또 다른 얼굴인 것이다.

___민족주의, 어떻게 볼 것인가

시장의 글로벌화와 세계 시민 연대가 더욱 활발히 이뤄지고 있는 21세기, 그러나 여전히 국가 혹은 민족 간의 분쟁은 지구 여기저기에서 벌어지고 있다. 우리의 경우도 예외는 아니다. 일본과의 역사 분쟁, 독도에 대한 일본의 영유권 주장, 그리고 중국의 동북공정으로 촉발된 분쟁 등 동북아시아에서도 민족 간의 대립은 계속되고 있다. 이러한 문제를 해결하는 도구로서 민족주의는 약일까 독일까.

다음은 중국의 동북공정으로 일어난 고구려 역사 왜곡에 대하여 논술한 두 학생의 서로 다른 해법이다. 이를 통해 민족주의와 탈민족주의적 방안을 모두 검토해 보자.

중국 측의 사서와 우리 측의 사서 모두를 검토해 보면 고구려는 바로 우리 한민족의 역사임이 자연스레 증명이 된다. 즉, 고구려는 중국의 지방 정부가 아닌, 당당한 주권을 행사한 동아시아의 한민족이 세운 엄연한 국가이다. 따라서 우리 정부는 중국 측에 대하여 유감을 표시하고 강력한 대응 방안을 제시해야 한다. 또한 남과 북의 역사학자들이 지혜를 모아 공동 조사단을 꾸리고 고구려가 우리 민족의 역사임을 증명하고 세계에 알려야 한다.

이 글을 쓴 학생은 중국의 팽창적 민족주의에 의한 동북공정의 부당함을 지적하고 이에 대한 국가적 차원과 학술적 차원의 대응 방안을 민족주의적인 입장에서 제시하고 있다.

지금은 세계화 시대이다. 민족이라는 의미가 지금 같지도 않았고, 심지어 국경에 대한 기준도 미미했던 과거의 상황을 가지고 한중 양국이 보이지 않는 끝을 두고 서로 다투어 봤자 이득 볼 것은 없다. 세계가 하나로 연결되고 변모해 가는 시점에서 교류와 협력이라는 상호 관계가 높아진 두 나라인 만큼 과거 역사와 문화를 서로가 잘 보존해 나가는 것이 진정 고구려의 역사를 살리는 길이다.

이 학생은 고구려에 대한 민족주의적 해석과 대응으로는 한국과 중국이 서로 해결 방안을 찾을 수 없음을 근거로 들어 상호 이해를 바탕으로 고구려의 역사를 있는 그대로 보존하고 알릴 것을 주장하고 있다. 양쪽 모두 설득력 있는 주장이라고 할 수 있다. 탈민족주의적 접근으로는 현실의 국제 관계에서 큰 힘을 발휘할 수 없는 것도 사실이고, 반대로 민족주의적 접근이 오히려 국가 간의 갈등을 확대할 수도 있기 때문이다. 이렇게 민족주의는 오늘날 우리가 다시 한 번 생각해 봐야 할 주제라고 할 수 있다.

우리는 지금까지 민족주의라는 사상을 매우 당연한 것으로 여겨 왔지만, 역사 속에서 이것이 저항과 통합의 밑거름이면서 지배와 억압의 방편으로도 활용될 수 있다는 점 또한 고려해야 한다. 현재 우리의 국사 교과서는 '탈민족주의적 입장' 보다는 '열린 민족주의'를 강조하고 있다. 분명 민족주의는 현실의 당면 과제를 해결하는 유효한 수단이자 목적이지만 한편으로는 그 역기능 또한 만만치 않음을 동시에 인식해야 한다. 21세기에 이 민족주의라는 사상을 어떻게 받아들이고 현실에서 적용시킬 것인지를 더 생각해 보는 것, 이것은 우리 시대의 또 다른 화두가 될 것이다.

프랑스혁명

1789년에 일어난 시민 혁명. 루이 16세를 단두대에서 처형하였으며 자유 · 평등 · 박애의 정신을 세계에 전파시킨 프랑스의 혁명이다.

『황성신문(皇城新聞)』

1898년에 창간된 국한문 혼용의 신문. 남궁억, 장지연, 박은식 등의 개명 유학자들이 중심이 되어 활동하였다. 1905년 을사조약 체결에 대해 「시일야 방성대곡」이라는 장지연의 논설을 발표하여 그 원통함과 부당함을 알린 것으로 유명하다.

독립협회(獨立協會)

1896년부터 1898년까지 서재필을 중심으로 이상재, 윤치호 등이 참여하여 만들어진 사회 정치단체. 『독립신문』을 발행하고 만민공동회 등을 개최하여 자주 국권, 자유 민권 등의 운동을 전개하였다.

『독립신문(獨立新聞)』

1896년에 창간된 우리나라 최초의 한글전용 신문. 영문판도 함께 나왔다.

러일전쟁

1904~1905년에 걸쳐 우리나라에 대한 지배권을 차지하기 위해 만주 · 한반도 · 동해에서 일어난 전쟁.

한일의정서(韓日議定書)

1904년 일본이 우리나라와 강제로 체결한 공문서. 이를 통해 일본은 대한제국의 영토를 군사 용지로 이용할 수 있는 권한을 가지게 되었는데, 이는 명백한 주권 침해로서 우리나라를 식민지로 만드는 첫 단계가 되었다.

삼별초(三別抄)

고려 시대 최우가 집권하면서 설치한 야별초에서 분리된 좌별초, 우별초와 몽고에 포로로 잡혀 갔던 병사들로 조직된 신의군을 말한다.

최씨 정권

고려 무신정변기에 최충헌과 그의 아들 최우 등이 정치 권력을 행사한 것을 일컬음.

엘리자베스 2세(Elizabeth II, 1926~)
현 영국 여왕. 역대 영국왕 중 엘리자베스 1세에 이어 영국민에게 신뢰와 인기도가 높다.

히틀러(Adolf Hitler, 1889~1945)
독일의 정치가. 나치스의 지도자이자 제2차 세계대전을 일으킨 인물로서 『나의 투쟁』
이라는 저서로도 유명하다. 선동적인 연설과 독재 정치, 반유대주의 등으로 세계를 전
쟁으로 몰아넣었다.

니체(Friedrich Wilhelm Nietzsche, 1844~1900)
독일의 철학자. 『짜라투스트라는 이렇게 말하였다』 등의 저서로 유명하며 근대 문명
의 비판과 초인으로 대변되는 자기 극복을 주장하였다.

제1차 세계대전
1914년 오스트리아 황태자가 세르비아에서 암살 당하며 시작되어 1918년 독일이 항
복할 때까지 이어진 세계적 규모의 전쟁. 주 원인은 제국주의 국가 간의 식민지 쟁탈
및 이를 위한 국가 간 연합과 대립이었다.

세계 경제 대공황
1929년 10월 24일 뉴욕의 주가가 대폭락하면서 발생한 공황으로 대부분의 자본주의
국가들이 이로 인해 기업 도산, 대량의 실업자 양산 등 큰 경제적 손실을 입었다. 이
는 제2차 세계대전의 간접적 원인으로 연결되기도 하였다.

1. 민족주의가 과열되었을 때 나타날 수 있는 부작용은 무엇인지 생각해 보자.

    주제어: 침략, 지배, 국수주의, 전체주의, 식민지, 아집, 정복 등

2. 세계화 시대에 더불어 살기 위한 자세로 '열린 민족주의'가 올바른 대안이 될 수 있는지 생각해 보자.

    주제어: 보편성, 교류, 상호 이해, 주체성, 성찰 등

3. 중국의 동북공정, 일본의 역사 왜곡 및 군국주의화에 대응하기 위한 우리 민족의 올바른 자세는 무엇인지 논해 보자.

    주제어: 평화, 공존, 협력, 자주성, 연대 등

* 찾아보기_ 2008 연세대학교 인문계 정시 논술 : 민족의 정체성

2

새로운 헌법, 필요한가?

검색! 교과서

_ 헌법

유구한 역사와 전통에 빛나는 우리 대한 국민은 3 · 1 운동으로 건립된 대한 민국 임시 정부의 법통과 불의에 항거한 4 · 19 민주 이념을 계승하고, 조국의 민주 개혁과 평화적 통일의 사명에 입각하여 정의, 인도와 동포애로써 민족의 단결을 공고히 하고, 모든 사회적 폐습과 불의를 타파하며, 자율과 조화를 바탕으로 자유 민주적 기본 질서를 더욱 확고히 하여, 정치, 경제, 사회, 문화의 모든 영역에 있어서 각인의 기회를 균등히 하고, 능력을 최고도로 발휘하게 하며, 자유와 권리에 따르는 책임과 의무를 완수하게 하여, 인으로는 국민 생활의 균등한 향상을 기하고, 밖으로는 항구적인 세계 평화와 인류 공영에 이바지함으로써 우리와 우리의 자손의 안전과 자유와 행복을 영원히 확보할 것을 다짐하면서, 1948년 7월 12일에 제정되고, 8차에 걸쳐 개정된 헌법을 이제 국회의 의결을 거쳐 국민투표에 의하여 개정한다.   - 1987년 10월 29일

제1조 ① 대한민국은 민주 공화국이다.

② 대한민국의 주권은 국민에게 있고, 모든 권력은 국민으로부터 나온다.

- 법과 사회 부록 1장 (교학사)

신군부는 국민들의 시위에 굴복하여 6월 29일 대통령 직선제 개헌을 골자로 하는 8개 항의 시국 수습 방안을 발표하였다(6 · 29선언).

- 한국근현대사 4부 2장 (천재교육)

___ 헌법의 탄생

1689년 12월16일, '신민(臣民)의 권리와 자유를 선언하고 왕위 계승을 정하는 법률'이라는 의회제정법이 영국 의회에서 공포되었다. 바로 오늘날 헌법과 같은 문서인 '권리장전'이 탄생한 것이다. 당시 영국의 전제 정치를 폈던 제임스 2세는 귀족과 시민 계급에 의해 추방되었고, 새롭게 추대된 윌리엄 3세가 권리장전을 승인하였다.

권리장전의 주요 내용은 왕권을 '법의 이름으로' 의회를 통해 제한하는 것이다. 예를 들면 제1조에서는 '국왕에게는 의회의 동의 없이 법의 효력을 정지시키거나 법의 집행을 정지시킬 수 있는 권력이 있다'는 주장이 위법임을 명시하였다. 제4조에서는 국왕이 의회의 승인 없이 왕이 쓰기 위한 금전을 징수하는 것을 위법으로 규정하고, 제6조에서는 의회의 동의가 없는 한 평상시에 왕국 내에서 상비군을 징집, 유지하는 것 또한 위법이라고 정함으로써 국민이 아닌 '왕을 위한 군대'는 사라졌다. 또한 제7조에서는 무엇보다 대의 민주주의의 꽃인 의회의 선거가 자유롭지 않으면 안 된다고 명시하였다.

이러한 내용의 권리장전을 통해 영국에서는 입헌군주제의 토대가 된 '명예혁명'이 성립되었다. 이는 거꾸로 영국의 전제왕정이 종식되었음을 의미하는 것이기도 했다. 17세기에 청교도혁명과 명예혁명을 겪은 영국은 왕권을 제한하자는 의회의 요구를 받아들였고, 의회의 동의 없는 세금 징수, 상비군의 육성 금지와 언론과 의원선거의 자유 보장 등을 명시한 것이다. 그 과정에서 찰스 1세와 같은 왕은 사형을 당하기도 하였는데, 이는 시민 혁명과 법의 뒷받침으로 합리화되었다.

우리는 이러한 제도적 장치를 '근대 입헌주의'라고 부른다. 동양에서는 고대부터 형법 등으로 구성된 율령이나 조선 시대의 경국대전과 같은 법전이 있었으나, 이는 주로 왕을 정점으로 한 수직적인 상하 관계와 국가 체제를 명시한 것이기 때문에 왕의 권한을 시민의 이름으로 제한하는 '입헌주의'와는 거리가 멀다.

이에 대해 한상범의 『살아있는 우리 헌법 이야기』에서는 "근대 입헌주의란 자연법을 이성의 이름으로 내세워서 군주의 전제적 권력을 법과 의회라는 합의체의 규제 아래 두는 제도를 말한다"고 한다. 더불어 시민의 힘을 배경으로 정치 권력을 법, 특히 헌법의 규제 하에 둠으로써 시민의 인권을 보장하고자 하는 사상과 제도 및 그러한 운동을 함께 지칭하는 것이 근대 입헌주의라고도 한다. 결국 근대 입헌주의는 왕이 제멋대로 통치하던 것을 헌법이라는 법의 지배로 대체한 것이다.

___대의 민주주의와 헌법주의

따라서 헌법의 핵심은 주권이 왕 개인이 아니라 모든 시민에게 있다는 '주권재민'이라는 원칙에 있다. 이것은 민주주의의 기본 요건이기도 하다. 홍윤기 교수의 『헌법 다시 보기』에서는 오늘날 자유주의적 입헌 민주 체제의 핵심 원리로 '대의 민주주의'와 '헌법주의'를 꼽는다.

대의 민주주의는 오늘날 모든 주권자들이 특정한 장소에 모두 모여 토론을 벌이는 것이 시간·공간적으로 불가능하므로 그것을 대신해 줄 자신들의 대표를 선거를 통해 뽑는 방식이다. 선거란 주권자들의 의지를 선출자에게 위임하는 제도이다. 따라서 선거의 공정성, 절차적 정당성이 제도적으로 '헌법에 의해' 얼마나 충분히 실현되느냐가 중요하게 작용한다.

우리나라의 헌법을 예로 들어보자. 우리 헌법은 지금까지 9차례에 걸쳐 개정되었는데, 개정 시의 주요 쟁점은 주권자인 국민의 최고 대표자인 대통령을 국회나 선거인단을 통한 '간접' 선거로 뽑을 것인가 아니면 국민이 '직접' 선거로 뽑을 것이냐에 관한 것이었다. 물론, 3 · 4 · 9차 개정을 제외한 우리 헌법 개정의 대부분은 권력 연장을 위한 대통령 개인의 의도와 맞물려서 이루어졌다는 점도 간과해서는 안 될 것이다.

다음으로 '헌법주의'를 살펴보자. 헌법주의는 입헌 민주주의 체제에서 정당성을 판단하는 근거가 헌법임을 뜻하는 것으로, 모든 공적 정당성은 헌법에서 비롯되고 헌법으로 귀결된다는 원칙이다. 이에 따르면 헌법은 잘못된 다수결 또는 공권력의 횡포로부터 시민의 기본권을 지켜주는 안전판에 해당한다. 따라서 시민들은 자신들의 기본권을 침해했다고 생각하는 공공정책이나 법안의 위헌심사를 요청할 권리를 갖는다는 것이다. 그 결과 헌법주의가 관철되는 사회에서는 정부, 의회, 정당, 주요 여론기관과 함께 법원, 특히 헌법재판소▶가 입헌 정치의 주요 행위자가 된다.

그러나 대의 민주주의의 방식으로 선출된 공직자와 헌법주의를 관철하는 기관 사이에 '어긋남'이 나타나는 경우에는 문제가 발생한다. 2004년 대통령 탄핵▶안에 대한 헌법재판소의 판결이 바로 그런 '어긋남'의 한 예였다. 우리나라에서는 헌법에 의거, 주권자인 국민이 1987년 9차 헌법 개정 이후 지금까지 네 번에 걸쳐 직접 선거로 대통령을 선출

헌법재판소_ 국가 내에서 최고의 실정법 규범인 헌법에 관한 분쟁 등을 사법적 절차에 따라 해결하는 특별재판소.

탄핵_ 대통령을 포함하여 고위공무원이나 법관과 같이 신분이 보장되는 공무원의 위법 행위를 국회의 소추 · 심판에 의하여 또는 국회의 소추에 의한 다른 국가 기관의 심판에 의하여 처벌하거나 해당안을 파면하는 특별한 제도.

하였다. 주권자들의 의사를 직접 위임 받은 최고 공권력이 형성된 것이다. 그런데 지난 16대 국회 재적의원 3분의 2의 찬성으로 통과한 대통령 탄핵안을 '최종적으로 누가 심판하느냐'를 두고 큰 난관이 닥쳤다. 그 심판은 주권자인 국민이 아닌 '헌법재판소'가 주관해야 하는데, 그들은 헌법에 명시된 것처럼 대의 민주주의에 의해 뽑힌 대표자가 아니라는 '어긋남'이 발생한 것이다.

이에 대해 홍윤기 교수는 『헌법 다시 보기』에서 "대한민국 국민이 뽑지도 않았고 그 이름이나 경력도 생소한 인물들이, 단지 사법고시에 합격한 뒤 법원이나 검찰에 오래 근무했다는 이유로 국민이 직접 뽑은 대통령을 일순간에 뒤집을 수 있는 막강한 권력을 행사할 수 있느냐"는 질문을 던진다. 그는 헌법재판소가 단순히 대법원 판결에 주석을 붙이는 기관이 아니라 '국민주권이 위임된 대한민국 국가 인물 및 국가 활동의 최종 판단자로서 주권자인 국민의 의사를 단지 헌법에 의거하여 무력화할 수도 있다는 점'에서 심각한 문제를 가지고 있다고 주장한다. 즉, 헌법재판소는 헌법에 명시된 기관이긴 하지만 그 구성원이 국민에 의해 직접 선출된 이들이 아니고, 따라서 '민주성의 결여'라는 문제가 나타난다는 것이다.

이 외에도 국민들이 헌법에 관한 재판 과정에 참여하거나 의견을 개진할 수 없다는 배타성, 소수의 재판관이 결정을 내리는 폐쇄성, 재판관들이 책임을 지지 않는다는 책임성 등의 문제점 등이 드러나기도 하였다. 따라서 이를 극복하려면 국민주권의 원리에 따라 어떤 사안이 헌법에 위배되는가의 여부를 최종적으로 결정할 수 있는 권리 또한 국민이 보유해야 한다는 주장도 일각에서는 나타나고 있다.

___근대 헌법에서 말하는 주권자는 누구인가

영국의 계몽주의 철학자 로크▶는 '모든 인간은 평등하게 창조되었고 조물주에 의하여 일정한 불가양의 천부의 권리를 부여받았다'고 주장하였다. 이것은 영국혁명과 미국의 독립혁명에 큰 영향을 주었다. 따라서 각 국가의 근대 헌법은 기본적으로 '인간의 존엄성을 바탕으로 각 국가의 주권은 해당 국민에게 있다'는 것을 명시하고 있다. 그런데 이러한 로크적 사고 방식이 헌법 제정에 깊은 영향을 미쳤음에도 불구하고 미국에서는 예외 조항이 하나 생겼으니, 바로 '흑인 노예'에 관한 것이 그것이다. 흑인들은 단지 피부색이 까맣다는 이유만으로 미국에서 대표와 직접세의 근거를 결정할 때 자유인이자 미국의 주권자로 인정되지 않았을 뿐만 아니라, 마치 어떤 상품이나 물건처럼 흑인 노예 한 사람은 백인 미국인 한 명의 5분의 3으로 '계산'되었다. 순천향대 장호순 교수의 『미국 헌법과 인권의 역사』에 따르면, 이것은 미국의 연방 헌법이 만들어질 당시, 노예 제도가 크게 필요하지 않았던 상업 중심의 북부 지역과 노예의 노동력이 필수적인 농업 중심의 남부 지역이 잠정적으로 타협함에 따른 결과물이었다. 그 밖의 노예 문제는 각주에서 알아서 자치적으로 처리하도록 남겨두기도 하였다. 이러한 타협 때문에 흑인 지도자인 프레드릭 더글라스▶는 "연방 헌법에는 천국과 지옥처럼 서로 상반되는 자유와 노예 제도가 같이 들어 있다"고 비난했다.

우리의 경우를 살펴보자. 1897년 고종은 러시아 공사관에서 덕수궁으로 돌아오자마자 대한제국이 중국이나 일본, 러시아 등 그 어떤 나라의 속국도 아닌, 그들과 동등한 자주 독립 제국임을 전 세계에 선포한다.

로크(John Locke, 1632~1704)_ 영국의 계몽사상가. 영국 경험론 철학 계보를 잇는 '백지설'로 유명하며 인간의 이성을 강조하였다. 또한 계약에 의해서도 생명·자유·재산 등의 자연권은 지배자에게 위임할 수 없다는 사회계약설을 주장하였다. 그의 사상은 명예혁명과 미국 독립혁명 등에 영향을 미쳤다. 정치 체제로는 의회 중심의 입헌군주제를 지지하였다.

프레드릭 더글라스(Frederick Douglass, 1817~1895)_ 흑인 출신의 미국의 노예해방론자.

대한제국의 헌법이라고 할 수 있는 대한국국제를 살펴보면 제1조에서부터 대한제국이 전제 정치 국가이고, 육·해군의 통수권, 입법권, 행정권, 사법권, 관리 임면권, 외교권 등이 모두 황제 대권임을 규정하였다. 또한 대한제국이 세계 만국이 공인한 자주 독립 국가임을 천명하였으며, 대내적으로는 대한제국의 정치가 전제 정치임을 확인하고 군주권이 무한함을 밝혔다. 즉, 대외적으로 '자주성'을 강조한 점은 긍정적이라 하겠으나, 주권은 고종 황제(광무제) 개인에게만 있었다. 나머지는 그에게 머리를 조아려야 하는 '신민'일 뿐이었다.

대한제국이 1910년 국권을 일본에게 빼앗긴 후 9년이 지나 3·1운동의 영향으로 수립된 대한민국 임시정부는 헌법 제1조에서 대한민국이 민주 공화제임을 공식적으로 천명한다. 이제 봉건 왕조도 아니고 제국도 아닌, 주권이 국민에게 있는 민주 공화정이 비록 이국 땅에서였지만 수립된 것이다. 또한 헌법 제3조에서는 대한민국의 인민이 남녀 귀천 및 빈부의 계급 없이 일체 평등함을, 그리고 제4조에서는 대한민국의 인민으로 공민 자격이 있는 자는 선거권 및 피선거권이 있음을 명시함으로써 대한민국은 주권이 국민에게 있으며 남녀 평등의 보통선거를 통한 대의 민주주의 체제임을 명확하게 밝혔다. 무엇보다 대한민국 임시정부는 세계사적으로 보건대 매우 빠른 시간에 전제 군주정에서 공화정으로 이행했고, 여성에게도 공민으로서 선거권과 피선거권의 주권 행사를 할 수 있는 자격을 부여함으로써 절차적 민주주의가 일찍 자리 잡을 수 있는 기틀을 만들었다. 그러나 여전히 계속되는 일본 제국주의의 식민 지배 때문에 이러한 입헌주의적 공화정은 1948년이 되어서야 현실화될 수 있었다.

그렇다면 우리의 제헌의회는 어떻게 구성되고 무슨 일을 하였을까?

민주 공화국이 들어서기 위해서는 무엇보다 주권자인 국민의 선거를 통해 대표인 국회의원들이 뽑혀야 하고, 이들에 의해 헌법이 만들어지고 선거를 통해 정부가 구성되어야 한다. 따라서 1948년 5월 10일에는 우선 선거가 가능한 38도선▶ 남쪽 지역에서만 헌법 제정을 위한 5·10 국회의원 선거가 실시되었고, 이 총선거에서 선출된 198명의 의원들로 제헌국회가 구성되었다(당시 제주도에서는 단독 정부 수립을 반대하는 4·3사건으로 제헌 의원을 선출하지 못했기 때문에 200명에서 2명이 모자란 198명의 의원들이 선출되었다).

한편 제헌국회는 조직이 구성되자 바로 헌법 제정에 착수, 소집 첫날에 헌법기초위원 30명과 전문위원 10명을 선출할 것을 결의했다. 이렇게 구성된 헌법기초위원회는 유진오 의원이 제안한 내각책임제 골격의 헌법안을 작성했으나 이승만의 대통령제 주장과 대립되어 여러 차례에 걸친 토론 끝에 대통령제와 단원제가 채택되고, 동시에 의원내각제의 요소 중 국무위원제▶와 국무총리제가 타협안으로 함께 채택되었다. 따라서 지금까지도 대통령제 아래에서 국민이 선출하지도 않은 사람이 국무총리가 되는 상황이 벌어지곤 하는 것이다.

이와 같은 과정을 거쳐 작성된 헌법안은 6월 23일 제16차 국회 본회의에 상정되었고, 마침내 1948년 7월 12일 '대한민국헌법'이 국회에서 완전히 통과되었다. 이렇게 제정된 헌법은 7월 17일 오전 10시 국회의사당에서 의장 이승만이 서명한 후 공포되었으니, 이날이 바로 제헌절이다.

그러나 이승만 대통령이 장기 집권을 도모하면서 시작한 헌법 개정은 지금까지 9차례에 걸쳐 이루어졌다. 제9차 헌법에서도 주권은 여전히 '국민'에게 있다. 그러나 21세기에 들어 세계화를 맞이함에 따라 이제 다

38도선_ 미·소 양국이 북위 38도선을 경계로 한반도를 남과 북으로 나누어 점령한 군사 분계선.

국무위원제_ 국무위원들이 집단으로 대표를 하는 집단 지도 체제.

양한 사람들, 즉 외국인 노동자를 포함한 여러 국적의 다양하고 다층적인 사람들이 한반도에서 살고 있는 지금도 예전의 '국민'이라는 개념이 여전히 유효한가 하는 의문이 시민 사회를 중심으로 제기되고 있다. 현 대통령의 헌법 개정 발의안을 둘러싼 논의와는 별도로, 시민 사회에서는 '21세기 평화와 인권을 지향하는 대한민국에 맞는 헌법으로 새 시대를 열어야 한다'는 주장이 제기되고 있는 것이다. 특히 헌법에서 규정하는 '국민'을 좀 더 열린 자세로 확장할 것을 요구하는 목소리가 들린다.

『헌법 다시 보기』에서는 '국민의 권리와 의무'로 되어 있는 현재 헌법 제2장의 제목을 '기본권과 시민권'으로 변경하여, 이주 노동자 등 급증하고 있는 '대한민국 거주자'들의 인권도 보장해야 한다는 주장을 담고 있다. 현재 법무부의 공식 통계에 따르면 이주 노동자는 이미 42만 명을 돌파하고 있다고 한다. 따라서 주요 인권 및 기본권 관련 사항의 주어를 교체하거나 추가함으로써 그들이 '대한민국 국민'들이 보장 받는 사항뿐 아니라 '국민'이 아니더라도 '대한민국에 거주하는 모든 인간'으로서 보장 받아야 하는 사항까지도 설정해야 한다는 것이다.

이와 함께 이 책에서는 21세기 대한민국이 범아시아를 지향하는 지구적 시민 국가로서, 기존의 헌법을 '국민'만이 아니라 폭넓게 규정되는 보편적 '국가 시민', 즉 보편적 '인간'의 복리와 자유에 기여하는 헌법으로 고칠 것을 제안한 내용도 담고 있다. 단지 대한민국 국적이 아니라는 이유만으로 차별을 받아서는 안 되며 모두가 똑같은 인간의 존엄성을 보장 받고 보편적인 시민으로 함께 손을 잡기 위한 방안을 헌법에 명시함으로써 사람들의 의식과 행동을 진일보시키자는 주장인 것이다.

　최근 시민 사회에서 들려오는 이러한 헌법 개정의 목소리는 정치권의
권력 구조 개편을 위한 헌법 개정과 별도로 구분해서 살펴보아야 할 필
요가 있다. 우리 헌법의 역사를 보면 그 이유를 좀 더 자세히 알 수 있
다. 왜냐하면 헌법은 무엇보다 통치 조직의 원리와 구성에 관한 것을 규
정하고 있음과 동시에 인권 및 개인의 권리의 보장에 대해서도 명문화
하고 있기 때문이다. 문제는 지금까지의 헌법 개정과정을 보면서 우리
는 '집권자가 어떻게 합법적이고 연속적인 정치 권력의 획득을 위해 헌
법을 개정해 왔는가' 만을 생각하게 되었다는 점이다.

　그러므로 우리는 근대 시민 헌법의 근본적 정신을 망각하고 있는 것
인지도 모른다. 다시 말해 우리는 근대 헌법이 법 앞에 평등함을 선언하
고 신체 및 정신적 자유, 경제·사회적 자유, 참정권 등을 명시하고 인
권의 불가분의 일부인 저항권을 확인함으로써 한 나라의 주인인 국민은
헌법을 파괴하는 어떠한 권력 찬탈자도 용납해서는 안 됨을 천명했다는
점을 망각한 채, 단지 '대통령제냐 의원내각제냐' 혹은 '단임이냐 중임
이냐' 등의 정치 권력에 대한 논의에만 집중한 면이 없지 않다. 이것이
우리 헌법 개정의 역사가 곧 민주주의에 역행하는 장기 집권의 역사라
는 오명을 뒤집어쓰게 된 이유이기도 하다.

　예를 들어 1954년 여당인 자유당▶은 이승만 대통령의 장기 집권을
위한 조치로 '초대 대통령에 한하여 3선 제한을 철폐한다'는 것을 주요
골자로 한 헌법 개정안을 11월에 정식으로 국회에 제출했으니, 이것이
제2차 헌법 개정안이다. 그해 11월 27일, 국회에서의 표결 결과 재적의

자유당_ 1951년에 창당되어
이승만 대통령을 지지한 정당.

원 203명 중 찬성 135표, 반대 60표, 기권 7표로 개헌 가능 의결정족수인 136표(재적의원 3분의 2)에서 1표가 찬성에서 부족하였고, 이에 따라 부결이 선포되었다. 그러나 이틀 후 '재적의원 203명의 3분의 2선은 사사오입(四捨五入)하여 135명이면 된다'고 하여 이전의 부결 선포를 번복, 개헌안의 가결을 선포하였다. 사사오입 개헌은 절차상으로도 정족수에 미달한 위헌적인 개헌이었고, 실질적으로도 초대 대통령에 한하여 중임 제한을 철폐한다는 점에서 평등의 원칙에 위배되는 헌법 개정이었음에도 불구하고 자유당 등 당시 집권층의 강한 의지로 관철된 것이다.

이런 역사 속에서 지금까지 헌법은 9차례에 걸쳐 개정되었는데, 상당수의 개헌은 부당한 정치 권력을 연장하고자 했던 어두운 모습과 관련이 있다. 특히 개헌의 내용 면에서는 '당대의 권력자나 쿠데타를 일으킨 세력이 자기 편의대로 헌법을 뜯어고친 정치적 상처의 흔적'이라는 평가를 받기도 한다.

위에서 살펴본 사사오입 개헌 외에도 1972년 박정희 정부 시기에 이루어졌던 제7차 개헌은 역사상 유례없는 독재 헌법으로 평가 받는다. 흔히 '유신 헌법'이라 불리는 제7차 헌법에 의하면 대통령은 임기 제한 없이 연임이 가능하고 그 권한은 입법과 사법 등 국정 전반에 걸친 절대권으로 확장되어 국회의원 중 일부를 선출할 수도 있고 사법부 또한 자의적으로 임명이 가능하였다. 또한 계엄과 긴급조치로 자신의 정치적 반대 세력을 언제든지 막을 수 있고 국민의 기본권을 제한할 수도 있었다.

이와 반대로 1987년에 개정됨으로써 이제 20년을 맞은 제9차 헌법은 당대 독재 정권과의 민주화 투쟁에서 국민들이 피와 땀으로 쟁취한 민주주의의 성과물로 평가 받는다. 제9차 헌법의 의미를 파악하려면 먼저 직선제 쟁취로 압축되는 1987년 6월 민주 항쟁을 이해해야만 한다. 고등학교 한국근현대사 교과서를 보면 1985년부터 전두환 정부에 대한 민주 시위는 대통령 직선제로 대표되는 국민들의 민주화 열기를 더욱 달구었다. 1987년 1월 14일에는 서울대생 박종철▶ 군이 수사 과정에서 물고문으로 사망하는 사건이 발생하였고, 이후 4월 13일에는 전두환 대통령이 직선제로의 개헌을 반대하는 '호헌 조치'▶를 발표하였다. 이는 대통령 선거인단에 의한 간접 선거를 고집하겠다는 의미였다. 곧이어 천주교 정의구현 사제단이 중심이 되어 박종철 군 고문 치사 사건의 전말을 밝혀내자 민주화를 위한 시위는 마침내 전국적으로 일어났다.

1987년 6월 10일, 집권 여당인 민주정의당(민정당)이 노태우를 대통령 후보로 지명하였지만 국민들은 6월 민주 항쟁을 통해 호헌 철폐와 독재 타도를 외쳤다. 시위는 전국적으로 확산되었고, 다양한 계층의 시민들이 합세하였다. 6월 26일에는 전국 37개 도시에서 백만여 명이 시위에 참여하였으며, 서울에서는 격렬한 시위가 심야까지 계속되었다. 결국 신군부는 국민들의 시위에 굴복하여 6월 29일 대통령 직선제 개헌을 골자로 하는 8개항의 시국 수습 방안을 발표하였다. 그리고 같은 해 10월, 드디어 직선제 개헌안이 국민투표로 확정되었다.

이렇게 만들어진 제9차 헌법은 그 전문에서부터 우리 대한민국이 3 · 1운동과 임시정부의 법통을 계승하며 4 · 19 민주 이념을 바탕으로 자유민주적 기본 질서를 더욱 확고히 할 것을 밝히고, 정치 권력 측면에서도 독재를 막기 위해 5년 단임의 대통령 직선제를 명시하고 있다. 이와 함

박종철_ 서울대생으로 전두환 정권에 반대하는 시위를 하다 1987년 1월 경찰에 의해 고문 · 폭행 등으로 사망하였다.

호헌 조치(四一三護憲措置)_ 기존의 헌법을 옹호한다는 의미의 뜻.

께 국가 권력에 의해 인권이 부당하게 침해 받지 않도록 제11조 1항에서는 '누구든지 성별·종교 또는 사회적 신분에 의하여 정치적·경제적·사회적·문화적 생활의 모든 영역에 있어서 차별을 받지 아니한다'고 적시하였다. 대한민국은 지난 20년 동안 이러한 '1987년 헌법 체제'를 바탕으로 운영되었다.

그러나 현행 헌법이 전혀 문제가 없는 것은 아니다. 한상범은 『살아 있는 우리 헌법 이야기』에서 현행 제도는 부통령이 없는 대통령제이므로, 대통령은 여전히 조선 시대 왕과 같은 '제왕적' 존재로서 막강한 권력을 행사할 수 있다고 지적하였다. 또한 대통령이 신임하면 누구라도 국회의 동의를 받아 국무총리로 임명될 수 있기 때문에 정치에 문외한인 사람도 국무총리로서 대통령 유고 시 권한을 대행할 수 있세 되었다는 점도 비판하였다. 국민에 의한 선출이라는 검증을 거치지 아니한 아마추어가 대통령의 신임 하나만으로도 권한을 대행한다는 위험 요소가 숨어 있다는 것이다. 무엇보다 현행 헌법 체제 하에서 나타나는 문제점은 매년 또는 격년마다 시행되는 선거의 폐해이다. 이에 따라 선거를 치르기 위한 막대한 국가적 비용이 소모되고 경제는 더욱 어려워진다는 비판이 있다.

___헌법 개정을 둘러싼 목소리

원 포인트 개헌(one point 改憲)_ 헌법의 여러 조항 중 대통령 임기 사항에 관한 조항 한 가지에 대해서만 개헌할 것을 제안하기 때문에 원 포인트 개헌이라고 한다.

한편 2006년에는 노무현 대통령이 먼저 나서서 20년 동안 유지된 제9차 헌법에 대한 개헌의 필요성을 주장하였다. '원 포인트 개헌' 이라고 명명되는 권력 구조의 개편, 즉 안정적이고 중장기적 국가 운영을 위한

4년 중임제를 대통령이 주장하고 나선 것이다. 또한 국가적 비용 낭비를 막기 위해 국회의원 선거와 대통령 선거를 일치시키는 방안을 마련하였다. 지난 2007년 3월에 발표한 정부의 개헌안 시안을 보면 대통령 4년 연임, 대통령 궐위 시 후임자 임기 및 선출방식, 대통령과 국회의원의 임기 일치, 개정헌법 시행 시점 등이 골자이다. 현행 5년 단임제로 규정된 대통령의 임기를 4년 연임제로 바꿔 국회의원 임기와 맞춘다는 것이다.

그러나 이를 둘러싼 정치적 이해득실, 그리고 국민적 공감대의 형성 방법 등으로 개헌은 논란에 휩싸였고 결국 제18대 국회에서 개헌을 다루는 것으로 각 정당과 합의를 하면서 개헌 추진 방침은 철회되었다. 이와는 별도로 앞서 살펴본 것처럼 시민 사회를 중심으로도 '1987년 헌법 체제'에 대한 평가와 함께 한국 민주주의의 성숙과 확산을 위한 방편으로 개헌 논의가 진행되기도 하였다.

2006년 6월 8일 대화문화아카데미에서 주최한 '새로운 헌법 필요한 가'라는 주제의 대화모임에서 동국대학교 철학과 홍윤기 교수는 "개헌을 한다면 단순히 현행 헌법의 몇몇 조문을 변경하여 수선하는 정도의 헌법 개정 정도가 아니라 헌법 개혁으로 나아가야 한다"고 주장하였다. 그는 '국민 국가에서 시민 국가로의 헌법 개혁을 위한 아젠다'라는 제목으로 발표를 하고, 헌법 개혁 시안으로서 '범아시아 지향의 시민 국가'를 제안했다. 즉, 앞서 본 것처럼 헌법 제2조의 '국민 요건'을 '국적 개념을 넘어선 시민권 도입' 등으로 바꾸는 것과 같이, 현행 헌법에서 '국민'으로 정형화된 개념을 '국가 시민으로서 보편적 인간'으로 명시하고, "21세기 대한민국 헌법은 '국민'이 아니라 '국가 시민으로서 보편적 인간'의 복리와 자유에 대해 기여할 책무를 가진다는 것을 선언하는 시민장전(市民章典)이 되어야 한다"고 주장한 것이다. 또한 앞으로 한국 사회에 거주하는 시민들이 보다 좋은 삶을 설계하고 실천할 수 있게 하려면 "헌법 내용이 기본권 또는 인권 항목을 대폭 증설함과 동시에 그것을 심화시켜야 한다"고도 하였다. 더불어 그는 헌법에서 규정될 대안적 국가의 성격은 민주화, 평화화, 생태화, 정보화, 지구화의 가치를 담아야 한다고 강조하여 눈길을 끌었다.

연세대학교 정치학과 박명림 교수 또한 이와 유사한 내용의 '헌법 개혁'을 주장하였다. 그는 「헌법 개혁과 한국 민주주의」라는 글에서 EU 헌법과 스위스 헌법을 예로 들며 "대한민국의 헌법에도 평화권, 생명권, 인격권 등이 삽입되어야 한다"고 주장함과 동시에, 새로운 헌법은 "대한민국 국민이 아닌 거주자들에 대한 인권 보장을 규정해야 한다"고 했다. 이어 소수자 보호 및 프라이버시 규정 등의 인권 강화, 경제적 삶과 관련한 경제 부문의 전면 조정 등의 내용도 헌법에 포함되어야 한다고 그는 제안했다.

이제는 우리 공동체가 국가 혹은 민족과 개념적으로 동일하게 여겨지던 것이 점차 끝나가는 시점이다. 정치권과 다르게 근본적으로 헌법을 성찰하고 개혁하려는 시민 사회의 주장의 핵심은, 이러한 상황에서 우리의 헌법이 그 위상을 더 포괄적으로 넓히면서 모든 사람을 위한 헌법이 되어야 한다는 것이다. 이는 곧 서로 다르게 살아가는 사람들이 '함께' 살아갈 수 있는 방법을 학습하고 약속하는 장치로서 헌법이 개정되어야 한다는 의미이다. 또한 헌법을 논의하는 과정 자체도 시민 사회의 자율성을 기반으로 하여 우리 사회의 미래에 대한 약속의 공감대를 만들어가는 과정으로 자리매김해야 한다는 주장이다.

한편, 이명박 정부에서도 새로운 헌법에 대한 논의는 계속해서 진행 중이다. 김형오 국회의장은 지난 2009년 7월 17일 제헌절 61주년 경축사를 통해 개헌 논의를 공식으로 제안하였다. 그는 대한민국의 대도약과 선진국 진입을 위해 '선진·분권·국민통합 헌법'이라는 3가지 개헌 방향을 제시했다. 사회적인 이념 차이를 극복하고 대통령에게 집중된 권력을 합리적, 민주적으로 통제하며 지역과 이념, 세대를 뛰어넘은 국민 통합을 위해 헌법 개정이 필요하다는 것이다. 또한 이명박 대통령도 지난 2009년 9월 행정구역 개편, 국회의원 선거구제 개편과 함께 통치 권력, 권력구조에 대한 제한적인 개헌을 언급하였다.

제9차 헌법이 민주화 과정에서 지난 20년 동안 절차적 민주주의를 형성하고 진행하는 역할을 충분히 하였다면, 이제 새로운 시대와 구성원을 위한 헌법이 모색되어야 하는 시점이라는 것에는 정치권과 시민 사회 모두 동의하는 것으로 보인다. 그러나 헌법이라는 제도가 바뀐다 해서 과연 우리 사회 구석구석의 여러 문제들이 해결될 것인가 하는 원론적인 논쟁은 앞으로도 지속될 것이다. 시민의 의식이 먼저 선진화되고 평화와 인권을 중시하는 사고와 행동이 선행되지 않으면 새로운 헌법 또한 무의미해지기 때문이다. 이 점 또한 우리가 빼놓지 않고 고민해야 할 숙제이다.

권리장전(權利章典, Bill of Rights)
영국의 명예혁명으로 새로운 왕을 추대하면서 1689년에 제정한 의회 제정법.

제임스 2세(James II, 1633~1701)
가톨릭을 부활시키고 전제 정치를 실시하다 명예혁명으로 쫓겨났다.

윌리엄 3세(William III, 1650~1702)
영국 스튜어트 왕조의 왕이자 네덜란드 총독. 프랑스 루이 14세에 의한 네덜란드 침략을 저지시켰고 명예혁명의 결과 왕으로 추대되었다.

청교도혁명
1640~1660년 영국에서 신교인 청교도가 중심이 되어 일으킨 시민 혁명.

명예혁명
1688년 영국에서 일어난 혁명. 피를 흘리지 않아 '명예혁명'이라고 한다. 제임스 2세를 몰아내고 왕권을 제약할 수 있는 의회 정치를 명확하게 선언한 혁명이다.

찰스 1세(Charles I, 1600~1649)
스튜어트 왕조의 영국 왕(재위 1625~1649). 악정(惡政)으로 의회에서 권리청원이 제출되어 비난당하자 의회를 해산하고 11년간 의회를 소집하지 않았다. 그러나 스코틀랜드의 반란 처리 비용을 위해 의회를 소집하였다가 의회와 정면 대립하였고, 이것이 청교도혁명으로 확대되어 결국 처형 당하였다.

경국대전(經國大典)
세조 대에 시작하여 성종 대에 완성한 조선의 기본 법전. 조선 통치의 근간이다.

대한국국제(大韓國國制)
1899년 대한제국에서 반포하였다. 근대적 헌법의 성격을 가지고 있으며 황제권의 절대화를 내용으로 하는 9개항으로 구성되어 있다.

5·10 국회의원 선거
1948년 한국 최초의 총선거. 이를 통해 제헌의원을 뽑아 제헌국회를 구성하였다.

유신 헌법

1972년 10월에 선포된 유신 체제하의 헌법. 제7차 헌법이라고도 하는데 국민의 기본
권을 제한할 수 있을 정도로 강력한 대통령의 권한이 명시되어 있었다.

4 · 19 혁명

1960년 4월19일 이승만과 자유당의 독재에 저항하여 일어난 한국의 민주주의 혁명

1. 중세 봉건 시대와 비교하여 근대 입헌주의가 가지는 역사적 의의를 생각해 보자.

   주제어: 시민혁명, 주권재민, 인간의 존엄성 등

2. 만약 헌법을 개정 · 개혁해야 한다면 그 안에 반드시 새롭게 들어가야 할 내용으로는 어떠한 것이 있을지 하나씩 생각해 보자.

   주제어: 국민 요건, 권력 구조, 생명권, 평화권 등

3. '대통령과 국회의원 선거를 일치시키는 방안'과 '대통령 중임제'를 골자로 한 노무현 전 대통령의 개헌 발의에 대해 자신의 의견을 밝혀 보자.

   주제어: 국가적 비용, 민주주의, 권력 분권 등

4. 시민 사회 내부에서 나오고 있는 헌법 개혁의 내용은 무엇이고 왜 시민들이 자발적으로 헌법에 관심을 가지고 개혁시키려 하는지 그 이유를 생각해 보자.

   주제어: 실질적 민주주의, 인권, 생태화, 지구화, 정보화, 소수자 보호 등

3

대한민국에서
공화국 시민으로 산다는 것은?

검색! 교과서

_ 공화정

특히 비밀 결사인 신민회는 의병과 연대하여 무장 독립 투쟁을 전개하기 시작하였고, 국민의 권리가 보장되는 공화정체의 국민 국가 건설을 구상하였다는 점에서 이후 전개되는 민족 독립 운동사에 커다란 영향을 끼쳤다.

– 한국근현대사 2부 3장(중앙교육진흥연구소)

우리나라 역사상 처음으로 보통·비밀 선거인 5·10총선거가 남한에서 실시되어 제헌 국회가 구성되었다. 제헌 국회에서는 국호를 대한민국으로 정하고, 대한민국 임시 정부의 법통을 계승한 민주 공화국 체제의 헌법을 제정하였다. 대통령으로 선출된 이승만은 대한민국 정부 수립을 국내외에 선포하였다(1948. 8. 15). 이로써 국민이 나라의 주인이 되는 민주 국가를 이룩했을 뿐만 아니라, 외세의 간섭에서 벗어나 독립 국가의 모습을 갖추게 되었다.

– 국사 3부 5장(교육인적자원부)

___대한민국 최초의 공화정

1898년, 대한제국의 박정양 내각과 서재필의 독립협회는 관민협상과 관민공동회의 헌의 6조를 통해 황제권을 인정하면서 동시에 의회의 기능을 규정하는 중추원 관제 개편에 합의하였다. 이에 대해 독립협회의 정치적 영향력 강화를 우려한 보수파 대신과 황실 측근 세력들은 "독립협회가 황제를 폐위시키고 공화국을 건설하여 박정양을 대통령으로, 윤치호를 부통령으로 선출하려 한다"고 모함하였다. 주권이 황제 일개인이 아닌 모든 국민으로부터 나오는 공화국의 건설, 이것은 사실상 고종황제의 폐위를 의미하는 것이었다. 이에 고종은 그해 12월, 독립협회의 해산을 명령하고 이상재를 비롯한 주요 간부들을 체포하였다.

최초의 공화정 추진을 위한 움직임은 그로부터 9년 후에 일어난다. 1907년 안창호, 양기탁 등은 국권 회복과 공화정 체제의 근대 국민 국가 건설을 목표로 애국 계몽 단체인 신민회를 결성한다. "우리 운동은 주권만 찾는 것이 아니라 한반도 위에 모범적인 공화국을 세워 이천만 민족이 천연의 복락을 누리게 하는 것"이라는 안창호의 말처럼 최초의 공화정 수립을 위한 운동이 시작된 것이다. 그러나 이러한 움직임은 제대로 이루어지지 않았다. 대성학교▶나 오산학교▶ 등을 통한 근대 교육과 신흥무관학교▶ 및 독립 운동 기지의 건설 등이 추진되기는 하였지만 일제의 탄압으로 신민회가 해체되고 말았기 때문이다.

결국 실질적인 공화주의 운동은 대한민국 임시정부에서 구체화되기 시작하였다. 즉, 1910년대에 고종 복위를 꿈꾸는 복벽주의▶에 잠시 자리를 내주었던 공화정은 3·1운동 이후에야 독립 운동 단체들이 자연스

대성학교(大成學校)_ 1908년 안창호가 평양에 설립한 근대적 학교.

오산학교(五山學校)_ 1907년 평북 정주에 이승훈이 설립한 학교.

신흥무관학교(新興武官學校)_ 1911년 이동녕, 이회영 등이 세운 신흥 강습소가 전신이었던, 독립군을 양성했던 기관.

복벽주의_ 물러난 왕을 다시 왕위에 오르게 하려는 운동. 고종과 순종을 다시 복위시키려 했던 독립 운동을 일컫는 말이다. 유사한 표현으로 왕에게 충성을 바치는 '근왕주의'가 있다.

럽게 받아들이는 정치 체제로 등장한다. 일제의 감시와 탄압을 피해 프랑스 조계⁴ 지역이었던 상하이에 터를 잡은 대한민국 임시정부의 임시 헌장 선포문 제1조에는 '대한민국은 민주 공화제로 함'이 명시되었다. 임시정부의 체제 또한 황제 독재가 아닌, 대통령과 국무총리 등의 국무원과 이를 견제하는 의회로서의 임시의정원, 그리고 사법 기관인 법원으로 구성됨으로써 민주 공화정체의 핵심인 3권 분립을 이룩하였다.

조계_ 개항장에 외국인이 자유로이 통상 거주하며 치외법권을 누릴 수 있도록 설정한 구역.

그러나 민족 독립의 구심점이었던 대한민국 임시정부는 말 그대로 '임시'의 것이었을 뿐, 한반도의 실제 국민이 주권을 행사하고 투표를 실시하여 수립된 것이 아니었으므로 대한민국이 공화국가로서의 모습을 정식으로 갖추기까지는 더 오랜 시간이 필요했다. 그리하여 1948년 8월 15일에야 드디어 한반도 최초의 공화국이 수립되었다.

___공화제란 무엇인가?

그렇다면 공화정 혹은 공화제란 무엇인가? 백과사전을 살펴보면 공화제는 군주제에 상대되는 개념이다. 이 제도에서 국정에 참여하는 대표자는 주권자인 국민의 선거로 선출되고, 일반적으로는 대통령제를 기반으로 하여 3권 분립을 통한 견제와 균형의 원리가 이루어진다. 영국이나 일본은 세습 군주가 존재하지만, 주권이 국민에게 있고 투표를 통해 의회의 다수를 차지한 당과 그 수반이 실질적인 입법과 행정을 담당하므로 공화적 요소를 가지고 있다. 군주제에서 국가의 원수는 혈통적으로 세습되는 '왕'이지만, 공화제의 특징은 출생에 따른 봉건적인 차별을 부정하고 주권재민·자유·평등·민주주의 등을 중심 원리로 삼는다는 데 있다. 즉, 왕이 없다는 것이 '필요조건'이라면 공화제라는 그릇에 수평적 의미의 국민(혹은 시민), 그리고 그들 간의 합의와 권리를 보장하기 위한 민주주의적 제도와 법률, 그리고 자신의 공동체를 지키고 유지하기 위한 국방 및 세금 등 각종 의무가 '충분조건'으로 채워지는 것이다.

『공화국과 시민』을 보면 '공화국(Respublica)'이라는 단어는 라틴어의 '레스 푸블리카(res publica)'라는 말에서 유래되었다. 레스 푸블리카는 '공중의 소유물', 더 넓은 의미로는 국가의 모든 일을 지칭한다. 이것은 공화국이라는 어원 자체가 '모두의 것, 모두의 일'이라는 뜻을 가지고 있음을 의미한다. 초기 로마 공화국은 고대 그리스의 폴리스처럼 시민들이 정부에 참여하는 것이 이상적이라고 여겼다. 따라서 로마 공화국은 모든 로마인의 공동 재산으로 인식되었고, 시민들은 이 공화국을 방어하고 유지·번영시킬 의무를 기꺼이 받아들였다.

따라서 로마인들은 자신들이 모두 로마의 대표자라고 생각하였고, 로마의 이익과 반대되는 사적 이익 추구 및 공동체의 자유와 부딪치는 개인의 자유에 대해 모두 부정적인 입장을 취했다. 즉, 개개인의 이득과 자유보다는 로마 전체의 보편적인 이익을 위한 통치 질서를 우선시한 것이다. 그러므로 로마인들에게 있어서 제일의 미덕은 국가에 대한 헌신 및 이기주의의 절제였다. 이처럼 시민들이 적극적으로 정치에 참여하면서 로마의 권력은 전체의 것이지 결코 특정 개인 혹은 소수의 것이 될 수 없다는 인식 또한 확고해졌다. 이것은 로마 시민들이 자신의 공동체를 지키기 위해 중장보병▶으로 지중해를 둘러싼 수많은 전투에 참가

중장보병(重裝步兵)_ 갑옷을 입고 걸어다니는 군인을 일컫는 말.

하면서 획득한 정치적 산물이기도 하였다. 그러므로 로마 공화정은 왕이나 원로원 귀족 등에 의한 권력의 독점을 반대하고 12표법과 같은 법이나 호민관 제도 등을 통해 상호견제와 균형의 원리가 관철되면서 발전하였다.

이 '로마 공화정'에 가장 크게 매료된 사람 중의 하나가 바로 마키아벨리*이다. 마키아벨리는 목적을 위하여 수단과 방법을 가리지 않을 것을 주장한 사람으로만 흔히 이해되지만, 사실 그는 르네상스기에 분열된 이탈리아가 하나의 공동체로 거듭날 것을 간절히 바란 인물이었다. 베네치아 공국, 밀라노 공국 등 크고 작은 도시 국가로 나눠진 이탈리아를 보며 마키아벨리는 "단일하고 통일된 형태의 국가가 탄생하지 않으면 내일의 이탈리아에는 타국에 의한 식민 노예의 길이 있을 뿐"이라고 탄식하였다. 따라서 그는 통일을 위한 강력한 군주를 염원하였고 그것이 축약된 것이 바로 『군주론』*이라는 책이다. 그가 강력하고 잔인한 군주를 등장시킨 것은 그러한 존재를 통해 이탈리아 시민의 공동선을 이루기 위한 공동체를 만들고자 했기 때문이었다. 특히 그는 당시 이탈리아의 많은 공국들이 돈을 주고 고용한 용병들이 자신들의 공동체를 지켜줄 것이라 생각하는 것은 하나의 환상이며, 그들은 언제든 이탈리아인들을 배신할 수 있음을 갈파하였다. 따라서 자신의 생명과 공동체를 지키기 위해서는 해당 국가의 시민들이 군인으로 거듭나야 함을 주장하였다.

로마 공화정의 이상은 그로부터 200여 년 뒤 근대 혁명을 통해 세계사의 보편적인 정치 형태이자 체제로 등장한다. 17세기 영국의 청교도 혁명은 의회의 동의 없이 과세 등을 실시하며 시민의 권리를 제약한 찰스 1세를 처형한 후, 군주제를 폐지하고 크롬웰을 중심으로 신교도에

마키아벨리(Niccolo Machiavelli, 1469~1527)_ 16세기 르네상스기 이탈리아의 역사학자·정치가. 『군주론』을 지으며 정치와 도덕을 구분한 그로 인해 마키아벨리즘이란 용어가 생겼고, 이는 근대 정치사상의 기원이 되었다.

『군주론』_ 권력에 대한 의지와 야심을 강조하며 이를 위해 불성실·몰인정·잔인 등을 용인한 마키아벨리의 저서. 따라서 후대에 '마키아벨리즘'이라 불리게 된 권모술수주의로 비난받기도 한다. 그러나 당시 분열과 외국의 간섭으로 인한 정치적 혼란에 빠진 이탈리아를 구하기 위한 한 방편으로 강력한 군주를 염원했다는 견해도 있다.

의한 공화제를 수립하였다. 왕 대신 영국 의회가 최고 권력자의 자리에 오르게 된 것이다. 18세기 영국의 식민지였던 아메리카에서는 13개 주의 시민들이 모여 영국의 지배와 과세를 거부하고 스스로 민병대를 조직하는 등 자신들만의 공동체, 즉 미 연방 공화국을 건설한다. 또한 프랑스도 왕과 귀족 등의 기득권층을 위한 구제도를 뒤엎으며 단두대를 통해 루이 16세를 처형하는 등 근대 시민 혁명을 통해 공화정의 길로 나아갔다.

20세기에 들어서도 이러한 움직임은 지속되었다. 서양의 제국주의적 침략과 청 왕조의 봉건적 억압에 시달리던 중국인들은 스스로 쑨원의 지도를 통해 1911년 신해혁명으로 봉건제를 타도하며 중화민국을 수립하였고, 또한 6년 뒤 러시아에서는 레닌에 의해 '노동자 독재를 통한 인민의 해방'을 기치로 한 혁명이 니콜라이 2세의 차르 왕정을 뒤엎으며 소비에트 공화국이 수립되었다. '공화'를 향한 길은 세계사적으로 이러한 혁명들을 통해 열리게 되었다.

___자유로운 인간들의 공동체, '공화'

여기에서 다시 공화정 수립을 향한 우리의 역사로 돌아가 보자. 대한민국은 1948년 이승만 대통령을 중심으로 제1공화국을 수립한다. 그런데 현상적으로 우리 역사를 바라보면 서양의 경우처럼 내적인 혁명 과정을 통해 공화의 길을 터놓았다고는 말하기 애매한 것이 사실이다. 앞에서 살펴보았듯 공화제를 간단하게 설명하면 전제 군주, 즉 왕이 없는 체제이고, 따라서 주권은 바로 국민이 행사하게 된다. 이것만 보면 우리의 공화정 수립도 외형상으로는 서구와 같을지 모른다. 그러나 서양의 경우에는 프랑스혁명 등 시민 혁명이라는 과정을 거치며 몇백 년의 정치적 경험 속에서 공화제가 안착되어 갔다.

우리의 경우는 비록 대한제국 말기에 신민회가, 그리고 일제 시대에 대한민국 임시정부가 공화정 수립을 위해 노력하긴 했지만 한반도에 살고 있는 민족 구성원 다수의 자체적인 혁명을 통해 공화정을 수립하지는 못하였다. 즉, 개항·개화기를 지나 일제 강점기를 거쳐 광복과 건국의 과정에서 근대적 의미의 '혁명'이 생략된 채 공화정을 수립한 것이다. 역사학자 한홍구는 『대한민국사』에서 이것을 "근대의 통과의례인 '왕의 목을 치는 과정'이 없었기에 나타난 문제점"이라고 표현하며, 이로 인해 근대적 개인주의나 시민 의식보다는 전근대의 전체주의적 사고방식과 행동이 오늘날까지 여전히 우리 사회를 이끌고 있는 것이라고 지적하였다.

필자는 매년 신학기 학생들에게 자기 소개를 시킨다. 그러면 학생들은 앞으로 나와 쭈뼛쭈뼛하다가 자신의 이름 석 자 외에 출신 중학교 및 이전의 학년과 반을 말하는 것으로 자기 소개를 대신한다. 자신의 성격과 개인적 성향, 그 흔한 특기와 취미도 학생들의 입에서는 여간해서 터져 나오지 않는다. 학생들부터 어디 지역, 어느 출신인가라는 전근대적 집단과 전체 속에 자신을 숨기는 것이다.

이것은 어른들도 마찬가지이다. 출신 지역과 학교로 뭉친 향우회와 동창회가 사회적 모임의 전부라고 해도 과언이 아닐 정도로 우리는 전근대적인 집단에 만족한다. 최근 '나는 나를 좋아한다'라는 카피처럼 새로운 상품에 만족하는 물질적 개인주의를 빼면 완전히 독립적이고 자유로운 개인을 만나는 것, 그리고 서로의 연대를 통해 자신이 속한 공동체의 문제를 직접 해결하려는 모습을 주변에서 찾는 것은 매우 힘들다. 왜 그럴까? 우리는 자발적 의지와 참여를 통해 하나의 공동체를 유지하는 공화정 체제에 살고 있는데 말이다. 이에 대해 역사학자 한홍구는 『대한민국사』에서 다음과 같이 진단한다.

> 숨 가쁘게 근대로 끌려 들어오는 와중에 우리는 중요한 통과의례를 치르지 못했다. 왕의 목을 치지 못하고, 다시 말해서 시민 혁명을 이루지 못하고 제국주의적 근대에 편입된 것이다. 제국주의의 침략이라는 위기에서 나라를 구하기 위해 일어선 세력들은 낡은 왕조를 뒤엎고 새로운 출발을 꾀하기보다는 보국안민(輔國安民)▶과 충군(忠君)을 내세우며 근왕주의(勤王主義)▶적 태도를 보였다. 1894년 농민혁명 당시의 전봉준이 그랬고, 대부분의 의병장들이 또 그랬다. 의병 운동으로부터 불과 10년, 우리 정부는 입헌군주제 논의도 별로 거치지 않고 민주공화제로 직행했다. 시민 혁명을 거치지 못하고 제국주의적 근대에 편입되었다는 것은 전근대의 부정적 요소들이 고스란히 다음 시대에 살아남았다는 것을 의미한다.

보국안민(輔國安民)_ 나랏일을 돕고 백성을 편안하게 함.

근왕주의(勤王主義)_ 왕에게 충성을 다하는것, 혹은 왕을 위해 일을 하려한다는 의미이다.

___과연 우리는 시민 교육을 제대로 받은 적이 있는가

한편, 오늘날 우리가 살고 있는 공화국은 경제적 사익 추구와 때론 충

돌하기도 하고, 어긋나기도 한다. 대한민국은 '민주 공화국'이다. 그러나 우리는 대한민국의 체제를 선명하게 드러내는 '공화'라는 표현보다는 '자유 민주주의와 시장 경제'라는 표현에 더 익숙하다. 그런데 '자유 민주주의와 시장 경제'는 공화주의와 미묘하게 어긋나는 면이 있다. 자유를 우선으로 움직이는 시장 경제는 '공'보다는 '개인'의 정치적·경제적 자유를 먼저 추구하기 때문이다.

『서양의 지적운동』에서는 "사상으로서의 공화주의(Republicanism)란 개인주의적 자유주의 혹은 소유적 개인주의에 대비되는 개념으로 개인이 사적으로 누려야 할 권리 확보보다는 시민(혹은 시민)으로서 갖추어야 할 덕의 고양을 강조하는 정치적 이데올로기"라고 한다. 여기에서의 덕이란 공동체에 참여, 헌신할 수 있는 물질적·도덕적 기초를 말하고, 그것은 곧 경제적 군사적 독립을 지탱하여 인격의 자율성을 확보하는 것을 뜻한다. 시민(혹은 시민)이란 자율적으로 의사를 결정하는 정치 공동체(폴리스 또는 공화국)에 의식적으로 그리고 자율적으로 참여하는 인간이고, 더 나아가 공공의 일을 공공이 결정하는 공동체에 동등하게 참여함으로써 '지배하거나 지배받는' 인간을 말한다.

이러한 공화주의의 주장은 확실히 개인적 자유주의와는 근본적으로 다르다. 개인적 자유주의는 인간이라면 누려야 할 권리를 논하는 것이기 때문이다. 즉, 개인적 자유주의는 사회가 자신들의 욕구와 자기 이익을 실현하려는 평등한 개인들의 집합체라고 보고, 공화주의와 같이 인간의 존재론적 목적이 실현되어야 하는 공동체라고는 보지 않는다. 그렇기 때문에 개인적 자유주의는 개인적 만족을 극대화시키려고 할 뿐, 일반적 공동선을 위한 봉사와 헌신에는 관심이 없는 경제적 인간에게 알맞은 세계관이라는 것이다.

문제는 여기에서 발생한다. 공화주의 관점에서 볼 때 개인적 이익의 제한 없는 추구는 공동체의 재산으로서 그 의미를 가지는 공화국을 보존하는 일과 양립될 수 없기 때문이다. 자본주의 경제를 기반으로 하고 있으면서도 우리 사회가 경제적 빈곤층과 약자에게 관심을 가져야 하는 이유, 그리고 그들의 복지를 국가가 책임져야 하는 이유가 여기에서 등장한다. 공화주의와 경제적 시장주의가 어긋나고 충돌하기도 하는 이유 또한 여기에서 발견할 수 있다.

공화국의 덕목을 가르치는 학교 교육에서도 이러한 문제점은 발견된다. 홍세화는 『악역을 맡은 자의 슬픔』에서 "우리의 공화국이 자신의 그릇을 오롯이 채우기엔 매우 부족한 교육 시스템을 가지고 있는 건 아닌가"라는 질문을 던진다. 특히 자신이 체류하였던 프랑스의 공교육을 예로 들며 그는 대한민국 공화국의 이중적 모순, 즉 한편에서는 국가에 대한 충성을 요구하고 집단에 순응하기만을 기대하는 전체주의적 교육이 이루어지고, 다른 한편에서는 오로지 입시와 시장의 논리에 얽혀 상업화로 물들어버린 한국 교육의 모습을 꼬집고 있다. 홍세화 자신도 한국의 내로라하는 중·고등학교를 거쳐 세칭 S대 국제정치학과를 나왔지만 공화국에 대해서 알고 있었던 것은 고작 '대물림하는 왕 대신에 국민이 대통령을 뽑았다는 것' 정도였다고 고백한다.

오늘날의 우리의 교육은 어떠한가. 고등학교만 나와도 공화국의 민주시민으로 불의에 항거하고 억압 받고 차별 받는 이를 위하여 연대하며 먼저 손을 내미는 교육을 제도적으로 받아본 적이 있는가. 개인의 권리를 다른 개인 혹은 집단이 빼앗을 때 이를 지키기 위한 저항의 방법이나 국가에 자신의 권리를 주장하거나 청원하는 방법, 혹은 나와 동등한 타인과 더불어 살기 위해 여러 사회적 문제를 서로 얼굴 맞대고 대화하는 방법 등을 교육 과정을 통하여 주당 수업 시수를 배정 받아 제대로 학습한 적이 있는가. 그저 대학 입시를 위한 엄청난 물량의 교재와 참고서에 시달리고 숙제와 암기, 현란한 사교육 시장의 손짓에 하루하루를 보내는 것이 일그러진 우리 교육의 이면은 아닐까. 과연 이들이 사회에 나왔을 때 개인의 인권을 지키고 우리 공동체의 더 큰 미래를 위해 함께 연대할 수 있을까. 오히려 더욱 악바리 같은 경쟁을 통해 나만은 낙오하지 않고 더 높은 곳으로 올라가려는 성공욕과 물질적 이기주의만이 머릿속에 가득 차는 것은 아닐까. 그리고 국가가 시키면 그것이 옳은 일인지 아닌지 제대로 생각해 보지도 않은 채 순응하고 따라가게 되지는 않을까. 홍세화는 이런 문제들에 대해 다시 묻는다. "한국의 교사들은 학생들에게 공화국을 어떻게 가르쳤고 또 가르치는가?"

200여 년 전 자신들의 손으로 직접 왕을 처형한 나라, 프랑스 공화국. 오늘날의 프랑스는 개인주의적 사고 방식과 생활을 기본으로 한다. 홍세화가 "당신들은 개인주의 사회에서 개인을 위한 교육을 펴는데 왜 교육비는 국가가 모두 부담하는가"라는 질문을 던졌을 때, 프랑스인들은 기묘한 표정으로 "그것은 너무나 당연한 일이다. 프랑스는 공화국이기 때문이다"라는 말로 화답했다 한다. 홍세화는 『악역을 맡은 자의 슬픔』에서 공화국의 공개념이 교육에 반영된 것이 프랑스의 무료 공교육제도라고 말하면서, 프랑스는 만 3살짜리 아이들을 위한 유치학교부터 대학에 이르기까지 교육의 시장화를 철통같이 가로막고 있다고 전한다. 프랑스는 공화국의 공개념과 공공성에 의거하여 교육의 시장화를 국가가

가로막고 또 모든 교육비를 국가가 부담하면서도, 국가주의 교육은 배제하고 있다는 것이다.

이에 비해 한국의 교육은 공화국과 전혀 무관하면서도 국가주의와 시장주의라는 질곡 아래 놓여 있다고 홍세화는 비판한다. 따라서 한국의 교사들이 일상적으로 느껴야 하는 어려움은 결국 한국의 교육이 공화국의 교육이 아닌 국가주의의 지배와 시장주의의 지배를 받는 것에서 출발한 것이라고 말한다.

한국에 귀화한 러시아인인 박노자 교수는 『당신들의 대한민국』에서 우리의 근대 교육에 대해 더 따가운 시선으로 거칠게 말한다. "학교에서의 역사 시간에 우리와 남들의 전쟁의 역사를 '국난 극복사'라는 이름으로 배움으로써 우리 편에 서서 남을 죽이는 것을 신성한 덕목으로 익히는 사람들이 근대의 한국인들은 아니냐"는 것이다. 그는 학교가 그와 동시에 '우리 편에 서기'위한 구체적인 방법도 가르쳐 준다고 비판한다. 선생님과 선배 등의 웃어른에게 복종하기, 복장과 외모와 행동 등을 규율과 명령에 따라 남들과 똑같이 하기, 달달 외우기와 지식을 동일시하기 등을 통해서 말이다.

그렇다면 학교에서는 무엇을 가르쳐야 하는 것일까. 그 대안으로 홍세화는 당연하게도 공화국의 교육은 공화국의 시민을 길러내는 데 그 목적을 두어야 한다고 주장한다. 제도 교육을 통하여 사회 구성원들로 하여금 일찍부터 사물과 현상을 보는 눈을 뜨게 함으로써 비판적 시민 의식을 갖도록 해야 하고, 특히 민족적 정체성 및 사회 구성원들의 사회적·경제적 정체성에 관해 정확하게 인식하도록 공교육이 작용해야 한다는 것이다. 박노자 교수는 진정한 의미의 강한 근대적 국가를 구성하고 싶다면 바로 국가의 '모든 것'에 대한 시민들의 반대와 비판과 부정을 무조건 허용해 줄 것을 주문하였다. 강한 국가는 국가 앞에서 자신의 내면을 지킬 만큼 강한 시민을 가진 나라를 말하는데, 진정한 의미의 강함은 한마디로 '다름'을 인정해 주고 존중해 주는 성숙한 분위기를 의미하는 것이기 때문이다.

___영화 「아버지의 깃발」과 공화정

최근 제2차 세계대전 당시 미국이 해병대를 주축으로 일본의 한 섬을 점령하는 내용을 담은 「아버지의 깃발」이라는 영화가 나왔다. 이 영화의 주요 내용은 크게 세 가지로, '이오지마'라는 섬을 미 해병대가 점령하는 과정에서 나타나는 전쟁의 참혹함이 첫 번째이고, 이와 동시에 전쟁 수행을 위한 기금 마련을 위해 이 전투에서 '영웅'으로 받들어진 3명의 미군이 미국 전역을 순회하는 것이 두 번째, 그리고 마지막으로 그 '영웅'들의 뒷이야기와 나머지 전사한 미군 가족에 대한 후일담을 그리며 "과연 미국이라는 공화국에서 '영웅'이란 존재는 무엇이고, 그 공화국에서 개인이란 무엇인가"라는 질문들을 던지는 것이 그것이다.

국가의 상징은 무엇보다 국기와 국가를 통해 표현된다. 우리 또한 애국가와 태극기를 통해 가슴 한편에서 뜨거운 조국애를 느끼는 것과 마찬가지로 미국인들도 성조기를 통해 자신들의 공화국에 대한 애국심을 느낀다. 영화의 주된 모티브는 바로 여기에서 시작한다. 이오지마를 점령한 기념으로 섬의 정상 부근에 꽂은 최초의 미 성조기와 그것을 수행

「아버지의 깃발」_ 2007년에 국내 개봉된 미국의 전쟁 영화. 제2차 세계대전 당시 이오지마에서 벌어진 미군과 일본군의 전투, 그리고 그것에 얽힌 당시 사람들의 삶에 대한 이야기를 영화화하였다. 전쟁과 영웅, 국가와 개인에 대한 질문을 하게끔 만든 영화이다.

한 군인들 대신, 두 번째로 성조기를 꽂으며 찍은 사진 한 장이 전 미국인을 감동시키면서 그것을 수행한 이들을 일약 스타로 만든다. 이와 동시에 미 공화국과 언론은 전쟁 수행을 위한 기금 마련을 위한 모금 캠페인에서 그들을 '영웅'으로 대접한다. 문제는 그들이 최초로 이오지마에 성조기를 꽂은 영웅도 아니고 전쟁 영웅도 아니라는 것이다. 전우들의 죽음과 전쟁의 참혹함 속에서 괴로워하는 개인일 뿐인데 얼떨결에 '영웅'이 되면서 이들은 자신의 정체성과 존재감에 대한 고민을 시작한다.

특히 영화는 백인 사회의 비주류인 인디언 출신의 병사에 포커스를 맞추며 '만들어진 영웅'에 대한 비판을 은연중에 가하고 있다. 영웅도 아니며 전쟁의 참혹함과 전우에 대한 미안함으로 괴로워하는 그가 이를 잊기 위해 술을 마시려 할 때, 오히려 술집은 그가 인디언이라는 이유로 출입을 금지하고 그로 인해 싸움이 벌어지게 된다. 전쟁이 아니라면, 공화국 정부와 미디어가 아니라면, 그는 그저 백인 중심의 미국 사회에 편입될 수 없는 아웃사이더인 것이다. 한편 남편의 권유로 전쟁터에 나간 아들이 전사했다는 소식을 접한 한 부인은 그로 인한 충격과 남편에 대한 서운함으로 남편과 갈라서게 된다. 이처럼 이 영화는 국가를 위한 전쟁 수행 중에 개인과 가족의 가치가 이렇게 억눌리고 흔들린다는 것을 보여주기도 한다.

「아버지의 깃발」의 감독인 클린트 이스트우드▶는 전통적인 미 공화당 지지자로 알려져 있다. 영화평론가 김봉석은 감독이 보수적 가치를 중시하는 공화당 지지자임에도 불구하고 "그는 가족, 명예, 의리, 애국심 등을 영화에서 맹목적으로 그리는 방식을 전혀 택하지 않았다"고 평한다. 감독은 오히려 "미국이라는 공화국에서 개인과 가족의 존재란 무엇

▶ 클린트 이스트우드(Clinton Eastwood Jr., 1930~)_ 미국의 영화배우이자 감독. 「밀리언 달러 베이비」로 제77회 아카데미 시상식 감독상을 수상하였다.

이고 어떻게 살아야 하는가"라는 질문을 관객과 자신에게 던지며 진정한 공화국이라면 어떻게 개인을 받아 주어야 하는가에 대한 고민을 하게 만든다. '영웅'이라는 허구적인 가치를 맹신하는 것이 아니라 '인간으로서 마땅히 지켜야 할 가치가 국가와 전쟁에 의해 굴절될 때 어떻게 해야 하는가'라는 물음에 답하기 위한 과정이 이 영화 속에 반영된 것이다.

이 영화를 보면서 오늘날 공화당이 집권한 부시 행정부가 추진한 이라크 전쟁이 자연스럽게 떠오르는 것 또한 아마도 비슷한 문제 의식 때문일 것이다. 영화평론가 김봉석은 "보수주의자인 클린트 이스트우드이지만 그는 기묘하게도 국가를 완전히 신뢰하지는 않고, 공화국 미국을 사랑하지만 절대적 가치로 강요하는 국가는 인정하지 않는다"고 하며, 감독은 영웅을 조작하는 미국의 거짓을 담담하게 응시하며 국가와 개인에서 더욱 중요한 것은 자신의 의지로 살아가는 개인이라는 것을 강조하고 있다고 평하였다.

우리는 여기에서 자신의 공동체를 지키면서도 이와 동시에 개인의 자유와 신념을 어떻게 유지하고 실천할 것인가 하는 성찰을 하게 된다. 단지 헌법에 한 줄로 명시된 '민주 공화국'을 넘어 주권자인 국민이자 한 개인이 인간으로서의 존엄성을 지키면서도 더불어 사는 방식을 어떻게 '공화주의적'으로 풀어 나갈 것인지 다시 한 번 생각해 봐야 할 것이다.

대한제국(大韓帝國)

1897년 아관파천에서 환궁한 고종이 연호를 광무(光武)로 고치며 황제 즉위식을 올리고 바꾼 조선의 국명. 1910년 일본에 의한 한국 병합 시까지 존속하였다.

박정양(朴定陽, 1841~1904)

개화파 인사로 대한제국에서 독립협회와 함께 관민공동회를 개최하는 등 의회 설립과 내정 개혁을 추진하였다.

서재필(徐載弼, 1864~1951)

급진개화파로 김옥균과 함께 갑신정변을 일으킴. 그후 미국으로 망명하여 의사가 되었으며 다시 귀국하여 독립협회와 『독립신문』을 만들었다. 일제강점기에도 미국에서 독립 운동을 하였으며 광복 이후 미 군정청의 고문으로 활동하기도 하였다.

관민공동회(官民共同會)

독립협회 회원과 정부 관료 등이 모여 자주 외교와 국정 개혁을 주장한 헌의 6조를 결의한 대중 집회.

헌의 6조

관민공동회에서 결의한 6개항. 전제 황권의 인정, 외국과의 이권에 관한 조약 체결시 중추원 의장의 합동 서명 등을 담고 있다.

윤치호(尹致昊, 1865~1945)

서재필, 이상재 등과 함께 독립협회를 조직하였으며 신민회에 참가하는 등 애국 계몽 운동가로 활약하였다. 1911년 신민회 해체의 계기가 되는 105인 사건으로 10년형을 선고 받았다. 일제 강점기에 친일파로 변절하여 귀족이 되기도 하였다.

고종(高宗, 1852~1919)

조선 제26대 왕. 최초의 근대적 조약이자 불평등 조약인 강화도 조약을 비롯, 개화가 일어난 시기에 조선을 통치한 왕이다. 아버지는 흥선 대원군이며 부인은 명성황후이다. 1905년 을사조약으로 외교권을 박탈 당하자 네덜란드 헤이그에 밀사를 파견하였고 이 때문에 일제에 의해 강제로 퇴위하였다.

안창호(安昌浩, 1878~1938)

독립운동가. 주로 실력 양성을 통한 독립 운동을 주장하였다. 독립협회, 신민회, 흥사단, 대한민국 임시정부 등에서 독립 운동을 하였다.

양기탁(梁起鐸, 1871~1938)

언론가이며 독립운동가. 영국인 베델과 함께 『대한매일신보』를 창간하였으며 신민회를 창립하였다. 일제 강점기에는 대한민국 임시정부에서 활동하였다.

신민회(新民會)

1907년에 결성된 애국 계몽 운동 단체이자 항일 운동 단체. 안창호, 양기탁, 이승훈, 윤치호 등이 참가하였으며 국권 회복을 위한 실력 양성과 함께 해외 독립 운동 기지의 건설 등을 추진하였다. 우리나라 최초의 공화정 체제를 주장한 단체로 알려져 있다.

3·1 운동

1919년 3월 1일 민족대표 33인을 비롯한 우리 민족이 거족적으로 일어나 일제에 항거한 민족 독립 운동.

대한민국 임시정부

3·1 운동의 영향으로 중국 상하이에 만들어진 임시정부. 초대 대통령에 이승만, 국무총리에 이동휘가 취임하였다. 광복 직전까지는 김구 주석이 중국 충칭에서 임시정부를 지도하였다.

12표법(十二表法)

로마 최초의 성문법. 법에 관한 지식과 공유지 사용을 독점하였던 귀족이 평민의 반항에 타협한 결과 제정되었다. 그러나 여전히 귀족과 평민의 결혼 금지 등 귀족에게 유리한 내용이 많았기 때문에, 법 제정 후에 그 내용에 실망한 평민들이 불만을 품어 귀족과 평민이 다시 대립하는 결과를 낳기도 하였다.

호민관(護民官)

로마에서 평민의 권리를 지키기 위하여 평민 중에서 선출한 관직. 원로원에서 정한 내용에 대해 거부권을 행사할 수 있었다.

크롬웰(Oliver Cromwell, 1599~1658)
청교도혁명 당시 국왕 찰스 1세에 맞선 의회 진영의 장군. 국왕을 처형하고 공화국을
선포하였으나 독재 정치를 하였다.

루이 16세(Louis XVI, 1754~1793)
오스트리아의 왕녀 마리 앙투아네트와 결혼하고 재정 개혁을 단행하기 위해 삼부회를
소집하였으나 제3신분, 즉 시민 계급에 의해 프랑스혁명이 일어나 처형되었다

쑨원(孫文, 1866~1925)
중국 혁명을 이끌고 중화민국을 건국한 정치가. 삼민주의를 주창하였다.

신해혁명(辛亥革命)
1911년(辛亥年)에 일어난 중국의 근대 혁명. 우창에서부터 봉기하였다.

레닌(Vladimir Il'ich Lenin, 1870~1924)
러시아의 공산주의 혁명가. 1917년 10월 혁명으로 볼셰비키 혁명을 성공시켰다.

니콜라이 2세(Aleksandrovich Nikolai II, 1868~1918)
러시아 제정의 마지막 황제.

이승만(李承晩, 1875~1965)
대한민국 초대 대통령. 독립협회에서 활동하였으며 미국에서 공부하였다. 주로 외교
론을 주장하며 대한민국 임시정부의 초대 대통령을 맡았다. 1948년 대한민국 초대 대
통령에 당선되었고 1960년 4·19혁명으로 하야 후 하와이로 망명하였다.

1. 고교 3불(不) 정책을 둘러싼 논의를 공화국 교육의 방향과 함께 고려해서, 그것이 과연 향후에도 유지해야 하는 정책인지 아닌지 토론해 보자.

   *3불 정책 : 기여 입학제, 본고사, 고교 등급제를 금지하는 정책.
   주제어: 서열화, 교육의 시장화, 1등주의 교육, 민주주의 시민 교육 등

2. NGO 등 시민 단체의 활동이 민주 공화국에서 참여와 연대를 위한 활동으로 주목 받을 수 있는 이유는 무엇인지 생각해 보자.

   주제어: 민주 시민, 공공성, 인간의 존엄성, 정치 참여, 권력 견제, 감시와 비판 등

3. 공화국에서 자신의 공동체를 지키기 위한 국방의 의무와 최근 논란을 빚고 있는 군가산제 부활 및 군필자에 대한 국가적 차원의 인센티브 부여제 등에 대한 자신의 의견을 밝혀 보자.

   주제어: 애국주의, 경제적 보상, 남녀 차별, 시민권, 의무 등

4. 장애인, 빈곤층 등 사회적 약자를 위한 복지 정책을 국가에서 담당해야 하는 이유를 공화제의 원리와 관련하여 설명해 보자.

   주제어: 공동체, 주권자, 인권, 사회 복지, 더불어 사는 방식 등

역사의 창으로 본 경제 2부

FTA, 어떻게 볼 것인가? 부의 축적은 어떻게 이루어졌는가? 사회 양극화 현상, 왜 문제인가?

FTA, 어떻게 볼 것인가?

_ FTA

조선은 강화도 조약의 체결로 개항한 이후 외국과 본격적인 무역 활동을 전개하였으나, 이는 불평등한 무역 구조 아래에서 이루어졌다. 특히 일본은 수호 조규 부록과 통상 장정을 차례로 체결함으로써 그들의 권익을 일방적으로 옹호하고, 조선 침투를 위한 발판을 마련하였다.

- 한국근현대사 2부 4장 (중앙교육진흥연구소)

1994년에 타결된 우루과이 라운드 협정과 다음해에 세계 무역 기구(WTO)가 출범하자, 상품과 자본의 자유로운 이동을 중시하는 새로운 국제 무역 질서가 수립되었다. 이로써 국제 무역 경쟁은 더욱 치열해지고 있으며, 우리나라에 대한 세계 각국의 시장 개방 요구도 더욱 거세지고 있다. 이러한 수입 개방 추세로 인하여 농업을 비롯한 1차 산업은 큰 타격을 받았다. 우리나라는 수입 자유화에 대응하여 1차 산업의 구조 조정을 추진하고 있으며, 다른 나라들과 자유무역 협정을 체결하여 수출을 증대시키려고 노력하고 있다.

- 국사 4부 5장 (교육인적자원부)

___신미양요, 생존권의 위협

1866년 대동강에 올라와 통상을 요구하는 미국 상선 제너럴 셔먼호가 평양 군민에 의해 공격을 받고 불에 타 침몰한다. 언뜻 보면 자유무역을 요구한 배를 우리가 불살라 버린 사건으로 여겨지지만, 좀 더 살펴보면 그것이 아니었음을 알 수 있다. 평양 군민이 불을 지른 이유는 제너럴 셔먼호의 미국인들이 퇴거를 명령한 조선 정부의 말을 듣지 않고 엄청난 양의 쌀과 금, 은, 인삼 등을 요구하였을 뿐 아니라, 대동강에 상륙하자마자 대포와 장총을 쏘며 침략적인 모습을 보였기 때문이다. 당시 프랑스나 미국 등 서양의 배들이 조선의 연해에 자주 출현하며 통상을 요구하였는데 그들은 이렇게 강압적이거나 군사를 동반한 방식을 사용하였다.

결국 서양과 자유무역을 하기 위한 초창기 모습은 이렇게 제너럴 셔먼호에서 불타오른 연기처럼 첨예한 갈등과 대립으로 시작된다. 프랑스의 통상 요구와 조선의 천주교 탄압이 빌미가 되어 일어난 병인양요(조불전쟁), 제너럴 셔먼호 사건을 명분으로 통상을 압박하며 치러진 신미양요(조미 전쟁). 이 두 전쟁에서 조선 정부는 흥선 대원군의 통상 수교 거부 정책(일명 쇄국 정책)과 이를 지지한 양반들의 '척화론' 등으로 서양 세력을 막아낸다.

그로부터 10년 뒤, 조선은 1876년 일본과 최초의 근대적 조약인 조일 수호조규(강화도 조약)를 체결하며 세계 자본주의 질서 속으로 들어간다. 일본이 강화도 조약이라는 경제적인 국제법상의 조약을 통해 우리에게 내다 판 물건은 산업혁명으로 대량 생산된 영국 맨체스터산(産)

면직물이었다. 형식상으로는 동등하게 보이는 이 조약을 통해 자유무역이 시작되었을지 모르지만, 우리는 일본만큼 발전된 산업과 무역을 통해 수출할 재화가 마땅치 않다는 것에 문제가 있었다. 즉, 실질적이고 동등한 자유무역이 이루어질 수 없었던 것이다. 우리의 수출품이란 그저 조선 민중의 주 먹을거리인 쌀뿐이었다. 그러나 이것 또한 대량으로 유출될 경우 물가 폭등으로 이어져 조선 민중 전체의 생존권이 위협될 수 있는 심각한 문제였다.

130년 만에 돌아온 자유무역, 그것을 우리는 자본의 세계화 시대에 'FTA'라는 이름으로 접하게 되었다. 흔히들 역사에서는 똑같은 일이 두 번 다시 일어나지 않는다고 하지만 유사한 형태의 역사적 사건을 우리는 목도하게 되었다. 통상 수교와 자유무역협정, 크게 다르지 않은 이 두 가지 의제에서 우리는 과연 130년 전 역사의 교훈을 떠올리며 올바른 선택을 하고 있는 것인지 생각해 보자.

2007년 4월 2일, 한미 자유무역협정(FTA) 협상이 극적으로 타결되었다. 지난 2006년 2월 시작된 협상이 약 14개월 만에 최종 타결된 것이다. 주요 타결 내용에 의하면 농업 부문에서 쌀은 개방 대상에서 제외되고 미국산 쇠고기 수입은 늘어날 것으로 예상된다. 나머지 농산물에서도 관세가 점진적으로 폐지되므로 미국의 값싼 농산물이 들어올 것이다. 자동차 부문에서는 3,000CC 미만의 승용차와 자동차 부품 관세가 즉시 폐지되고, 섬유 부문에서는 수입액 기준으로 61%에 대한 관세가 즉시 사라진다. 그 외 법률, 문화, 의약품 등에서 한국과 미국 간의 관세 및 비관세 장애물이 사라진다는 내용도 협상 내용에 포함되었다. 기업이 상대방 국가 정책으로 이익을 침해당했을 때 해당 국가를 제소할 수 있는 투자자-국가 소송제(Investor-State Dispute Settlement : ISD) 또한 원칙적으로 반영하되 공중보건, 환경, 안전, 부동산 및 조세 정책에서는 이것이 제외되었다. 이제 양국 의회에서 비준하는 일만 남았지만 재계의 환영과 농민·노동자층의 격렬한 반발 등 국민 여론은 여전히 하나로 뚜렷이 모아지지 않은 느낌이다.

정부 및 재계 일각에서는 침체된 우리 경제의 성장 동력을 끌어올리고 사회 양극화 문제의 해결을 위한 일자리 창출까지 포함한, 그야말로 '국가적 경제 발전을 위한 절호의 찬스'로 FTA 타결을 적극 홍보하고 있다. 반면 다른 한쪽에서는 불법 시위라는 오명과 상처를 뒤집어쓰면서도 '국민 생존권'을 지키기 위한 것이라며 이를 격렬하게 반대하고 있다. 이런 상황에서 우리는 FTA를 어떻게 바라보아야 할 것인가?

___FTA란 무엇인가

우선 FTA 즉, 자유무역협정의 개념부터 알아보자. 이것은 관세 장벽과 비관세 장벽 등 제반 무역장벽을 완화하거나 철폐해 무역 자유화를 실현하고자 양국 또는 지역 사이에 체결하는 특혜적인 무역협정을 가리킨다. 즉, 자유무역협정은 국가 간 상호무역의 증진을 위해 물자나 서비스 이동을 자유화시키는, 특정 국가 간의 배타적인 무역 특혜 협정을 말한다.

여기에서의 관세는 말 그대로 수출입 상품에 대하여 세금을 부과하는 것이다. 예를 들자면 우리나라에서 일본의 렉서스 자동차를 한 대 사려면 일본 현지보다 세금이 더 붙어서, 즉 관세가 붙어서 일본보다 매우 비싼 값에 구매해야 한다. 나이키 등 외국 유명 스포츠용품도 마찬가지이다. 따라서 대다수 서민들은 비싼 외제보다 값싼 국내 상품을 살 것이고, 이를 통해 국내 산업은 보호를 받게 된다.

한편 비관세 장벽은 세금이 아닌 장치나 조치로 국내 산업을 보호하는 방식이다. 우리의 주 먹을거리인 쌀의 경우, 중국이나 미국의 값싼 쌀이 들어와 우리 쌀의 가격 경쟁력이 떨어지거나 몰락하는 것을 막기 위해 정부가 수입 쿼터제 등으로 수입량을 제한하거나 우리 농가에 보조금이나 각종 혜택을 주는 방식이 비관세 장벽의 한 예에 해당한다. 그러나 자유무역 지지자들은 이러한 조치도 보호무역에 해당하는 것으로 이는 자유로운 상품 거래를 방해하고 한 국가만 이득을 보게 하는 것이라며 비판한다. 따라서 이들은 자유무역협정을 통해 구체적으로 관세 및 비관세 장벽을 완화하거나 없앨 것을 주장한다.

구체적으로 살펴보면 미·호주 FTA 등이 '양국 간 FTA'에 속하고 EU 또는 미국·캐나다·멕시코가 체결한 NAFTA 등은 여러 인접 국가들이나 일정한 지역을 중심으로 이뤄진 '지역 무역협정' 내지 '지역 통상협력체제'에 속한다. 오늘날의 세계무역기구(WTO) 체제에서 FTA는 크게 두 가지 방식으로 이뤄진다고 한다. 하나는 모든 회원국이 자국의 고유한 관세와 수출입 제도를 완전히 철폐하고 역내의 단일관세 및 수출입 제도를 공동으로 유지해 가는 방식인데, EU의 방식이 그 대표적인 예이다. 다른 하나는 회원국이 자국의 고유관세와 수출입 제도를 그대로 유지하면서 무역 장벽을 완화하거나 철폐하는 방식이다.

WTO체제가 모든 회원국들에게 최혜국 대우를 보장해 주는 '다자주

수입 쿼터제(the quota system)_ 수입 할당 제도

세계무역기구(World Trade Organization : WTO)_ 세계 자유무역 질서를 세우고 국가 간 분쟁이나 경제적 마찰을 조정하기 위하여 1995년에 만든 기구이다.

EU(European Union)_ 1957년 유럽경제공동체가 출범한 이후 마스트리히트 조약에 의한 유럽공동체를 지칭. 유럽의 정치·경제 통합의 실현을 목적으로 하고 있다.

최혜국 대우_ 통상 등에서 한 나라가 타국에 부여하는 가장 유리한 대우를 상대국에도 부여하는 일.

의(多者主義)'를 원칙으로 하는 세계 무역체제라면, FTA는 양국이나 특정 지역의 국가들에게만 무관세나 낮은 관세를 적용하는 '양자주의' 및 '지역주의'적인 특혜 무역체제라는 점에서 다르다. WTO체제는 말 그대로 코끼리 같은 거대 몸집에 거의 150개국에 달하는 세계 여러 나라가 참여하는 형태로, 그만큼 합의와 결정 및 각국의 이해관계를 조정하는 것이 쉽지 않다. 따라서 각 국가들은 FTA를 통해 양국이나 몇 개 국가 사이에 신속하고 좀 더 구체적인 자유무역을 이행할 수 있는 조치를 협상을 통해 이행한다. 즉, 다자체제와 비교할 때, FTA는 개별 국가의 경제적 이해관계를 충족시킬 수 있는 장점이 있다는 것이다. 이에 따라 '각 체약국이 절실히 필요로 하는 것을 서로 주고받을 수 있기 때문에 효율적인 협상 결과를 도출할 수 있고, 또 협상 결과의 이행이 더 확실해질 수 있다'는 의견이 있는 반면, '단기 차익에만 집중하는 투기 자본이 자유롭게 넘나들 수 있고 한 국가의 국민들에게 반드시 필요한 공공영역이 상품처럼 시장에 의해 좌우될 수 있으므로 자본에 의한 생존권의 박탈이 우려된다'는 의견도 있다.

여기에서 논란이 되는 것이 '공공영역'에 대한 개방 혹은 자유무역과 관련된 것이다. 기본적으로 WTO협정에서는 '무역 관련'이라는 개념을 통해 투자, 지적재산권, 농산물 등도 통상 규제 철폐 대상에 포함된다. 이에 따라 관세와 규제 철폐 대상이 단순 '상품' 영역에서 경제 활동의 전 영역으로 확대되기에 이른다. 요컨대 상품, 농산물, 제약 등과 광고, 회계, 시청각, 컴퓨터, 교육, 훈련, 에너지, 특급우편, 금융업, 전문직, 텔레콤, 관광 등 모든 분야에 대해 내국민 대우 및 최혜국 대우, 금융영업 허가, 전자상거래와 관련된 모든 사항의 비차별적 대우, 투기성 투자를 포함한 '모든 종류'의 투자에 대한 보호, 지적재산권, 정부 조달에 대한 비차별적 대우, 반경쟁적 관행 금지, 분쟁 해결의 절차 규정, 노동, 환경 등 국민 경제의 거의 모든 것이 포함되는 것이다. 이로 인해 투자와 금융 서비스, 그리고 이전에 공공부문으로 간주되었던 부문들 중 대부분이 자유교역의 대상에 포함됨으로써 투기 자본의 자유로운 이동과 언론, 미디어 영역에 대한 외국 자본의 참여 등이 보장되고 문화, 보건, 의료, 물, 전기 등 경쟁적 시장 체제에 맡겨질 수 있다는 점이 논란의 대상이 된다.

이러한 논란은 특히 에너지, 교육, 의료, 문화 등에 집중되어 있는데, FTA에 의한 공공영역의 사유화 내지 전면적 상품화 과정은 한 국가가 사회경제적 정책을 독자적으로 입안할 수 있는 정당한 민주적 정치를 심각히 손상시키는 위헌적 소지가 있기 때문에 논란을 초래할 것이라고 한미FTA 반대론자들은 주장한다. 즉, 최소한의 식량, 물, 전기 및 에너지, 통신, 교육 등 공공영역을 국가가 민주적으로 관장하는 일은 국가의 가장 기본적인 일인데 이 생존권이 달린 재화가 자본에 의해 사유화 및 상품화되면서 그 통제권은 초국적 자본으로 넘어간다는 것이다. 뿐만 아니라 만약 한 국가가 이것을 막을 경우에는 바로 WTO에 제소가 되고 일개 자본이 한 국가의 보호 조치를 넘어설 수도 있다고 한다.

예를 들어 우리는 매우 싼 값(세금)에 물을 식수 혹은 공업용수 등으로 이용하고 있다. 물이 공공영역에 속하기 때문이다. 그런데 만약 이 물이 하나의 상품으로 서비스된다면 여러 회사의 경쟁으로 소비자가 질 좋은 물을 공급받을 수도 있다. 그러나 대동강 물을 팔았다는 봉이 김선달처럼 마음만 먹으면 특정한 자본이 물값을 좌지우지할 수 있고 돈이 없는 빈곤층은 물을 구할 수 없을지도 모른다는 가정도 얼마든지 가능하다. 그런데 여기에 정부가 개입하면 기업은 당연히 얻어야 할 이윤에 피해를 입는 것이므로 정부를 상대로 소송을 제기할지도 모른다.

또 다른 예를 든다면 우리는 119를 통해 화재나 긴급 재난 시 구제나 구조를 받을 수 있다. 그런데 이것 또한 상품 혹은 서비스화가 이루어진다면 여러 민간 119회사가 설립될 것이고 그중 가장 빠른 시간에 불을 끄고 구조하는 소방기업이 소비자로부터 경쟁을 통해 살아남을 것이다. 그런데 만약 돈이 없는 사람들이라면 자기 집 불조차 끌 수 없는 상황이 벌어지지는 않을까? 그리고 그러한 상황을 방지하기 위한 국가의 개입에도 어느 정도는 제약이 있지 않을까?

이것은 어쩌면 너무 지나친 비약일지도 모른다. 그러나 비록 FTA와 직접적 관련은 없지만 이러한 가정을 가능케 한 사례가 최근에 있었다. 모 외국계 제약회사에서 중증인 병을 고칠 수 있는 약을 개발하여 각광을 받았음에도 불구하고, 한 달에 몇백만 원이 넘을 정도로 약값이 너무 비싼 데다가 국가의 보험도 적용되지 않아 가난한 환자들은 그 약을 살 수조차 없었다. 이것이 FTA 체결로 현실화되지는 않을까 하는 우려도 존재한다는 것이다.

이러한 내용을 담고 있는 것이 '투자자-국가 간 소송제'이다. 이는 기업이 상대 국가의 정책으로 인해 이익을 침해 당했을 때 해당 국가를 세계은행 산하의 국제투자분쟁중재센터(ICSID)에 제소할 수 있는 제도이다. 한미FTA에서는 부동산 가격 안정 정책, 환경, 안전, 공중보건 등은 원칙적으로 간접 수용에 해당되지 않는다는 것과, 조세 정책은 일반적으로 수용되지 않는다는 점을 명시하였다. '투자자-국가 간 소송제'는 부당한 차별 대우에 따른 해외 투자자의 피해를 막기 위해 도입되는 제도이지만, 언론에 따르면 국가의 주권과 공공정책을 무력화할 수 있다는 비판도 있다.

___경제학자 리카도의 비교 우위와 리스트의 사다리 걷어차기

한미FTA를 찬성하는 쪽이나 반대하는 쪽 모두 나름의 논리와 근거로 각기 다른 주장을 하고 있다. '한미FTA의 타결로 무역 확대 효과는 기본이고 수출 증가, 고용 창출, 부의 축적 등도 이루어질 것'이라는 낙관론부터, '결국은 미국 경제에 의해 종속적인 지배를 받게 되고 경제적 주권은 물론, 황폐해진 우리 경제만이 남을 것'이라는 비관론까지 제시되고 있다. 여기에서 먼저 짚어 볼 내용은 자유무역과 관련된 원론적 경제학 이론이 문제는 없는가 하는 것이다. FTA가 양 국가 모두에게 실질적인 자유무역을 통한 윈-윈(Win-Win)전략이 될 것인지, 아니면 실제로는 불평등하고 일방적인 무역이 될 것인지 생각해 보도록 하자.

자유무역을 주장한 리카도◀의 경제학을 살펴보자. 사실 리카도 이전에 자유무역을 지지한 경제학자로는 '보이지 않는 손'으로 유명한 영국의 애덤 스미스◀가 있다. 그는 영국이 어느 상품을 생산하는 데 드는 비용이 같은 상품을 외국에서 사들이는 비용을 초과한다면, 영국으로선 자체 생산을 중단하고 수입에 의존하는 것이 득이 된다고 하였다. 즉, 국가는 절대 우위를 지닌 외제품에 한해서만 수입을 허락해야 한다는 것이다.

스미스의 이러한 논리는 얼핏 생각하기엔 매우 상식적으로 들린다.

리카도(David Ricardo, 1772~1823)_ 영국의 경제학자. 애덤 스미스의 이론을 발전시켜 차액지대론과 비교 우위론 등을 주장하였다. 자유무역을 주장한 경제학자이기도 하다.

애덤 스미스(Adam Smith, 1723~1790)_ 영국의 경제학자. 『국부론』을 저술하였다. 고전 경제학의 창시자이며 노동과 분업, 시장으로 대변되는 '보이지 않는 손' 등을 주장한 근대 경제학자이다.

그러나 후대의 리카도는 외제품이 국산품보다 더 비쌀 때에도 외제품을 일부 수입하는 편이 현명하다는 것을 증명하면서 후대 경제학자들의 사고를 바꿔 놓는다. 바로 '비교 우위론'이 등장한 것이다.

비교 우위론은 한 국가가 다른 국가에 비해 대부분의 제품에서 생산 비용이나 노동 투여가 절대적으로 열세라고 하더라도 무역은 이루어질 수 있다는 이론이다. 왜냐하면 어떤 한 국가가 여러 제품을 생산할 능력을 충분히 갖추고 있다 해도 그중 기회비용이 더 적은 제품을 집중적으로 생산하는 것이 낫기 때문이다. 즉, 선택과 집중이라고 생각하면 이해하기 쉬울 것이다. 따라서 각국이 비교 우위 산업에 주력해서 세계가 분업화된다면 자연스럽게 무역 상대국의 생산 능력이나 기술과 상관없이 자유무역은 두 나라 모두에게 이롭다는 것이 비교 우위론의 핵심이다.

고등학교 경제 시간에 배우는 이 비교 우위론을 설명하는 쉬운 예로 '아인슈타인의 타이핑'이 있다. 만약 아인슈타인이 논문을 위해 타이핑을 해야 한다고 치자. 아인슈타인이 타이핑을 능숙하게 잘 칠 수도 있다. 경우에 따라서는 타이피스트보다 더 잘 칠지도 모른다. 하지만 아인슈타인이 천재적인 물리학자라면 연구에 전력을 기울여야 하므로 논문의 타이핑은 타이피스트에게 맡겨야 한다. 왜냐하면 그와 같은 분업이 결과적으로는 전체적인 성과를 더 높이기 때문이다.

그런데 독일의 경제학자 리스트▶는 이 리카도의 주장이 현실을 은폐하고 있음을 지적하면서, 영국의 애덤 스미스와 리카도가 주장한 자유무역이 형식상으로는 1대1의 매우 수평적이고 쌍방에게 유리한 것으로 보일지 모르지만 현실에서는 이와 전혀 다름을 주장하였다. 그는 선진국들이 실질적으로는 자신들의 경제를 살리기 위해 먼저 보호무역을 통

리스트(Friedrich List, 1789~1846)_ 독일의 경제학자. 당시 후진국 독일의 산업자본의 요구를 이론화하고, 애덤 스미스나 리카도 등의 자유주의적 경제를 비판하였다. 국내시장 육성을 위한 보호무역론을 제창하였다.

해 관세 중심으로 자국 산업을 보호·육성한 후, 자유무역의 이름으로 후진국을 압박하여 오히려 자신들의 이익만 챙겼다고 주장하였다. 경제학자 장하준 교수는 한 인터넷 신문에 기고한 글에서 이러한 역사적 사례를 좀 더 자세히 설명하였다. 18세기에 영국은 산업혁명을 일으켜 세계 최고의 공업국으로 부상하기 시작했지만 영국이 관세를 완전히 철폐하고 자유무역을 시작한 것은 자국의 경제적 우위가 공고해진 19세기 중반(1860년대)이 되어서였다. 그리고 이때부터 영국은 세계를 돌아다니며 자유무역과 자유방임의 미덕을 설교하기 시작했다는 것이다.

　리스트는 그의 저서 『국민적 정치경제의 체제』에서 영국이 후진국들에게 자유무역을 권하며 다니는 것은 사다리를 타고 올라가서 뒷사람이 못 올라오도록 '사다리를 차 버리는 것(kicking away the ladder)'과 같다고 혹독히 비판하였다. 이것은 현재 세계 경제를 주도하는 미국 또한 예외가 아니다. 장하준 교수는 같은 글에서 미국이 20세기 중반까지 자본수입국으로서 외국인 투자를 엄격히 규제하였음을 지적하였다. 미국에서 해운업에 대한 외국인 투자는 아예 금지되어 있었고, 농지, 채광권, 벌목권에 대한 외국인 투자 역시 엄격히 규제되었다. 은행의 경우 외국인은 이사진이 될 수 없었고, 국책은행의 경우에는 외국인 주주의 투표권 행사마저 금지되어 있었다. 19세기 말 새로운 세계적 금융 중심지로 떠오르던 뉴욕 주는 은행업이라는 '유치 산업'의 보호를 위해 1886년 외국 은행의 업무를 제약하는 법을 도입하였고 1914년에는 아예 외국 은행의 지점 설치까지도 금지하였다. 그러다 제2차 세계대전 후 세계 최고의 경제적 위치에 이르자 미국은 자유무역과 외국인 투자 자유화를 옹호하기 시작하였다.

___ 멕시코 사빠띠스따의 봉기, 그리고 강화도 조약

1994년 1월 1일, 미국-캐나다-멕시코 북미자유무역협정(NAFTA)이 발효되었다. 멕시코의 살리나스 정부는 이 협정에 힘입어 이제 멕시코가 선진국이 되었다고 선언했다. 그러나 멕시코에서 가장 자원이 풍부한 치아빠스 주에 살고 있던 마야▶족 원주민들은 그 협정이 자신들에게 '사망 신고서'와 다를 바 없다고 절규하며 북미자유무역협정이 시작된 바로 그날부터 저항하기 시작했다. 그들은 자유무역협정을 지지하는 대신 무기를 들고 "이제 그만"이라고 외쳤다. '현존하는 중남미 최대 반군 게릴라 조직' 혹은 '신자유주의와 정면으로 맞서 인간다운 삶을 지키려는 진보 진영의 선봉'이라는 양 극단의 평가를 받고 있는 멕시코 사빠띠스따▶ 민족해방군(EZLN)이 북미자유무역협정과 함께 등장한 것이다.

FTA에 대한 찬반 양론이 뜨거운 지금, 이들 멕시코 토착인들의 이야기는 우리가 귀담아 들을 만한 내용들로 가득하다.

> 고작해야 옥수수, 강낭콩을 생산하는 우리가 미국, 캐나다의 거대 기업들과 무엇으로 경쟁한단 말인가? 기계라곤 본 적도 없고 소유해 본 적도 없는 우리가 어떻게 거대 기업의 최첨단 시설과 겨룰 수 있는가? 이 협정은 어떻게 풍요로운 천연 자원들을 뽑아 낼 것인지만 생각할 뿐이다. 우리는 그 천연 자원이 가난한 사람들과 그 지역에 살고 있는 사람에게 분배되어야 한다고 생각한다.

다시 우리의 역사에서 오늘날의 한미FTA를 어떻게 바라볼 것이며 대처

마야_ 멕시코를 중심으로 번성한 인디오 문명.

사빠띠스따_ 1994년 멕시코 치아파스 주의 마야계 원주민들에 대한 토지 분배와 처우 개선을 요구하며 봉기한 투쟁 단체. 지도자는 멕시코의 체 게바라로 불리는 마르코스이다.

해야 하는지 그 묘안을 찾아보자. 먼저, 불평등 조약이자 최초의 근대적 조약인 강화도 조약을 보자. 강화도 조약의 내용은 오늘날로 치면 한국과 일본이 자유무역을 하자는 것이다. 일본은 이 조약을 통해 값싼 영국 맨체스터산 면직물을 떼다 팔아 엄청난 이득을 올렸지만, 이에 반해 조선의 면 방직업은 고사 직전까지 간다. 이것이 강화도 조약의 진면목이다.

한편 강화도 조약의 명목만 놓고 본다면 그것이 과연 그리 불평등한 것인가 고개를 갸웃거릴 수도 있다. 강화도 조약에서는 조선이 국제법상의 독립국으로 인정되었고, 일본에게 최혜국 대우 조항을 인정해 준 것도 아니었기 때문이다. 그러나 강화도 조약 체결 상황과 그 이후를 보면 그렇지가 못하다. 우리는 운요호 사건으로 시작된 일본의 발포와 살육, 강압적 분위기에서 이루어진 조약 체결 과정 등을 간과해서는 안 된다. 또한 각 조항의 행간을 읽으면, 그리고 그 후 조선의 산업 구조의 붕괴를 보면 과연 자유무역으로 우리가 이득을 본 것이 무엇인가 되묻게 된다.

일본에 수출할 수 있는 조선의 물품이 별로 없는 실정에서 수출입 상품에 대한 무관세는 불평등 조약의 대표적인 사례로 손꼽히게 된다. 왜냐하면 관세 협정은 우리나라가 다른 나라와 교역을 촉진하기 위한 방편이기도 하지만, 19세기 제국주의 시대에 열강들은 무관세나 저율 관세를 '강요'하였기 때문이다. 일본은 관세를 한 푼도 지불하지 않는 무관세 무역권을 1876년부터 8년간이나 누렸다. 이에 반해 우리는 고율 관세로 외국 상품의 대량 유입을 막아 아직 유치한 수준이었던 우리나라 산업을 보호, 육성할 수단을 잃어버렸던 것이다. 이러한 무관세 조항과 더불어 강화도 조약에서의 치외 법권 및 일본 화폐의 유통과 관련된 조항들은 일본 자본주의가 조선에 진출하는 기본 틀이 되었다. 치외법권은 곧 영사재판권이었기에, 조선은 개항장에서 일본인이 조선인에게 가하는 어떠한 범죄 행위도 처벌하기 위한 국가적 조치를 강구할 수 없었다. 또한 일본 화폐가 조선에서 유통됨에 따라 결국 일본인은 조선 경제를 장악하였고, 이는 아예 조선의 화폐를 일본이 발행하는 화폐로 바꾸는 1905년의 화폐 정리 사업으로 이어졌다. 그 영향으로 조선의 구화폐를 가지고 있던 농민과 기업인, 노동자 모두는 몰락하고 말았다.

이와 반대로 자유무역을 통한 부국강병을 적극적으로 주장한 인물도 있다. 연암 박지원의 손자인 박규수가 바로 그 예로, 그는 통상 개화론을 주장하며 근대 개화파의 선구자로 역사에 기록된다. 박규수는 당시 국제 정세를 파악하고 무조건적인 척화가 나라를 위하는 것이 아님을 밝히며 서양과 통상 수교가 필요하다고 주장하였다. 또한 일본이 교섭을 신청할 때 그는 국제 정세 속에서 그것을 받아들여야 한다는 의견을 피력하였다. 세계적인 정세를 무시하고 우리만 문을 닫아 고립되면 망할 것이라는 생각 때문에 그는 평화적으로 국교를 맺고 통상 교류를 시작해야 한다고 주장한 것이다.

문제는 강화도 조약의 결과 자유무역이라 불리는 통상을 통해 일본의 자본과 상품이 우리 시장을 차지하게 되었고, 그에 반해 조선은 생존권이자 공공 영역에 속하는 식량, 즉 쌀의 대량 유출을 막을 수 없었다는 것이다. 이는 오늘날 한미FTA를 반대하는 이들이 우려하는 것과 비슷한 상황이었다. 즉, 이들은 한미FTA가 체결되면 투자자-국가 간 소송제처럼 일개 기업이나 자본이 요구하는 것을 국가가 보호하고 막을 수 없는 경우가 생길 수 있음을 지적하고 있다.

그런데 실제로 이 같은 상황은 당시에도 유사하게 발생하였으니, 바로 방곡령이 그 예에 해당한다. 1876년 개항 이후 일본은 한국을 식량 공급지로 삼고자 했기 때문에 쌀과 콩 등 미곡의 일본으로의 유출이 크게 증가했고, 이는 국내의 미곡 부족과 그에 따른 곡가 상승, 국내 유통 시장의 붕괴 등 여러 가지 문제를 낳았다. 이 문제를 해결하기 위해 1883년 7월 '조일 통상장정'을 개정해 일정 지역에서 곡물의 유출을 금하는 방곡령을 실시할 수 있도록 법적 근거를 마련했는데, 유일한 단서 조항은 '조선 정부 또는 지방관이 방곡령 실시 1개월 전에 사전 예고를 한다'는 것이었다. 역사학자 한홍구는 이것이 어디까지나 예고이지 외국의 동의를 요하는 사항은 아니었다고 분석한다.

1889년 함경감사 조병식은 쌀 유출을 막기 위해 방곡령을 선포한다. 조병식은 1889년 10월 관내의 식량 부족을 이유로 방곡령을 준비하면서 통상장정 37조의 규정에 의거, 시행 1개월 전에 외국 공사관에 통보해 줄 것을 통리아문에 요구했다. 그러나 통리아문 쪽의 실수로 조병식이 예정한 10월 24일의 1개월 전에 통보는 이뤄지지 않았고, 그로 인해 통리아문은 방곡령의 시행일을 일방적으로 1개월 늦춘 11월 22일 이후로 정하여 일본 쪽에 통보하였으나 정작 조병식에게는 이 사실을 통보하지 않았다. 이를 알지 못한 조병식은 예정대로 10월 24일부터 일본 상인들의 곡물 매매와 운반을 금지했다. 이에 일본은 조병식의 '죄'를 물어 면직시킬 것을 요구했고, 민씨 정권은 일본의 압력에 굴복해 조병식을 3개월 감봉에 처했다가 결국 강원감사로 임명하는 좌천성 인사를 단행했다. 그럼에도 불구하고 일본은 계속하여 배상을 요구했고, 조선 정부는 일본 상인들이 곡물 투기에서 입은 손실과 미래의 수익까지 포함된 배상 요구에 굴복하고 말았다.

역사학자 한홍구는 『한겨레21』에서 방곡령은 조선 정부가 자국 국민을 보호하기 위한 당연한 조치이자 주권에 관한 문제였음에도 불구하고 결국 일본의 강한 압력에 방곡령을 철회했을 뿐 아니라 방곡을 시행한 지방관을 해임하고 배상까지 해 주었음을 지적하며, 오늘날에도 이와 유사한 현상이 한미FTA 체결로 나타날 것이라고 주장하였다.

___세계 경제에 슬기롭게 대처할 수 있는 지혜를 모아야

이러한 우려와 달리 한미FTA를 통해 큰 경제적 이익을 얻을 수 있음을 주장하는 의견도 귀담아 들을 만하다. 한국이 미국이라는 거대한 시장으로 진출 시 발생할 수 있는 통상 마찰 요인을 사전에 제거함으로써 얻을 수 있는 이익이 클 것으로 생각되기 때문이다. 통상 마찰의 해소를 통해 미국 시장에 대한 안정적 진출이 보장된다는 점에서 우리는 우리나라와 경합하고 있는 일본, 대만, 동남아 국가들에 비해 유리한 고지를 점령할 수 있다. 청와대의 발표처럼 미국 시장이 전 세계 수입 시장의 21.8%를 차지하는 최대의 시장임을 염두에 두어야 한다. 거꾸로 미국에 의한 외국인 직접 투자의 증가는 고용 창출, 선진 기술의 이전 등 긍정적 효과를 창출해 낼 것이고, 한국이 아시아의 성장 거점으로 재도약할 수 있는 기회를 제공할 가능성도 있다. 또한 무역 및 투자 자유화를 통해 국내 산업 구조가 고도화됨에 따라 보다 효율적인 비교 우위 산업에 생산 자원이 투입될 것이고, 이로써 자원 배분의 효율성도 제고될 수 있

다. 축약하면 한미FTA로 대미 수출이 12~17% 늘어나고 국내에는 10만 개 이상의 일자리가 창출되며 국내 총생산은 13조 가량 늘어나는 효과가 있다는 것이 FTA를 찬성하는 쪽의 주장이다.

반대로 한미FTA 저지 범국민운동본부는 FTA에서 다뤄지는 대상이 상품에 대한 관세에 그치지 않고 공공영역, 투자, 금융서비스 등 경제 활동의 모든 영역을 포괄하므로 사실상 '한미 경제 통합'과 같은 실질적 효력을 지니는 것이라고 평가한다. 결국 공공서비스 부문의 해체를 가져올 이런 과정은 다수 국민들에게 주어지는 사회적 혜택을 축소시키고 가난한 사람을 더욱 가난하게 만드는 기제가 될 것이라는 주장이다. 또한 전면적 개방으로 인해 경쟁력을 잃은 많은 중소 자본과 영세 자본은 도태될 것이며 살아남는 것은 몇몇 재벌에 불과한 반면 수많은 노동자들은 실업자 및 빈곤층으로 전락될 것도 이들이 우려하는 부분이다.

출발선이 동일하지 않은 양자가 평등하게 보이는 하나의 협상 테이블에서 서로 무엇을 주고받을 것인가 하는 것은 결코 쉬운 문제가 아니다. 그리고 FTA 그 이후, 한국 사회가 정치·경제적으로 어떻게 바뀔 것인지 또한 어느 한쪽의 말처럼 쉽게 재단할 수 없는 상황이다. 무엇보다 현재로서는 협상을 원하든 원하지 않든 그 직접적 수혜자이자 피해자가 될 수 있는 우리 국민이 관심을 가지고 의견을 모아야 하는 것이 우선일 것이다. 향후의 국회 비준도 국민의 여론을 무시할 수는 없을 것이고, 한미FTA가 아니더라도 한-EU FTA 등 앞으로도 이 자유무역협정은 계속될 것이기 때문이다. 따라서 우리는 한미FTA 타결 내용을 꼼꼼히 따져보며 물밀듯이 밀려오는 세계 경제 파고에 슬기롭게 대처할 수 있는 지혜를 모아야 할 것이다.

제너럴 셔먼호(General Sherman 號)

1866년 대동강을 거슬러 올라와 평양에 이르러 통상을 요구하다 평양 군민과 충돌하여 불에 타서 침몰한 미국 상선.

병인양요(丙寅洋擾)

1866년 병인박해(천주교도 박해)를 빌미로 통상을 요구하며 강화도로 거슬러 올라온 프랑스 군함과 조선군 사이에 벌어진 전쟁. 프랑스는 강화도에 있던 외규장각 도서를 약탈하여 자국으로 가지고 갔다.

신미양요(辛未洋擾)

1871년 제너럴 셔먼호 사건을 빌미로 하여 미국 군함이 강화도로 올라와 조선군과 전쟁을 벌였다. 당시 조선은 광성진 등에서 어재연의 지휘로 미국군을 막아냈다.

통상 수교 거부 정책

흥선 대원군의 대외 정책. 서양 세력이 겉으로는 통상을 요구하지만 실질적으로는 정치·경제적 침략을 하려는 의도를 가지고 있다고 판단하여 통상 수교 거부 정책을 펼쳤다.

조일수호조규(강화도 조약)

1876년에 일본과 맺은 우리나라 최초의 근대적 조약이자 불평등 조약. 1875년에 있었던 운요호 사건이 빌미가 되어 조선은 개항하게 되었다. 이로써 조선은 세계 자본주의 질서에 편입되었다.

운요호 사건

1875년 9월 20일 일본 군함 운요호가 조선 해안을 탐측 연구하기 위해 왔다는 핑계를 대고 강화도 앞바다에 불법으로 침투하였다. 이때 해안 경비를 서던 조선 수군의 방어적 공격을 받자 이에 대한 보복으로 함포 공격을 가하고, 영종진에 상륙하여 조선수군을 공격하는 등 인적·물질적 피해를 입히고 퇴각한 사건.

화폐 정리 사업

1905년 일본인 재정 고문 메가타에 의해 추진된 사업. 이는 조선 화폐 대신 일본 화폐를 널리 유통시켜 조선에 대한 일본의 경제적 침략을 용이하게 하려는 조치였다.

박규수(朴珪壽, 1807~1877)

연암 박지원의 손자이자 북학파를 계승한 통상 개화론자. 제너럴 셔먼호 사건 당시 평안도 관찰사로 이 배를 불태우게 하였으나 청에 다녀온 후 부국강병을 위한 개화의 필요성을 느끼게 된다. 강화도 조약 당시 개항을 지지하였다. 김옥균 등 급진 개화파를 가르치기도 하였다.

방곡령(防穀令)

곡식의 유출을 금지한 명령.

조병식(趙秉式, 1832~1907)

조선 후기의 문신. 함경도 관찰사로 재직 시 방곡령을 내리기도 하였다.

통리아문(統理衙門)

1882년 청의 제도를 모방하여 주로 외무에 관한 일을 담당한 관청

1. 한미FTA 타결과 관련된 자신의 입장을 정하고 그 이유를 구체적인 근거를 세 가지 이상 제시하면서 논술해 보자.

　주제어: 국가경쟁력 강화, 글로벌 시장 개척, 사회적 약자, 불평등, 빈익빈 부익부 등

2. 리스트의 '사다리 걷어차기' 란 무엇이며 이것이 오늘날에도 유효한 이유를 생 각해 보자.

　주제어: 보호무역, 선진국, 후진국, 불공정성, 자유무역, 실질적 불평등 등

3. 생존권을 지키기 위한 폭력이 과연 정당한 것인지 생각해 보자.

　주제어: 불법, 최후의 선택, 인간다운 삶 등

4. 자본주의 체제에서 국가의 공공적 기능은 어디까지인지 경제적 부분과 관련하 여 생각해 보자.

　주제어: 사회적 서비스, 공공재, 국민 생존권, 상품, 사회 복지 등

＊ 찾아보기_ 2008 서울대학교 인문계 모의 논술 : 세계화

2

부의 축적은 어떻게 이루어졌는가?

_ 부의 축적

중세 말에 도시와 화폐 경제의 발달로 장원제가 붕괴되면서 싹트기 시작한 자본주의는 16세기 이후 본격적으로 발전하기 시작하였다. 신항로 개척에 따른 상업혁명과 절대왕정 시대의 중상주의 정책은 초기 자본주의의 발전에 매우 유리한 환경과 여건을 제공하였다.

– 세계사 6부 4장(금성출판사)

4차에 걸친 경제 개발 5개년 계획의 계속적인 추진으로 우리 경제는 고도 성장과 수출 증대를 이룩하여 국민들의 생활 수준은 크게 향상되었다. 또한, 신흥공업국으로 떠오른 우리나라는 외국으로부터 한강의 기적이라는 찬사를 받게 되었다. 한편, 경제 성장의 결과 늘어난 중산층과 근로자는 박정희 정부의 개발 독재에 불만을 품기 시작하면서 점차 민주화를 열망하게 되었다.

– 한국근현대사 4부 4장(중앙교육진흥연구소)

___프랑스의 절대왕정과 부의 축적

영화 「왕의 춤」에서 루이 14세는 왕자 시절부터 '뤼미에르', 곧 '빛'으로 불린다. 그리고 자신의 위엄을 알리기 위해 태양처럼 온 몸에 눈부신 금칠을 하고 웅장한 음악에 맞춘 화려한 춤으로 군중을 제압한다. "짐이 곧 국가이다"라는 말로 절대왕정을 상징한 프랑스의 태양왕 루이 14세. 그는 자신의 『회고록』을 통해 다음과 같이 술회한다.

> 귀족들이 자신의 사치에 필요한 직물을 구하기 위해 얼마나 많은 금과 은을 외국으로 지출하고 있는가? 프랑스는 그런 물품을 생산할 능력과 원료가 있고 외국에서 수입하는 것보다 훨씬 더 싼 값으로 공급할 수 있다. 그래서 나는 직물 공장 설립을 결정하였다. 지금까지 외국으로 흘러 나가던 거액의 돈은 프랑스에 머무르게 되었고, 아무런 할 일이 없어 빈둥거리거나 외국에서 일자리를 찾아야 했던 내 신민들은 일거리를 얻을 수 있었다.

기사와 봉건 영주가 장원▶을 경영하며 계약을 맺고 충성을 서약하던 중세 사회로부터 부르주아 혁명으로 넘어오는 서유럽의 역사에서 우리는 '절대왕정'이라는 과도기를 접한다. 무적함대▶로 유명한 스페인의 펠리프 2세, 셰익스피어와 베이컨▶ 등 걸출한 문인과 철학자를 배출한 영국의 엘리자베스 1세, 베르사유 궁전▶으로 대표되는 루이 14세 등 근대 유럽이 형성되는 직전 단계인 이 시기에 대해 학생들은 이미 조금이라도 들어본 적이 있을 것이다. 이 '절대왕정'을 재정적으로 뒷받침하

「왕의 춤」_ 2001년에 개봉된 영화. 제라르 꼬르비오 감독. 루이 14세의 성장과 절대왕정을 유지하려는 왕의 모습을 춤과 음악 등으로 새롭게 재구성하였다.

장원_ 중세 유럽에서 귀족이 소유한 토지. 농노를 통해 경작하였다.

무적함대_ 스페인의 펠리프 2세가 편성한 대함대.

베이컨(Francis Bacon, 1561~1626)_ 영국의 철학자. '아는 것이 힘이다'라는 말로 유명하며 그 말처럼 경험론적인 지식 탐구에 앞장섰다. 과학방법론·귀납법 등의 논리를 추구하였으며 인간이 가지고 있는 네 가지 편견, 즉 동굴의 우상·극장의 우상·종족의 우상·시장의 우상을 지적하였다.

베르사유 궁전_ 파리 남서쪽 교외에 있는 바로크식 궁전. 루이 14세가 지었다.

는 정책으로, 흔히 '중상주의'로 명명되는 부의 축적 과정을 지금부터 살펴보자.

중상주의는 자국의 산업과 상품을 집중적으로 보호하며 키우는 정책으로, 금과 은 등을 획득하여 부의 근원으로 삼았다. 특히 프랑스의 재상 콜베르는 당시 대부분의 유럽 국가들이 가지고 있는 부의 원천, 즉 금과 은의 보유량이 한정되어 있으므로 국부를 증대시키기 위해 수입을 억제하고 수출을 증가해야 할 필요성을 느꼈다. 따라서 콜베르는 1661년부터 원자재의 수출을 금지하는 한편 특산물에 수출 관세를 부과, 외국이 그것을 수입할 경우 부담을 지도록 정책적으로 지시한다. 또한 프랑스에서 초과 생산된 제품으로 수출을 통해 얻게 되는 대가만큼만 상품을 수입하도록 제한하되, 원자재 부분에서만은 수입 관세를 정부에서 낮추는 등 수출 산업을 보호, 육성하기 위한 보조금을 지급하였다. 이를 통해 프랑스 제품의 가격은 낮아지고 구매력은 높아짐으로써 수출이 증가하는 것은 당연한 현상이었다. 간단하게 말하면 절대왕정의 이름으로 수입을 억제하고 수출을 증가시킨 것이다. 프랑스는 또한 신대륙에서 발견된 금과 은을 얻고 자국의 상품을 팔기 위한 식민지 개척에도 열을 올렸다.

한편 콜럼버스에 의해 '발견'되었다는 신대륙을 통해 유럽에는 막대한 금과 은이 유입된다. 대량의 금과 은이 신대륙에서 너무나 한꺼번에 물밀듯이 들어옴에 따라 물가가 폭등하는 '가격 혁명'이 일어나기도 하였다. 그런데 그것은 잉카나 아즈텍과 같은 아메리카 원주민의 문명을 짓밟으며 획득한 '부'로 인해 나타난 경제적 현상이었다.

오늘날 축구의 나라 브라질 선수들의 이름을 잠깐 떠올려 보자. 호나

잉카_ 15세기부터 16세기 초까지 남아메리카의 중앙 안데스 지방에 있었던 제국.

아즈텍_ 멕시코 중앙 고원에 발달한 인디오 문명. 태양을 숭배하며 인신공희 문화가 있었다고 전한다.

우두, 영어로는 '로날도(Ronaldo)'라고 읽을 수 있을 것 같은데 그의 이름은 포르투갈어 식으로 발음된다. 브라질이 바로 오랜 기간 동안 포르투갈의 식민지였기 때문이다. 또한 스페인이 지배했던 남아메리카 대부분의 지역에는 그 문화가 지금까지 이어지고 있다. 이러한 사실만으로도 우리는 신대륙이 서구의 지배로 고통 받았음을 어렴풋하게나마 알 수 있다.

1705년경 지금의 브라질 지역에서 중요한 한 사건이 일어난다. 엄청난 양의 금이 발견된 것이다. 남아메리카의 미나스 제라이스에서 포르투갈인으로 구성된 노예 사냥업을 하는 소규모 사병집단 반디란테스는 만디케이라 산맥의 계곡을 따라 내륙 깊숙이 들어가다 우연히 개울가에서 유난히 밝게 빛나는 모래를 발견한다. 모래를 움켜쥔 그들은 깜짝 놀란다. 바로 황금이었기 때문이다. 포르투갈인과 같은 유럽인은 뜨거운 태양 아래 노예와 원주민의 착취를 통한 사탕수수 농장보다 금을 채취하기 위해 그때부터 남아메리카를 공략하기 시작하였다. 이렇듯 중상주의와 신대륙에 대한 침략을 통해 유럽인들은 금과 은을 부의 원천으로 축적하였다.

그런데 영국의 경제학자로 '보이지 않는 손'을 이야기했던 애덤 스미스에게 있어서 부의 본질은 금과 은이 아니었다. 애덤 스미스는 『국부론』에서 금과 은 대신 한 국가의 국민이 해마다 소비하는 생활 필수품과 편의품의 양으로 국가의 부를 규정하였다. 거꾸로 보면 매년 생산되는 상품이 바로 '부'이고 경제 성장의 지표라는 뜻이다.

그렇다면 이 상품에 대해 어떻게 가치를 매길 수 있는 것일까. 애덤 스미스는 상품이란 원자재에 인간이 자신의 '노동'을 투여함으로써 만들어지는 것이고, 따라서 금과 은이 아닌 국민들의 연간 노동이 바로 부의 원천이라고 보았다. 그러했기에 그는 노동이 부의 본질이고 가치를 생산하는 유일한 원천이라고 보는 '노동 가치론'을 주장하게 된 것이다.

따라서 그는 노동의 효율적인 투여를 통해 더 많은 상품을 빠르게 생산하면 부의 축적 역시 빨라질 것이라는 생각에 대량 생산을 위한 '분업'을 주장하게 된다. 또한 그 분업으로 생산된 상품은 절대왕정처럼 보호무역을 통해서가 아니라, 오로지 인간의 순전한 이기심에 의해 서로가 각축하며 경쟁을 통해 결국은 '보이지 않는 손', 즉 시장에서 자유롭게 거래되어야 함을 역설한다. 이로써 애덤 스미스는 중상주의를 반대하고 자유무역을 주장하게 된 것이다.

이러한 애덤 스미스의 주장은 바로 산업혁명의 근원지 영국에서 일어난 산업화의 과정을 통해 더욱 진일보한다. 18세기 굴뚝에서 뿜어져 나오는 시커먼 연기로 하늘이 뒤덮인 영국의 맨체스터로 가 보자. 이곳에서는 더 이상 일일이 사람들이 물레를 돌리며 실을 뽑는 원시적 형태의 방직업은 찾아볼 수 없다. 1764년에는 이미 여러 개의 물레추를 한 사람이 움직일 수 있는 방적기나 수력으로 움직이는 방적기 등에 의한 대규모 공장들이 곳곳에 들어섰고 노동자들이 기계 앞에 줄지어 서서 연신 실을 뽑아내는 광경을 볼 수 있게 되었다. 인간의 노동이 기계와 만나며 이룩한 산업혁명을 통해 면사 생산량은 이전보다 최고 300~400배나 늘어나게 되었다. 이렇게 맨체스터에서 대량 생산된 면직물은 스티븐슨이 발명한 증기 기관차를 통해 리버풀 항구로 옮겨지고 증기선에 실려 전 세계로 팔려 나갔다. 심지어 이 맨체스터산 면직물은 앞서 말했듯 일본이 우리에게 개항을 강요하며 맺은 강화도 조약을 통해 조선의 일개

스티븐슨_ 영국의 증기기관차 발명가

가정에까지 들어오게 된다.

프랑스의 토크빌▶은 맨체스터를 방문하여 공장 폐수로 오염된 시커먼 강물을 보며 "이 더러운 하수구로부터 전 세계를 비옥하게 만드는 인간의 땀의 강물이 흘러나오며 순수한 황금도 흘러나온다. 인간이 가장 애써 이룩한 이 문명이 그 기적을 이루는 바로 이곳에서 인간은 야만인이 되어 버렸다"고 말하였다. 그의 눈에는 산업혁명을 통한 엄청난 부의 생산과 함께 최악의 환경 오염이라는 그림자도 동시에 들어온 것이다.

한편 오늘날 세계 최대 경제 강국인 미국에서의 부의 축적은 초창기 토지 점유를 통해 이루어진다. 톰 크루즈가 주연한 영화 「파 앤드 어웨이」▶에서 그는 아일랜드에도 불어 닥친 인클로저▶ 운동, 즉 목양을 통한 농업 자본가의 등장으로 인해 미국까지 일자리를 찾아 간다. 영화에는 서부를 개척할 당시 말을 달려 깃발을 먼저 꽂으면 그곳이 곧 자기 땅이 되는 장면이 나온다. 인디언들이 자신의 어머니라고 여긴 소중한 땅, 대지를 유럽인들은 '깃발'을 통해 소유하고 재산으로 등록한다. 이 영화의 내용은 실제 미국에서 1862년 농장법을 만들어 서부에 정착하여 5년간 농사를 짓는 사람들에게 각각 160에이커의 땅을 무상으로 나누어 준 것에 바탕을 두고 있다. 땅에 대한 이러한 욕망이 바로 초창기 미국 경제 성장의 밑바탕이 된 것이다.

지금까지 살펴본 것처럼 주로 부의 축적은 역사적으로 신대륙의 발견과 중상주의, 산업혁명 등을 통한 금과 은의 획득, 상품의 대량 생산, 토지 점유 등의 형태로 이루어지게 된다는 것을 알게 되었다.

토크빌_ 프랑스의 정치학자이자 역사학자. 『미국의 민주주의』를 저술하였다.

「파 앤드 어웨이(Far&Away)」_ 론 하워드 감독, 톰 크루즈 주연의 영화. 초창기 미국 이민사를 그렸다.

인클로저(enclosure) 운동_ 미개간지·공유지 등 공동 이용이 가능한 토지에 담이나 울타리 등의 경계선을 쳐서 남의 이용을 막고 사유지로 하는 일.

___자본주의에서 부의 축적은 때론 독점과 전쟁을 통해 이루어진다

자본주의 사회에서 각 기업은 시장을 통하여 경쟁을 하게 된다. 그러나 기업이 막대한 이윤을 획득하기 위해 상대방을 누르며 독점적으로 시장을 지배하는 경우도 발생한다. 박리다매⁴로 출발한 기업들이 오히려 독점을 통해 거꾸로 시장을 좌지우지하는 것이다. 미국의 경제 발전 과정을 보면 오늘날 부의 상징으로 일컬어지는 록펠러⁴ 가문과 카네기⁴ 등이 모두 철저하게 독점을 통해 부를 축적한 것을 알 수 있다. 『살아있는 세계사 교과서』를 뒤적여 보면 미국 재벌 록펠러의 경우, 그가 세운 '스탠더드 오일' 이라는 회사가 미국 정유소의 95% 이상을 차지한 것을 알 수 있다. 철강왕이라 불리는 카네기도 '유나이티드 아메리카 스틸' 과 같은 철강 회사를 통해 발전하면서 철 생산에 필요한 모든 것을 직접 사들였다. 그는 철광, 탄광, 코크스 공장, 석회석 공장, 심지어 철도와 증기선까지 독점적으로 사들여 덤핑 공세를 폈고 그로 인해 경쟁업체는 무너지고 말았다.

한편 자본주의에서 기업들은 전쟁을 통해 군수품을 생산하며 막대한 부의 수혜자가 되기도 한다. 『살아있는 세계사 교과서』에서는 그 대표적인 예로 독일의 기업들을 꼽고 있다.

프랑스와의 보불전쟁에서 이긴 독일은 프랑스의 나폴레옹 3세로부터 항복을 받아 내며 그 대가로 알자스-로렌⁴ 지방을 넘겨받는다. 그리고 이곳의 풍부한 석탄과 철강 생산에 힘입어 독일은 영국을 제치고 유럽 최고의 철강 생산국으로 발전할 수 있었다. 이런 과정에서 등장한 독일의 크루프⁴ 공장은 군수산업으로 발돋움한 대표적인 기업이다. 처음에

박리다매(薄利多賣)_ 싼 가격으로 대량 판매를 통해 이익을 얻는 방식.

록펠러(John Davison Rockefeller, 1839~1937)_ 미국의 기업가. 오하이오 스탠더드 석유회사를 설립하고 미국 내 정유소의 95%를 지배하는 스탠더드 오일 트러스트를 조직하는 등 석유업계를 독점적으로 지배하여 부를 축적하였다. 말년에 자선사업에 몰두하였다.

카네기(Andrew Carnegie, 1835~1919)_ 카네기철강회사를 설립한 미국의 기업가. 카네기·멜론 대학을 설립하는 등 교육, 문화 부분에서도 활동하였다.

알자스-로렌_ 프랑스 동부 라인강 서쪽 연안 지대로 유럽 제일의 철 생산지로 유명하다. 프랑스와 독일의 분쟁 지역이었다.

크루프_ 새로운 강철 제조법을 발명하여, 대포를 제작하였다.

는 7명의 노동자로 시작했으나 철도용 차량을 만들기 시작하면서 크게 발전한 크루프 공장은 1873년 무렵에 이르러서는 8,000여 명이 일하는 거대한 기업이 되었다.

크루프 공장은 새로운 강철 제조법을 개발하여 총과 대포도 생산하였다. 독일의 비스마르크 정부는 크루프 공장을 전폭적으로 지원하였고, 그에 힘입어 프로이센군의 정규포가 된 이 공장의 대포는 오스트리아, 프랑스와의 전쟁에서 위력을 발휘하였다. 더 나아가 크루프 공장은 대포, 장갑차 등 군수 물자를 생산하여 제1차 세계대전 중 최대 호황을 누렸다. 그러나 독일이 패전한 후 군수 물자 생산이 금지되어 어려움에 빠지자 크루프 집안은 히틀러를 지지하고 나섰다. 그 대가로 제2차 세계대전 중에는 히틀러의 지원을 받으면서 다시 군수물자를 대량 생산하여 부를 축적하였다.

전쟁을 통해 산업 발전과 경제 성장을 이룬 이러한 예는 크루프 공장 외에도 매우 많다. 미국 기업들이 양차대전을 통해 경제 발전을 이루었다면 일본 기업들도 우리의 6·25전쟁을 통한 특수로 경제 발전을 누리게 된다.

___한국의 경제 발전과 부의 창출은 어떻게 이루어졌는가

우리나라의 경제 발전은 '산업화'와 '수출'을 통해 국가의 부를 증대시키는 방식으로 이루어졌다. 이 산업화를 통해 국민 국가의 자주·자립을 위한 물질적 기반이라 할 국민 경제가 형성되었고, 이 기반 위에서

우리는 세계 체제 속에서 국민적 단위로 존립하고 발언권을 행사하면서 민족적 자긍심도 가질 수 있게 되었다고 학자들은 평가한다. 산업화와 국민 경제 형성을 통해 국민 국가라는 정치적 틀도 내실을 갖추게 되었다는 것이다.

사실 6·25전쟁으로 산업 기반 자체가 잿더미로 변한 상황에서 경제 성장은 요원한 것이었다. 그러나 1960년대와 1970년대의 수출을 통하여 한국은 단기간에 급속도의 고도 경제 성장을 이뤄냈다.

그 상징적인 예가 경부 고속도로의 건설이다. 경부 고속도로는 박정희 정부 시절 제2차 경제 개발 5개년 계획 중이었던 1968년 2월 1일에 건설을 시작, 약 2년간의 공사 기간을 거쳐 1970년 7월에 완공되었다. 총공사비로 약 420억 원이 소요되었고, 도로의 총길이는 428km에 이르렀다. 『살아있는 한국사 교과서』는 경부 고속도로를 수도권과 영남권을 연결하는 경제 대동맥으로, 2대 수출항인 인천과 부산을 이어 수출 주도의 경제 개발에 박차를 가할 수 있었던 원동력으로 파악한다. 이를 통해 박정희 정부 시절 매년 10%에 가까운 경제 성장이 이루어졌으며, 세계에 '한강의 기적'으로 소개되기에 이르렀다. 따라서 수출은 '전쟁'에 비유되었고, 나라의 모든 힘은 수출에 집중되었다. 그리고 모든 국민은 '수출 역군'이 되었다. 수출 공로자에게는 '산업 훈장'을 주었고, 수출을 많이 한 기업에게는 '수출의 탑'을 주었다. 1977년에는 수출 100억 달러 달성을 축하하는 대대적인 기념 행사를 열기도 하였다.

그런데 이것을 주도한 것은 '국가'였다. 그리고 이 점에서 박정희 정부에 의한 경제 성장을 놓고 지금까지도 역사적 평가가 엇갈리고 있다. 박정희 전 대통령의 최고 공로로 거론되는 고도 경제 성장은 보통 '선성장 후분배론'으로 설명된다. 분배보다는 성장에 치중한 이 정책은 대통령의 강력한 통치를 기반으로 국가가 계획하고 수출을 독려하는 방식이었다. 이것은 특히 '파이론'이라고 불리기도 한다. 즉, 아직 오븐에 들어가지도 않아서 조그만 반죽에 불과한 파이를 지금 나눠 먹기보다는, 그것을 크게 부풀릴 정도까지 키운 뒤에 나중에 나눠 먹자고 하는 방식인 것이다. 이는 곧 현재의 소비를 줄이고 투자율을 높여 경제 성장에 성공하면 가난한 사람들에게도 결국 혜택이 돌아간다는 논리이다.

그러나 실제 산업화를 통한 고도 경제 성장의 이면에서는 기술과 자본의 해외 의존, 기업의 부실화, 농업의 침체, 도시 · 농촌 간의 소득 격차, 재벌과 권력의 결탁 등 부정적인 요소들이 쌓여 가고 있었던 것도 사실이다. 또한 값싼 물건을 만들어 해외에 수출하는 방식으로 경제 성장이 이루어졌기 때문에 저가품 생산을 위해서는 노동자들의 임금과 농산물 가격이 낮아야만 했다. 때문에 경제가 성장한 후에도 노동자와 농민의 생활은 여전히 어려웠다는 것이 당시 박정희 정부의 경제를 부정적으로 보는 이들의 주장이다.

더 나아가 박정희 대통령이 권위주의적 통치로 민주주의를 요구하는 국민의 바람을 무시하고 18년 동안 일명 '개발 독재'를 통해 오히려 민주주의와 인권을 탄압하였음을 지적하는 의견도 우리 사회에 다수 존재한다. 또한 과연 경제 성장의 주체가 누구인가에 관한 문제도 등장한다. 박정희 개인의 영웅주의적 지도력이 바로 우리 경제의 원동력이었다는 주장도 있는 반면, 당시 자신들의 고통을 감수하며 성장을 위해 매진한 대다수의 노동자와 농민이 바로 그 경제 발전의 주인공이라는 주장도 설득력을 지닌다.

현재 우리는 경제 선진국 클럽인 OECD에서도 11위를 오르내릴 정도의 경제 성장과 부를 창출하였다. 그리고 전자, 반도체, 조선업, 철강 등에서 세계 최고의 기술로 좋은 상품을 생산하고 있다. 이러한 것을 배경으로 하여, 과연 지난 시절 우리 경제 발전의 방식과 원동력은 무엇이었는지를 한 번 생각해 보는 것 또한 내일의 발전을 위해 반드시 필요한 작업일 것이다.

___부의 몰락과 그늘

다시 산업혁명 당시의 영국 맨체스터로 돌아가 보자. 당시 영국 노동자들의 하루 노동 시간은 14~15시간이나 되었고, 임금은 매우 낮아 최소한의 생계도 유지하기 어려웠다고 한다. 노동자들이 사는 곳은 오물과 먼지가 골목 곳곳에 잔뜩 쌓여 있었고 집 바로 옆의 물웅덩이에는 코를 찌르는 악취를 내뿜는 액체가 가득했다. 이런 오물과 폐기물이 나뒹구는 노동자 거주 지역은 전염병의 온상이 되었고 콜레라를 비롯한 각종 전염병이 주기적으로 도시를 덮었으며, 공장 굴뚝에서 나오는 매캐한 연기는 햇빛을 가려 버렸다. 1840년대 맨체스터 시민들의 평균 수명은 겨우 24세 정도라는 충격적인 기록도 있다. 더욱 심각한 문제는 열악한 공장에서 하루 종일 기계처럼 일하는 사람들의 대부분이 어린아이나 여성들이라는 점이었다. 어린아이들은 굴뚝 청소에도 동원되었는데, 이들이 자라면 비좁은 굴뚝에 들어가지 못하게 되므로 일부러 몸의 기형적 성장을 야기하는 문제도 있었다고 한다. 이것이 영국 산업혁명의 또 다른 모습이었던 것이다.

1929년에는 세계 최대 경제국인 미국에서 발생한 공황으로 세계 경제가 휘청거리기도 하였다. 『살아있는 세계사 교과서』를 보면 당시 기계는 쉬지 않고 움직였고, 공장에는 생산품이 쌓여만 갔다. 그러나 이런 호황에도 불구하고 노동자들의 임금은 크게 오르지 않았기 때문에 자본주의의 또 다른 축인 소비는 점차 생산을 따라갈 수 없게 되었다. 이 책에서 묘사된 공황을 살펴보면, 재고가 쌓이자 기업들은 생산을 줄였고 일자리를 잃은 사람들이 늘어나게 되었다. 결국 '검은 목요일'이라 불리는 1929년 10월 24일 목요일 아침, 뉴욕 월 스트리트 증권거래소가 대혼란에 빠졌다. 주식값이 최악의 수준으로 폭락한 것이다. 이날의 주가 폭락으로 전 세계적인 위기감이 증폭되면서 주가는 더욱 폭락하고, 기업과 은행이 연달아 무너졌다. 기업이 무너지자 실업은 늘어나고 소비가 줄어드는 악순환이 계속되었다. 상점과 공장에는 팔리지 않는 물건들이 잔뜩 쌓였고, 거리는 굶주린 사람들로 가득 찼다. 이는 곧 부를 향해 오로지 앞으로만 질주하던 자본주의에도 브레이크가 필요하다는 증거였다.

오늘날에도 우리에게 축복으로 여겨지는 '부'가 역설적으로 개인과 가족의 삶을 피폐하게 만드는 현상을 목격할 수 있다. 미국의 클린턴▶ 정부에서 노동부 장관을 지낸 로버트 라이시는 그의 저서 『부유한 노예』에서 이런 상황에 대해 다음과 같은 질문을 던졌다.

"우리들 대부분이 25년 전 우리(혹은 우리 부모)보다 더 많은 돈을 벌면서 물질적으로 더 풍요로운 삶을 누리고 있다. 25년 전이라면 현재의 경제 기반을 이루고 있는 여러 기술, 예를 들어 마이크로칩이나 PC, 인

클린턴(Bill Clinton, 1946~)_
미국의 제42·43대 대통령.

터넷 등이 그 모습을 보이기 시작할 때이다. 이제 더 잘살게 되었으니 사람들은 일 이외의 것에 더 많은 관심을 쏟을 것이라고 생각할지 모르겠다. 그러나 대부분의 사람들은 과거보다 더 많은 시간을 일에 매달려 있으며, 일이 아닌 삶을 위해 쓰이는 시간과 에너지는 점점 더 줄어들고 있는 것 같다. 왜 이래야만 할까? 돈을 더 많이 벌어 더 잘살게 되었는데, 왜 개인적인 삶은 더 빈곤해지는 것일까? 물질적으로 벌어들인 것을 일 이외의 삶을 더 윤택하게 하는 쪽으로 더 많이 투자하지 못하는 이유는 무엇일까?"

라이시는 많은 사람들이 '어쩔 수 없이' 과거보다 더 열심히 일하며 부자가 되어도 더욱 일을 해야만 하는 상황에 처해 있다고 말한다. 필사적으로 일에 매달리면 더 잘살게 될 수도, 또는 그렇게 되지 않을 수도 있지만 분명한 것은 현대 사회에서 미국을 비롯한 많은 국가의 국민들이 더 잘살게 되면 더 필사적인 모습으로 일에 얽매이는 것이라고 그는 지적하였다. 라이시는 영국의 경제학자 케인스가 1930년대에 "앞으로 100년 후 영국은 경제적으로 여덟 배는 더 잘살게 될 것이고, 따라서 원하는 사람은 1주일에 15시간 정도만 일하면 될 것이다"라고 예언했지만, 실제로 오늘의 우리는 그와 반대로 일하는 시간이 더욱 늘어났을 뿐이라고 주장하였다. 가족과 함께 여유를 즐기며 행복을 찾는 이는 매우 보기 드물어진 것이 현대 자본주의 사회이다. 경제적 부의 축복이 오히려 우리에게 재앙이 된 것은 아닐까? 로버트 라이시는 이런 맥락에서 오늘날 엄청난 경제 발전을 이룬 현대 사회에서 개인 또한 물질적으로든 정신적으로든 과연 그 성공의 열매를 제대로 만끽하고 있는지 의문을 제기한 것이다.

케인스(John Maynard Keynes, 1883~1946)_ 영국의 경제학자. 『고용·이자 및 화폐의 일반이론』이라는 저서를 남겼다. 자유 방임 시장에 국가가 개입해야 한다는 그의 주장은 대공황 당시 미국의 루즈벨트 대통령의 정책으로 받아들여졌다.

이처럼 현대 자본주의 사회에서 개인과 사회의 부를 증대하기 위해 열심히 달려가고 있는 우리에게 자급자족적인 시골 생활을 통해 생존을 위한 노동과 소박한 여유를 동시에 추구하는 조화로운 삶을 주창한 스콧 니어링의 말은 되새겨 볼 만하다.

> 대부분의 사람들은 대개 인간의 행복을 자신이 소유할 수 있는 재화와 편의시설, 사유 재산의 총량과 직결되어 있다고 주장했다. 그러나 나는 어느 모로 보나 가진 것이 많을수록 행복은 줄어든다고 대꾸하고 싶다. (중략) 우리의 시골 생활은 미친 세상에서 제정신을 갖고 사는 삶의 한 예이자 본보기이다. 시골 생활은 이 폭력적인 세상에서 남에게 해를 끼치지 않고 살 수 있게 해 준다. 문명의 유혹과 천박함을 간파하고 험난한 세상에서 자존심과 품위를 지키며 온전한 정신으로 살아가는 삶의 방식, 이것이 시골 생활이다.

___ '부의 사회 환원', 모두의 윤택한 삶을 위하여

만약 스콧 니어링과 같은 시골 생활이 자신에게 어림없는 이야기라면, 그리고 오로지 부를 위해 달려가는 이라면 최근 경쟁적인(?) 기부와 사회 환원으로 주목을 받고 있는 빌 게이츠▶와 워렌 버핏▶의 예를 한 번 곱씹어 보는 것은 어떨까 한다.

대한민국의 1년치 예산과 맞먹는 119조 원 정도의 재산을 보유한 마이크로소프트(MS) 회장 빌 게이츠는 2006년 현재 세계 1위의 부자이

빌 게이츠(Bill Gates, 1955~)_ 미국 마이크로소프트사를 설립한 기업가. 윈도즈 시리즈를 개발하며 막대한 부를 쌓았으며 기부 활동도 활발하게 하고 있다.

워렌 버핏 (Warren Edward Buffett, 1930~)_ 미국의 주식투자가. 1956년 100달러로 주식투자를 시작. 한때 미국 최고의 갑부였으며 현재도 미국 5위 안에 드는 갑부인 그는 전설적인 투자의 귀재로 평가받고 있다.

다. 그런데 그는 가족들 몫인 1,000만 달러를 뺀 나머지 재산 전부를 모두 사회에 환원할 것을 약속하였다. 그와 함께 워렌 버핏 또한 자신의 재산의 85%인 370억 달러(약 37조 원)를 자선 기금으로 내놓겠다고 밝혔다. 버핏은 자식들이 부자인 부모를 만났다는 이유로 평생 공짜 식권을 받는 일은 반사회적일 수 있으며, 자녀들에게 해가 되기 때문에 기부를 한다고 말하였다. 재벌가의 변칙 상속과 증여가 사회적 문제로 여전히 뉴스거리가 되는 우리의 상황과 비교해 보면 이는 매우 의미심장한 사건일 것이다. 특히 빌 게이츠는 장학금을 비롯하여 개발도상국의 난치병 어린이 돕기, 말라리아 백신 개발, 에이즈 퇴치 운동 등에 '제대로' 돈을 쓰며 불평등한 사회를 좀 더 개선하기 위해 주머니를 털고 있다.

경제 성장과 부의 축적을 위한 것이 오로지 국가 우선 과제요 개인의 목적이라고 여기는 현대 사회에서 진정한 부란 무엇인지, 그리고 그 부를 어떻게 써야 하는지에 대해 우리는 스콧 니어링과 빌 게이츠의 경우를 떠올리며 진지하게 성찰해 보아야 할 것이다.

루이 14세(Louis XIV, 1638~1715)
프랑스 절대왕정기 최고의 권력을 누린 왕으로, 태양왕이라고도 불린다. 베르사유 궁전을 지었고 중상주의 정책을 펼쳤으며 낭트 칙령을 폐지하기도 하였다.

펠리프 2세(Felipe II, 1527~1598)
스페인 절대왕정기 최고의 권력을 누린 왕. 레판토 해전에서 오스만 투르크를 격파하였다. 스페인 문화의 황금 시대를 이룩하였다.

셰익스피어(William Shakespeare, 1564~1616)
영국 엘리자베스 1세 시대에 활약한 극작가. 『햄릿』 『리어왕』 『오델로』 『맥베드』 등 그의 희곡은 오늘날까지도 최고의 작품으로 인정받고 있다.

엘리자베스 1세(Elizabeth I, 1533~1603)
헨리 8세의 딸. 스페인의 무적함대를 격파하며 영국 절대왕정의 전성기를 누렸다. 영국 국교회를 더욱 발전시키며 정치·경제·문화 등 여러 분야에서 영국이 세계 정상으로 발돋움할 수 있는 기반을 닦았다.

콜베르(Jean-Baptiste Colbert, 1619~1683)
프랑스 루이 14세 때 중상주의 정책을 추진한 정치가.

콜럼버스(Christopher Columbus, 1451~1506)
이탈리아의 탐험가. 스페인의 후원을 받아 인도를 찾아 항해를 떠났다. 그는 아메리카 대륙을 서인도 제도라 여겼으며 그의 신항로 개척으로 신대륙에 대한 식민지 경영이 시작되었다.

산업혁명
18세기 후반 영국에서 기계의 발명과 기술 혁신으로 공장제 기계 공업이 가능해지면서 생산력이 비약적으로 등대하여 산업상의 급속한 변화를 가져온 혁명.

보불전쟁
1870년 프로이센과 프랑스 사이에 일어난 전쟁. 프로이센이 이겼으며 프랑스의 나폴레옹 3세는 베르사유 궁전에서 강화조약을 체결하였고 이곳에서 독일 제국이 성립하였다. 알자스-로렌 지역이 프로이센으로 할양되었다.

나폴레옹 3세 (Napoleon III, 1808~1873)

나폴레옹의 조카로 1848년 프랑스 2월혁명으로 제2공화국 대통령이 되었다가 제2제
정을 세우고 황제가 되었다.

비스마르크(Otto Eduard Leopold von Bismarck, 1815~1898)

프로이센 총리로 '철혈정책'을 통해 독일을 통일했다.

검은 목요일

뉴욕 주식거래소에서 주가 대폭락이 일어난 1929년 10월 24일을 일컫는 표현.

1. 부의 본질은 무엇인지 생각해 보자.

　주제어: 금, 은, 매년 생산되는 상품, 노동 등

2. 자본주의 발전 과정과 부의 축적 과정에는 어떤 관계가 있는지 생각해 보자.

　주제어: 산업혁명, 자유무역, 분업, 식민지, 시장 개척, 독점, 전쟁, 국가, 시장 등

3. 재벌의 편법 상속과 증여 등의 논란이 우리나라에서도 일어나는데, 그렇다면 부의 사회적 환원은 우리 사회에서 어떤 방식으로 이루어져야 하는지 자신의 견해를 밝혀 보자.

　주제어: 자선 기금, 기부, 상속세, 사회적 약자 지원 등

사회 양극화 현상,
왜 문제인가?

검색! 교과서

_ 사회양극화

로마의 대외적인 팽창은 로마 사회 내부에 큰 변화를 가져왔다. 자영 농민층이 몰락하고 노예 노동으로 라티푼디움을 경영하는 유력자들이 신귀족층을 형성하면서 공화정은 위기를 맞이하였다. 이를 극복하기 위해 그라쿠스 형제가 개혁을 시도하였으나 실패로 끝난다.

– 세계사 2부 4장(금성출판사)

경제 성장 속에서 국민 경제가 외국인에게 개방되었으며, 적지 않은 기업이 외국인의 손에 넘어가기도 했다. 기업이 경쟁력을 내세워 구조 조정을 추진함으로써 비정규직 노동자도 많이 늘어났으며, 이러한 구조 조정과 개방 과정에서 빈부 격차가 확대되었다.

한국 경제가 무한 경쟁의 세계 질서 속에서 성장을 지속하고, 경제 성장의 성과를 바탕으로 삶의 질을 꾸준히 개선하기 위해서는 해결할 문제가 많다. 이러한 문제점을 해결하기 위해 정부와 기업 모두는 경제의 구조와 체질을 개선하는 데 노력하는 한편, 지식 산업을 발전시킬 인재 양성과 연구 개발에 많은 투자를 하고 있다.

아울러 지역 간, 계층 간, 산업 간 불평등성을 극복하고 모든 국민이 고루 혜택을 누릴 수 있는 합리적인 경제 규범과 투명하고 공정한 감시 기구를 마련함으로써, 성장과 분배를 동시에 달성해 나갈 수 있는 길을 찾기 위해 노력 중이다.

– 국사 4부 5장(교육인적자원부)

___빈익부 부익부의 결과를 낳은 포에니전쟁

한니발과 스키피오라는 걸출한 역사의 영웅들이 대결한 포에니전쟁은 당시 로마와 카르타고 양국이 지중해 일대의 패권을 놓고 한판 벌인 전쟁이었다. 승리의 여신은 로마의 손을 들어 주었다. 그 결과 로마는 지중해를 둘러싼 드넓은 식민지(속주) 땅과 엄청난 재화 및 노예 등의 부를 한꺼번에 얻을 수 있었다. 그런데 풍부한 부를 획득한 바로 그 시점이 역설적이게도 로마 공화국을 해체시키는 출발점이 되었다.

포에니전쟁 이후 기원전 2세기 후반부터 시작된 로마 내부의 대립은 그 이전 정치적 평등권을 획득하려는 것과는 질적으로 다른 상황, 즉 사회 정의를 요구하는 빈민층과 더 많은 부를 유지하려는 귀족 부유층이 서로 맞서는 상황에서 일어났다고 『로마인 이야기』 3권에서는 서술하고 있다.

이 책의 저자 시오노 나나미는 "사회 불안은 흔히 경제 불안에서 시작되는데 이는 실업자 증가라는 형태로 구체적인 모습을 드러낸다"고 하였다. 이를 로마에 적용해 보면 바로 포에니전쟁을 통해 획득한 부가 소수에게만 집중됨으로써 부익부 빈익빈 현상이 발생하였고, 로마 공화국을 지탱하는 주축인 평민들이 실업자가 되고 빈민으로 전락하게 되었다는 것이다. 이는 사회 해체, 더 나아가 로마 공화정의 몰락으로 귀결되었다.

___라티푼디움, 그리고 로마 공화정의 몰락

로마인은 평상시에는 자기 땅을 경작하는 자작농으로 살아가고 외부의 침입이 있을 경우에는 로마라는 공화정을 지키는 시민, 즉 중장보병의 역할을 하는 평민들이었다. 그러나 포에니전쟁 이후에는 세계사 교과서에서 나오는 대토지 사유화(라티푼디움) 현상이 뚜렷하게 나타났다. 이런 변화는 곧바로 중산층을 덮치며 사회 경제적으로 양극화를 유발하였다.

로마가 풍요로워지면서 속주에 대한 투자와 개발이 늘어나고 이를 지원해 주는 원로원의 귀족들 또한 재산 명의를 빌려 주거나 투자를 통해 자신의 부를 더욱 증가시켰다. 시오노 나나미의 말처럼 부자는 점점 부자가 되게끔 되어 있다. 그리고 투자의 대상은 바로 토지였다. 전근대 시기의 동서고금이 다를 게 없는 것 중 하나는 부의 축적이 토지를 통해 이루어졌다는 것이다. 거꾸로 토지가 극소수에게 몰리면 다수의 민중이 빈곤해지고 이는 반란을 통해 사회 몰락과 동시에 신(新)국가 건설로 연결되었다.

『로마인 이야기』3권에서 묘사된 당시 상황을 보면, 원로원 의원들의 땅은 늘어만 가고 자작농의 시민들이 생산하여 얻은 수확물은 노예를 부리는 대규모 농장의 수확물에 밀려 팔리지 않거나 가격이 폭락하여 곤경에 빠져 있었다. 농민들은 이러한 상황을 타개하기 위해 빚을 지게 되지만 그것도 결국은 "헛된 몸부림에 불과"했다는 것이 시오노 나나미의 표현이다. '워킹 푸어(Workig Poor)', 즉 마치 오늘날 비정규직 노동자들처럼 '일하면 일할수록' 로마 중산층은 가난해졌다. 로마인들의 근로 의욕이 문제가 아니라 대토지 사유화 등으로 경제 구조가 질적으로 변한 것이다. 결국 자작농들은 부채 때문에 땅을 빼앗기거나 가격 경쟁에서 패하여 땅을 헐값으로 내놓았고, 그 결과 실업자가 속출하였다.

기원전 134년 여름, 로마의 평민들이 실업과 빈곤으로 고통 받는 것을 잘 알고 있던 개혁가 티베리우스 그라쿠스는 호민관에 출마하여 당선된다. 그는 특유의 조용하고 감정을 억제한 말투를 썼는데, 이 젊은 호민관의 연설은 로마 시민들의 가슴을 깊이 파고들었다고 한다.

> 들짐승도 날짐승도 저마다 보금자리를 가지고 있습니다. 돌아가면 마음껏 쉴 수 있는 곳을 가지고 있습니다. 그런데 조국을 위해 싸우다 죽은 로마 시민들에게는 햇볕과 공기밖에는 아무것도 없습니다. 집도 없고 땅도 없이, 아내와 자식들을 데리고 헤매 다닐 수밖에 없습니다. (중략) 로마 시민은 이제 승리자이고, 세계의 패권자로 불리고 있습니다. 하지만 현실은 어떻습니까. 로마 시민들은 이제 자기 것이라고는 흙 한 줌 갖고 있지 않습니다.

티베리우스 그라쿠스는 라티푼티움을 통해 노예 노동으로 큰 이득을 얻고 있던 원로원 귀족 등 막대한 부를 가지고 있는 이들의 권리를 제한하고 로마의 주축인 자작농인 시민들에게 땅을 분배하자는 토지 개혁을 주장하였다. 그러나 이에 필사적으로 저항했던 귀족 등의 기득권 층에게 티베리우스는 결국 살해당하고, 그의 개혁안 역시 좌초되었다. 그의 동생 가이우스 그라쿠스가 형의 개혁을 이어가려 하지만 그 역시 죽임을 당하고 만다. 이로써 사실상 로마의 공화정은 파국을 맞게 된 것이다.

___정도전과 정약용의 사회 양극화 처방, 토지 개혁

1375년 고려 말기, 전남 나주의 거평 부곡으로 한 신진사대부가 유배를 왔다. 부곡이라 하면 고려 시대 특수 행정구역으로, 천민처럼 차별받던 이들이 농사를 지으며 무거운 세금을 내고 사는 곳이었다. 당시 거평 부곡은 단지 5명의 농부만이 거주하는 산골 마을이었다. 이곳에 훗날 조선 건국의 기초를 닦은 삼봉 정도전이 유배를 온 것이다.

그는 고려 말 공민왕 시기 정몽주의 추천으로 정계에 발을 들여놓은 뒤 개혁가로서 무너져 가는 고려를 바로잡으려 하였다. 그가 보기에 당대 가장 큰 골칫거리는 몽골의 침입과 간섭을 거치는 동안 이에 기생하며 권력을 쥐게 된 '권문세족'이라는 지배층이었다. 그들은 원이라는 든든한 배경을 무기로 권력을 잡아, 법을 부시며 자신의 농장을 확대하고 양민을 억압하여 노비로 삼는 등 사회 경제적 모순을 격화시켰다. 토지와 노비는 당대의 거의 유일한 생산 수단이었는데, 소수의 권문세족만이 이를 독점하고 부를 축적함으로써 나머지 백성들은 가난의 고통을 감내해야만 했던 것이다. 『건국의 정치, 여말선초 혁명과 문명전환』의 저자 김영수는 "전통 국가에서 토지 문제가 중요한 이유는 토지의 적절한 분배를 통해 국가의 전체 역할 분담 체계가 구성되고 정당화되었기 때문"이라고 말하고 있다. 즉, 당시 관리와 군인, 백성의 공무, 병역 및 납세 의무 등은 국가의 토지 부여에서 비롯되고 있었다. 따라서 권문세족에 의한 토지의 독점과 토지 제도의 문란은 곧 고려라는 국가가 가지는 정당성의 위기이기도 했던 것이다.

이를 개혁하기 위하여 정도전과 조준 등 당시 신진사대부들은 모든 토지를 국가가 회수한 후, 국역에 따라 토지를 재분배할 것을 주장했다. 정도전은 그의 저서 『조선경국전』에서 "토지를 모두 몰수하여 국가에 귀속시키고 인구를 헤아려서 토지를 나누어 주어 옛날의 올바른 토지 제도를 회복시키려 한 것"이라고 말하였다. 특히 토지 회수와 관련하여 토지 1결이라도 탈락시킨 자는 사형에 처하도록 강력하게 규제하는 등 국가가 토지를 공적 재산으로 관리하며 적절하게 분배함으로써 일방적인 부의 쏠림 현상을 막으려 하였다.

정도전과 조준은 토지의 독점이 결국 사회 양극화를 가져오고 이를 개혁하지 않는 한 고려가 망한다는 것을 잘 알고 있었다. 그렇지만 그들은 이 토지 개혁을 통하여 고려의 화려한 부활이 아니라 '새 술은 새 부대'에 담는다는 말처럼 이성계 등 무인 집단과의 결합을 통해 조선이라는 신생 국가의 탄생을 이끌어 내게 된다. 이런 점에서 정도전 계열의 급진파 신진사대부들이 시행한 토지 개혁안은 급진적이기는 했지만 고려 경제의 파탄을 막는 방안이기도 했다. 그러나 여전히 그들의 개혁안 또한 불철저한 측면을 가지고 있었으니, 400여 년 뒤 정도전보다 훨씬 긴 세월을 유배지에서 보낸 정약용의 토지 개혁안을 나중에 살펴보면 이를 쉽게 이해할 수 있을 것이다.

'과전법'이라고 부르는 조준과 정도전에 의한 토지 개혁은 공사의 토지 문서를 모두 불사르는 과격한 방법으로 시작된다. 이를 통해 국가는 지방의 토지 지급을 확정했고, 관리들은 경기도에만 한정지어 토지가 아닌 그곳의 수확물 중 세금으로 내야 할 몫만을 자신들이 가지는 것으로 정하였다. 이를 통해 국가 재정을 확충하고 관료 체계를 정비했으며, 민생 안정도 이룰 수 있었다.

그런데 토지는 한정되어 있는 반면 과거를 통해 관리들은 점점 늘어남에 따라 과전법은 조선에서 서서히 그 기능을 상실하기 시작한다. 그리고 조선의 양반들 또한 자신의 기득권을 완전히 버린 것이 아니었기 때문에 신분과 관직을 통해 일반 평민을 수탈하는 양상 또한 다시 고개를 들기 시작한다. 토지 역시 시간이 지나면서 양반들에 의해 점차 사유화되었다.

한편 조선에서 토지 문제의 근본적인 해결책을 내놓은 이는 정약용이다. 그러나 당대 사회는 정약용을 받아들이지 않았다. 1801년 천주교도들에 대한 박해이자 정조의 측근 세력들에 대한 탄압이라는 정치적 공세가 결합된 신유박해가 일어난다. 이때 정약용은 천주교도가 아님이 이미 밝혀졌음에도 불구하고 세도 정치기의 집권 세력인 노론에 의해 18년의 유배형을 받게 된다. 19세기의 조선은 세도 정치라 하여 왕에 의한 정치가 아닌 안동 김씨나 풍양 조씨, 반남 박씨 등의 외척과 특정 가문에 의해 국가가 좌지우지되고 있었다. 따라서 정약용이 유배지에서 쓴 『목민심서』에 적은 것처럼, 국가의 관리들은 백성들에 대한 걱정은 전혀 하지 않고 자신의 출세를 위해 어떻게 하면 이들 세도 가문의 마음에 드는 뇌물을 바칠 수 있을까 하는 것에만 골몰하고 있었다. 그리고 그 뇌물이라는 것은 결국 백성들로부터 부당하게 수탈한 것이었다. 이처럼 말 그대로 몇몇의 특정한 소수에게만 조선의 막대한 부와 권력이 집중되었고, 그에 비례하는 엄청난 조세 부담으로 인해 대다수 농민의 빈곤과 불만은 극에 달하기 시작하였다.

정약용은 이러한 조선 말기 세도 집권기의 사회 양극화 현상을 해결하기 위해 급진적인 토지 개혁을 주장했다. 역사학자 이덕일은 이를 개혁이라기보다 '혁명'에 가깝다고 말한다. 정약용은 소수 부호들이 토지를 독점하고 있는 현실에 대해 「전론」▶에서 "부자 1인의 전지(田地)가 100결 이상이면 1호(戶)를 살찌우기 위해 990명의 생명을 해치는 것이고, 400결 이상이면 1호를 살찌우기 위해 3,990명의 생명을 해치는 것"이라며 조정에서 마땅히 부자의 것을 덜어 내고 가난한 사람에게 보태 주어 그 재산을 고르게 해야 하는데 그렇게 하지 않고 있다고 비판했다. 이러한 문제에 대해 정약용이 제시한 대안은 마을 단위 토지 제도인 여전제▶로서, 이는 오늘날의 사회주의적 이상과 엇비슷한 공동 생산과 분배 제도라 할 수 있다.

「전론(田論)」_ 정약용의 『여유당전서』에 담긴 내용이다.

여전제(閭田制)_ 공동 농장에서 공동 경작하는 내용을 주로 담고 있는 정약용의 토지 개혁안.

> 무엇을 여전이라 하는가. 산골짜기와 하천의 지세를 가지고 경계를 그어 삼고는, 그 경계에 포함된 것을 여(閭)라 이름하고 (중략) 여에는 여장(閭長)을 두고 무릇 1여의 전지는 1여의 사람들이 다 함께 그 전지의 일을 다스리도록 하되, 서로 경계가 없게 하고 오직 여장의 명령만을 수행하도록 한다. (중략) 추수가 끝나면 무릇 오곡의 곡물을 모두 여장의 당(堂)으로 운반하여 그 양곡을 나누는데, 먼저 국가의 세를 바치고, 그 다음은 여장의 녹봉을 보내고, 그 나머지를 가지고 날마다 일한 것을 기록한 장부에 의해 분배한다.

___지니계수와 파레토의 법칙

위에서 살펴본 로마와 조선의 경우처럼, 한 국가의 몰락은 빈부 차가 극심하게 나타나는 것에서부터 시작된다. 특히 경제적 불평등 심화와 빈곤층의 전면적인 확대 현상이 나타날 때 '사회 양극화'라는 표현을 쓴다. 양극(兩極)이라는 말에서 북극과 남극의 양 끝을 떠올릴 수 있듯이, 사회 양극화 현상은 부자와 가난한 자의 극단적 격차가 사회가 해체되는 모습으로까지 이어지는 것을 뜻한다. 학계에서는 1997년 말의 외환 위기를 시작으로 국제통화기금(IMF) 체제 이후 기업의 구조 조정, 정리 해고를 통한 대량 실업, 노동의 유연화로 인한 비정규직의 대량 발생, 신용카드 남발과 부동산발 경제 위기 등에 의해 극단적으로 벌어진 빈부 격차가 현재까지 진행되는 상황을 우려하며 '사회 양극화'라는 표현을 쓰고 있다. 이러한 사회 양극화 현상의 정도를 구체적으로 파악하기에 가장 좋은 방법은 아마도 통계 수치일 것이다.

먼저 지니계수를 살펴보자. 지니계수란 이탈리아의 사회학자인 지니가 소득 분포에 관해 제시한 통계적 법칙인 '지니의 법칙'에서 나온 개념이다. 이것은 빈부 격차와 계층 간 소득 분포의 불균형 정도를 나타내는 수치로, 소득이 어느 정도 균등하게 분배되어 있는지를 평가할 때 주로 이용된다. 지니계수는 0과 1 사이의 값을 가지는데, 값이 0에 가까울수록 소득이 평등하게 분배된다는 것을 뜻한다. 일반적으로 지니계수가 0.4 이상이면 소득 분배의 불평등 정도가 심한 것으로 본다.

우리나라의 지니계수는 지난 1995년에 0.284였다가 1997년 외환위기를 거치며 4년 후인 1999년에는 0.32로 껑충 뛰었다. 이후 2002년에는 0.312로 다소 떨어졌으나 2003년에 0.316으로 다시 높아졌고 2004년과 2005년에는 0.31 수준이었다. 즉, 1997년을 기점으로 지니계수가 점점 0에서 멀어지고 있으며 이것으로 소득의 양극화가 지속되고 있음을 파

지니(Corrado Gini, 1884~1965)_ 이탈리아의 인구학자·통계학자·사회학자이다.

악할 수 있다. 0.4라는 지니계수가 사회 동란까지 유발할 수 있을 정도의 심각한 사회 해체 위기의 지표라고 한다면 우리 사회의 양극화 수치는 위험한 수준에 도달해 있는 것이다.

이러한 사회 양극화 현상을 '20대 80의 사회'라는 용어로 설명하기도 한다. '20대 80'이라는 표현은 이탈리아 경제학자 빌프레도 파레토▶가 만든 용어이다. 백과사전을 살펴보면 파레토가 1906년 이탈리아 토지의 80%를 이탈리아 인구의 20%가 소유하고 있다는 사실에 주목, 이 80%와 20% 사이의 상관 관계를 다른 여러 분야에 적용한 것이라고 한다. '파레토의 법칙(Pareto Principle)', 혹은 '20대 80의 룰'이라 불리는 이 법칙은 소득 분포의 불평등도를 설명하는 것으로, 불평등한 사회구조의 한 단면을 설명하는 용어로도 사용된다.

통계청의 '2006년 가계수지 동향'에 따르면 전국 가구 기준으로 고소득 가구 상위 20%와 저소득 가구 하위 20%의 소득 격차를 나타내는 소득 5분위 배율이 7.64로 2005년보다 0.08포인트 상승했다. 이는 전국 가구에 대한 통계청 조사가 시작된 2003년 이후 최고치라고 한다. 소득 기준 하위 20%에 해당하는 1분위 계층의 경우 지난해 월평균 35만 7,100원의 적자를 냈다. 반면 상위 20%에 해당하는 5분위 계층은 191만 8,500원의 흑자를 기록했다. 기초생계비에도 미치지 못하는 소득으로 인해 정부의 보조를 받는 기초생활수급자의 수 또한 2002년에는 135만 1,000명이었으나 2005년에는 151만 3,000명으로 지속적인 증가세를 보였다. 또한 2006년 전국 가구의 상위 20%의 월평균 소득은 630만 원이었던 반면 하위 20%의 소득은 80만 원으로 그 격차가 7.79배까지 벌어져 2003년 이후 3년 만에 최고치를 기록하였다고 한다. 양극화 현상이 두드러지게

빌프레도 파레토(Vilfredo Pareto, 1848~1923)_ 이탈리아의 경제학자. 소득 분포의 불평등도를 나타내는 경제 법칙인 '파레토의 법칙'을 만들었다.

나타나고 있는 것이다.

무엇보다 심각한 문제로 지적되고 있는 부분은 소수에 집중된 부는 더욱 축적되고 과잉되는 반면 다수의 가난은 확대되어 이것이 곧 결핍과 사회적 좌절로 이어지고 있다는 점이다. 따라서 일부 학자들이나 언론에서는 '20대 80의 사회'가 '10대 90의 사회'로 진행되며 악화일로를 걷지 않을까 우려하고 있다. 그것은 다름 아닌 중산층의 붕괴를 의미함과 동시에 사회 해체의 신호탄이 된다는 점에서 심각한 사태라 할 수 있다.

여기에서 주목할 필요가 있는 것은 바로 중산층이다. 『중앙일보』에 따르면 중산층은 빈부 갈등을 줄여주는 안전판이자 한 국가의 건전한 경제 구조와 소득, 소비 구조의 버팀목으로 이해된다. 대개 경제선진국 OECD[*]내에서 중간값 소득의 50~150%에 들어가는 가구 혹은 소득이 최저생계비의 2~2.5배인 계층을 중산층으로 분류하는데, 1997년까지 61%였던 중산층은 2066년 통계청 조사에서 53%로 감소했다고 한다. 이 기간 중 하위층은 34.6%에서 45.2%로 늘었다고 하니, 중산층 일부가 하위층으로 떨어진 것임을 알 수 있다.

반면 부유층의 부는 빠르게 자가 증식하고 있다. 『한겨레 21』에 따르면 다수가 빈곤 상태의 악순환에 빠진 데 비해 재벌 그룹 회장들이 보유한 주식은 벌써 조 단위를 넘어서고 있으며 이는 보유주식의 평가액을 통해 엄청난 형태로 증식되었다 한다. 최근 미국의 증권회사 메릴린치는 아시아 국가들 가운데 100만 달러 이상의 금융자산을 보유한 부유층의 증가 속도가 가장 빠른 나라가 한국이라고 밝혔다. 또한 부동산 투기와 아파트 가격 폭등으로 부유층의 부는 급속도로 증가하였다. 강남 지역의 아파트 가격이면 동유럽의 옛 성을 한 채 사고도 남을 정도라는 이

OECD(Organization for Economic Cooperation and Development)_ 경제 발전과 세계 무역 촉진을 위하여 발족한 국제 기구.

야기가 떠돌 정도이다. 발렌타인 데이에도 백만 원을 호가하는 초콜릿이 백화점에서는 유독 잘 팔린다는 뉴스도 있었다. 이렇듯 다수의 삶은 빈곤의 악순환을 겪고 있는 데 반해 일부 상류층은 '그들만의 세계' 속에서 부와 소비를 누리고 있는 것이다.

현재 우리 사회의 양극화는 앞서 살펴본 것처럼 1997년 외환위기에서 비롯되었다. 특히 정리해고를 통한 대량의 실업자 발생과 노동의 유연화를 통한 비정규직의 양산이 소득 불안으로 이어졌다. 일례로 1998년의 경우 매월 10만 명 정도의 신규 실업자가 발생하였고 2005년 현재 임시직과 일용직 등 비정규직은 전체 피고용자의 47.9%를 차지하였다. 청년 실업 문제도 더욱 심각해지고 있다. 20대 후반의 비경제활동 인구가 100만 명을 넘나들며 고용 불안과 국가 경쟁력 감소까지 문제를 야기하고 있는 것이다. 이러한 고용 불안 역시 소득 불안으로 이어졌고 비정규직은 일을 하더라도 소득이 낮아 빈곤에서 벗어날 수 없는 현상이 나타나 일명 '워킹 푸어', 즉 '일하는 빈곤' 현상이 발생했다. 그리고 이것은 또다시 사람들로 하여금 결혼을 미루거나 임신과 출산을 꺼리게 함으로써 저출산이라는 사회 현상으로 이어졌다. 또한 언론에 따르면 고령화 사회에 진입하면서 청년 실업과 함께 이 인구를 어떻게 먹여 살릴 것인가에 관한 문제도 발생하였다. 더구나 이러한 사회 위기로 인한 스트레스가 자살, 폭력과 엽기적 살인 등 극단적인 범죄로 이어진다는 보도도 있었다. 이러한 것들을 보면 어느 새 우리는 마치 불감증에 걸린 환자처럼 저출산, 자살, 이혼, 노숙자, 범죄 등을 우리 일상의 한 부분처럼 받아들이고 있는 것이 아닌지, 그리고 점점 의욕 없는 삶 속에서 그러한 것들에 더욱 무뎌지는 것은 아닌지 하는 안타까움마저 느끼게 된다.

___사회 양극화, 대안은 없는가

지금의 사회 양극화 현상은 더 이상 개인의 문제가 아닌, 국가의 정책과 제도 등으로 해결해야 할 수준에 도달했다. 이를 해결하기 위한 방안은 크게 두 가지 정도로 정리해 볼 수 있다.

우선 '고용 없는 성장'이라는 현재의 상황을 타개하기 위해 무엇보다 소비가 살고 경제가 건전하게 순환되도록 일자리를 창출해야 한다. 그리고 이를 위해서는 비정규직이 아니라 기업의 투자와 일자리 나누기 등을 통해 정규직 고용을 증가시킴으로써 안정적인 소득을 얻을 수 있도록 해야 한다. 또한 성장과 함께 분배와 복지 또한 제도적으로 갖춰져야 한다. 특히 주거비, 육아 및 교육비, 의료비 등을 개인이 아닌 사회가 책임지도록 국가가 나서서 제도화해야 할 것이다. 한편 부를 축적한 이들이 미국의 빌 게이츠 등처럼 '노블리스 오블리제' 차원에서 자신들의 재산 중 일부를 사회에 환원하는 사회적 분위기 또한 조성되어야 한다.

그러나 이러한 대안들이 쉽지만은 않다. 더구나 무엇을 우선적으로 추진해야 하는가 하는 현실적 문제에 부딪치면 그 양상은 더욱 복잡해진다. 일부에서는 분배보다는 여전히 성장을 통해 경제 규모를 키우는 것을 우선시하고 있다. 즉, 이를 통해 투자가 늘고 일자리가 생기면 빈곤층으로의 추락을 막을 수 있다는 것으로, 이러한 주장을 펴는 이들은 오히려 정부의 재정 지출을 통한 분배 정책은 세금을 늘리고 성장 동력을 억누를 수 있다고 말한다. 반면 다른 한편에서는 최저 생계조차 꾸려나갈 수 없는 사각지대의 국민을 보호하고, 개인이 해결할 수 없는 기본

비용 등을 국가가 투자와 지출을 통해 해결해 주는 사회복지국가의 모델을 우선으로 하여 사회 안정과 경제 성장이라는 두 축을 모두 이루는 '동반 성장'을 대안으로 제시하기도 한다.

어느 것이 더욱 우선적이고 적합한 해결 방안인가에 대해서는 좀 더 국민적인 토론과 공감대가 요구된다. 그러나 분명한 것은 사회 양극화 문제가 극단적으로 국가의 몰락과 해체까지 가져올 수 있다는 역사의 교훈을 떠올린다면 지금은 소득 불균형 해소와 빈곤의 악순환을 해결하기 위한 지혜가 필요한 시점이라는 것이다.

한니발(Hannibal, B.C.247~B.C.183)

카르타고의 장군으로 포에니전쟁에서 코끼리 부대를 이끌고 육로 대신 알프스를 넘어 로마로 침입하여 로마군을 격파했다. 스키피오의 로마군이 카르타고로 침입해 오자 이를 막다 자마전투에서 대패했다.

스키피오(Publius Cornelius Scipio, B.C.236~B.C.184)

고대 로마의 장군으로 아프리카의 자마에서 한니발을 무찌르고 포에니전쟁을 종결시 켰다.

포에니전쟁

지중해 패권을 놓고 로마와 카르타고가 승부를 벌인 전쟁. 결국 로마가 이겼다. 포에 니는 '페니키아인' 이라는 뜻으로 카르타고는 페니키아인이 세운 식민지였다.

카르타고(Carthago)

고대 페니키아인이 북아프리카에 건설한 식민 도시 국가.

라티푼디움(latifundium)

로마 시대의 대토지 소유제도. 노예 노동을 통한 경작으로 자작농이 토지와 일자리를 잃게 되었다.

원로원(元老院)

로마의 입법 기관.

티베리우스 그라쿠스 · 가이우스 그라쿠스(Tiberius Gracchus, Gaius Gracchus)

로마 공화정 말기의 정치가 형제. 형제가 모두 평민파 출신으로 로마의 호민관이 되어 시민을 위한 개혁 정치를 시도하였으나 원로원 등 보수파 세력에 의해 암살되었다.

신진사대부(新進士大夫)

무신 집권기 이래 과거를 통하여 중앙 관리로 진출하였으며 주로 공민왕 때부터 정계 진출이 확대되었다. 이들은 성리학을 수용하여 학문적 기반으로 삼고, 불교의 폐단을 시정하려 하였다. 또한 권문세족과 충돌하면서 고려 후기 각종 개혁 정치에 적극 참 여하였다. 훗날 조선 건국의 주도 세력이 되었다.

『조선경국전(朝鮮經國典)』

정도전이 지은 책으로 조선 개국의 기본 정책을 규정한 법전이다.

정도전(鄭道傳, 1337~1398)

고려 말 조선 초의 학자이자 정치가. 고려 말 급진파 신진사대부로 불렸으며 무인 집단이었던 이성계와 손잡고 조선을 건국하는 데 앞장섰다.

정몽주(鄭夢周, 1337~1392)

고려 말기의 문신 겸 학자. 고려 왕조를 유지하며 개혁을 추구한 온건파 신진사대부로 분류된다. 유학을 보급하였으며 성리학에 밝았다.

정약용(丁若鏞, 1762~1836)

조선 후기 학자 겸 문신. 사실적이며 애국적인 많은 작품을 남겼고, 한국의 역사 · 지리 등에도 특별한 관심을 보여 주체적 사관을 제시했으며, 그의 합리주의적 과학 정신은 서학을 통해 서양의 과학 지식을 도입하기에 이르렀다. 주요 저서로는 『목민심서』 『경세유표』 등이 있다.

신유박해(辛酉迫害)

1801년 이승훈, 정약용, 이가환 등을 포함한 천주교도를 박해한 사건.

노론(老論)

조선 후기의 정파. 앞 시기의 서인 계열은 숙종 때에 송시열을 중심으로 한 노론과 윤증을 중심으로 한 소론으로 나뉘었는데, 노론은 이이의 학통을 계승하며 성리학을 사회 전 부문에 적용하였다. 명나라에 대한 의리와 성리학적 예를 매우 교조적으로 따랐다.

1. 사회 양극화 현상이 심각한 사회 문제가 되는 이유는 무엇인지 생각해 보자.

   주제어: 사회적 갈등, 사회 해체, 각종 범죄, 국가 몰락 등

2. 사회 양극화 현상은 구체적으로 어떻게 나타나고 있는지 예를 들고, 역사 속에서 이를 해결하기 위한 방안은 없는지 생각해 보자.

   주제어: 중산층 붕괴, 경제 불안, 실업자, 개혁, 국가의 개입 등

3. '20대 80의 사회' 혹은 '10대 90의 사회'가 되는 것을 막기 위해 국가적 차원에서 성장과 분배의 정책을 어떻게 입안하고 추진해야 하는지 논해 보자.

   주제어: 고용 창출, 수출 증대, 일자리 나누기, 복지 정책 등

＊ 찾아보기_ 2007 고려대학교 수시 1차 논술 : 사회적 불평등

역사의 창으로 본 사회 3부

인간다움의 기본, 인권이란 무엇인가? 혁명이란 무엇인가? 게으른 것은 사회적 악인가?

인간다움의 기본,
인권이란 무엇인가?

__ 인권

　영국의 로크는 인간이 자연권을 더욱 안전하게 누리기 위하여 계약을 맺고 국가를 형성하였으며, 이를 위배하는 경우 국민은 정부를 교체할 수 있다고 주장하였다.

- 세계사 6부 2장(금성출판사)

　영국 여성들은 선거권을 얻기 위해 언론 이용, 길 위에 글쓰기, 가정 방문, 몸간판 선전, 시위 등을 벌였으며 심지어 감옥 안에서 단식 농성까지 했다. 그리하여 1918년에는 연간 5파운드 이상의 집세를 내거나 또는 학위를 취득한 30세 이상 여성이 투표권을 얻었다. 선거권 취득 연령은 1928년이 되어서야 당시 남성과 똑같은 21세로 낮춰졌다.

- 세계사 8부 2장(금성출판사)

　오늘날에는 참여 연대, 환경 운동 연합 등 많은 시민 단체들이 생활과 관련된 경제, 환경, 주택, 교육, 의료, 문화 등의 분야에서 활동하고 있다. 뿐만 아니라 정치, 사회 분야 등에서도 우리 사회의 민주화를 발전시키기 위하여 활동함으로써 2001년 11월에 국가 인권 위원회를 발족하는 등 우리 사회의 발전에 크게 기여하고 있다.

- 한국근현대사 4부 4장(중앙교육진흥연구소)

___시대의 광기가 빚어낸 인권 유린의 사례, '마녀 사냥'

1431년 5월 30일 아침, 영국과 프랑스 사이에서 벌어진 백년전쟁에서 프랑스를 구한 성녀로 추앙 받던 잔 다르크가 화형대에서 최후를 맞이하였다. 재판정에서 영국과 그 추종 세력에 의해 '마녀'로 판결되었기 때문이다. 당시 재판정에서 내린 판결문은 다음과 같다.

우리는 통상 처녀로 일컬어지는 피고 잔이 배교자, 우상 숭배자, 악마를 불러내는 주술사임을 선포한다.

마녀, 그것은 중세에서 근대로 이행되던 과도기에 사회에 해악을 끼치는 유해한 인물로 우선 정의되었다. 구체적으로 유럽인들에게 있어서 마녀란 하나님을 믿기를 거부하고, 악마를 숭배하며 어린애를 잡아먹는 등의 일을 자행하는 반인륜적·반사회적·반기독교적인 인물이었다. 따라서 그들에게 '인간으로서 가지는 당연한 권리'를 부여한다는 건 있을 수 없는 일이었다. 그러하였기에 인권 탄압의 극명한 예인 '마녀 사냥'은 중세에 지극히 당연한 일로 여겨졌다.

이 마녀 사냥에서 희생된 사람의 수가 대략 약 10만 명에서 30만 명에 이른다는 수치부터가 이 현상이 단순한 종교적 차원이 아니라 하나의 사회적 현상으로서 인권 유린의 예에 해당한다는 것을 일차적으로 인식할 수 있다. 문제는 유럽의 민중이 마녀에 대한 막연한 공포심 때문에 정부 당국에 그들과 다른 생활 방식을 가진 이들을 '마녀'라는 이름으로 고소했고, 그들은 끔찍한 고문과 재판을 통해 스스로 마녀임을 인정하며 처벌과 죽음을 받아들였다는 것이다.

『유럽의 마녀사냥』에서는 유럽 사회 전체가 마녀에 대한 공포를 극도로 느낀 나머지 마녀를 색출하는 사람들이 광적이고 비합리적인 행동을 취하였으며, 누군가를 마녀로 의심하는 사회적 분위기도 널리 형성되었음을 지적하였다. 종교 개혁의 과정에서도 프로테스탄트[*]들 스스로가 악마 때문에 혼탁해진 세상을 정화하고 사회 질서를 회복하려는 의지의 하나로 사회 구성원 전체의 '공동의 적'을 정하게 되는데 그것이 바로 마녀 사냥이었다고 『유럽의 마녀사냥』에서는 주장하였다. 기층 농민과 노동자들은 당시 인플레이션, 한정된 토지에 대한 과열 경쟁, 주기적인 가뭄과 역병의 발생, 그리고 격심한 종교적·정치적 변화로 정신적인 혼란을 겪었는데 마녀 사냥을 통해 이들은 정신적인 혼란에서 해방감을 느낄 수 있었다는 것이다.

이 책의 저자 브라이언 P. 르박[*]에 따르면 마녀 사냥은 사람들이 중세에서 근대로 넘어가는 격변기에 평온을 유지할 수 있었던 방법이었다. 결국 '마녀'라는 존재는 재앙을 당한 사람뿐만 아니라 온 사회를 위한 희생양이었다. 특히 가난하고 괴팍스럽게 보이는 노파와 같은 특정한 사람들이 마녀로 지목되었다.

더 심각한 문제는 마녀에게서 자신의 죄를 자백 받기 위한 방법으로 잔인한 고문법이 고안되었다는 것이다. 『마녀의 문화사』에서는 그 일례로 '마녀의 수영'을 소개하였다. 이것은 마녀로 의심 받는 피고의 손발을 묶은 뒤 그를 깊은 물 속에 던져 넣는 고문법이었다. 물에 가라앉으면 마녀가 신의 창조물이어서 물이 받아들인 증거이므로 무죄임이 인정되어 물 밖으로 건져 냈다(그러나 아마도 대부분은 이미 익사한 상황이

프로테스탄트(Protestant)_ 루터, 칼뱅 등에 의한 종교 개혁으로 성립한 개신교를 일컫는 말. 원래 '항의하는 자'라는 뜻이다.

브라이언 P. 르박(Brian P. Levack)_ 포담대학을 졸업했으며 예일대학교 철학박사 과정을 마쳤다. 현재 텍사스주립대학 역사학과 교수로 재직중이다.

었을 것이다). 그러나 만일 물 위로 떠오르면 그것은 물이 그녀를 거부한 증거이기 때문에 유죄로 판정된다. 결국 어느 경우든 마녀로 지목된 피고 앞에는 죽음이 기다리고 있을 뿐이었다.

___현대판 마녀 사냥의 예, '매카시즘'

현대판 마녀 사냥으로 일컬어지는 '매카시즘'도 증거나 물증 없이 하나의 집단적 분위기로 조성되고 의심과 감시, 추방이 뒤따랐다. 제2차 세계대전 이후 미·소의 냉전 체제가 날카롭게 대립하던 1950년대 초, 미 상원의원인 조지프 매카시는 "미 국무성이 온통 공산주의 첩자로 가득 차 있다"는 폭탄 발언을 했다. 이로 인해 당시 미국 사회는 벌집을 쑤셔놓은 듯 발칵 뒤집어졌다. 이것은 정치적 열세를 면치 못하고 있던 공화당에는 정치적 호재로 작용했고 미 여론은 급격히 반공주의로 쏠리며 미국 내 공산주의자를 적발, 추방하자는 사회적 분위기를 조성하였다. 매카시 스스로도 상대방이 조금이라도 의심이 가면 누구든 상관없이 공산주의자로 매도하는 데 주저하지 않았고, 일단 그의 블랙 리스트에 이름이 올라간 정치인은 그것으로 모든 것을 잃고 말았다.

영화인들도 이러한 광란의 분위기로부터 자유로울 수는 없었고, 코미디 영화의 황제 찰리 채플린▶도 예외는 아니었다. 자유로운 사상으로 사회 비판적인 영화를 찍기도 했던 그는 매카시즘의 광풍 속에서 국외로 추방되는 운명을 맞게 된다. 더 이상 미국 내에서 영화를 찍을 수 있는 자유와 채플린 개인의 인권은 보장되지 않았다. 신작 영화의 시사회에

찰리 채플린(Charles Spencer Chaplin, 1889~1977)_ 「모던 타임즈」「위대한 독재자」 등으로 유명한 영국의 배우이자 영화감독. 주로 무성 영화에서 활동하였으며 콧수염과 모닝코트로 이미지화되어 있다.

참석하기 위하여 영국으로 향하던 배 위에서 미국으로의 재입국 거부 통보를 받은 찰리 채플린은 두 번 다시 할리우드로 돌아올 수 없게 된 것이다. 이러한 매카시즘의 광풍은 그 후 매카시 의원의 주장이 허위로 드러나고 그가 1954년 12월 의원직을 박탈 당하며 사라지게 된다.

___근대적 인권의 대두, 로크와 루소의 계몽사상

중세의 마녀 사냥과 현대의 매카시즘을 통해 우리는 사회적으로 형성된 집단적 분위기에 의해 개인의 권리가 박탈 당하고 생명을 뺏기는 현상을 목도할 수 있었다. 그렇다면 우리가 지켜야 할 '인권'이란 도대체 무엇인가?

『세계인권사상사』를 보면 인권은 '인간이 인간이라는 종에 속한다는 이유만으로 가지는 권리'를 뜻한다. 즉, 인권은 성, 인종, 국적, 경제적 배경을 가리지 않고 누구나가 평등하게 가지는 권리로 규정할 수 있다. 구체적으로는 생명권, 사유 재산권 및 평등권, 참정권, 종교의 자유와 의사표현의 자유, 양심의 자유 등에서부터 문화적 권리 등 매우 광범위한 개념이다.

근대 이전까지 소수의 왕과 귀족, 성직자들만이 인간으로서의 대접을 받았던 것에 비해 근대부터는 '사람이라면 누구나 평등한 권리와 존엄성을 인정 받는다'는 이론이 로크와 루소 등의 계몽 사상가들에 의해 널리 퍼졌다. 그리고 이러한 인권의 개념이 역사 속에서 현실화된 것은 프랑스혁명을 통해서였다.

특히 국가와 입법권에도 대항할 수 있는 '인간의 권리'라는 개념은 로크에 의해 다져져 영국의 명예혁명과 미국의 독립혁명 등을 거치며 근대 헌법의 정신에 녹아 들어가게 된다. 로크는 자연 상태가 평화롭지만 완전한 것은 아니라고 생각하였다. 그는 인간이 이성을 기본으로 하여 서로의 계약을 통해 사회를 형성하면 문제를 해결할 수 있다고 보았다. 이런 계약을 보장하기 위해 정부라는 장치가 필요하고, 따라서 정부는 개인을 억압하거나 통치하는 제도나 기구가 아니라 개인의 이해관계를 보장해 주는 존재가 된다. 즉, 근대적 정부 혹은 국가는 이제 개인 간에 대한 조정을 할 뿐 그 이상은 관여하지 않으며 구성원들은 더 이상 간섭을 받지 않아도 된다는 주장이다. 그리고 이것은 주권이 인민(공민 혹은 시민)에게 있으며, 인민은 부당한 정부에 대하여 반항할 권리가 있다는 주장으로 확장된다.

결국 정부의 유일한 목적은 개인의 인권과 자유를 증진시키는 것이며, 만약 정부가 정당한 이유 없이 인민의 권리를 제한한다면 인민은 그러한 정부를 축출하고 그들에게 더 봉사할 수 있는 정부를 수립할 권리를 가졌다는 것이 그의 주장이었다. 즉, 만일 기존의 정부가 불안하거나 구성원들을 통제하려 한다면 그 사회 구성원, 즉 인민은 이 정부를 전복시키고 새로운 정부를 세울 수 있다고 주장한 것이다. 이런 점에서 로크의 사상은 혁명적이었다고 할 수 있다.

로크는 자연 상태에서 인간은 모두 평등하며 일정한 인권(자연권)을 부여 받는다고 생각했다. 생명권, 자유권, 재산권이 바로 기본적인 인권이다. 로크는 특히 사유 재산권을 중시하였는데 토지 등 공공 재산도 개인의 신체의 사용, 즉 노동을 통해 각 개인의 것, 즉 사유 재산으로 인정된다고 보았다. 이 점에서 로크는 루소와 차이점을 보인다.

『인권의 역사』를 보면 루소는 로크와 같이 자연 상태로 가지고 있던 인권의 일부(특히 재산권)를 개인 쪽에 남겨두는 것은 곧 자연 상태 말기의 불평등을 새롭게 성립된 근대 정치 사회에 가져오는 것을 의미하기 때문에 평등한 사회를 만드는 것도, 또 재산을 가지지 못한 민중 계층의 해방도 이룰 수 없다고 주장하였다. 루소는 차별 받던 대다수 사람들을 해방시키는 것을 목적으로 삼고 있었기 때문에 불평등의 기초인 사유 재산제를 문제점으로 삼을 수밖에 없었다는 것이다. 또한 루소는 로크와 달리 철저하게 정치의 민주화를 요구하는 '인민 주권론'을 인권의 주요 개념으로 주장하였다. 사회 계약에 의해 성립된 국가는 사회 계약 참가자의 총체로서의 '인민'과 동일하게 여겨진다. 권력은 '인민'의 권력으로서 모든 시민의 참가에 의해, 모든 시민의 이익을 위하여 행사되지 않으면 안 된다는 것이다.

이와 같은 로크와 루소의 '인권'에 대한 사상의 차이는 현실 정치에도 반영되었다. 로크는 사람들이 무엇보다 사적 소유권을 지키기 위해 계약을 맺고 정부를 구성하는 것을 인정하였다. 이는 당시 자본의 창출과 축적을 통해 새롭게 등장한 시민 계급(부르주아)의 입장에서 사회 계약론을 전개한 것으로 볼 수 있다. 또한 그는 국가를 안전하게 유지하는 가장 중요한 정치 기관은 의회이므로, 만약 의회와 정부(국왕) 사이에 모순과 갈등이 생긴다면, 의회가 정부보다 우선한다고 보았다. 즉, 의회 중심의 민주주의 제도를 선호한 것이다. 따라서 그는 정부를 수립하는 것은 인민의 동의와 계약에 기초한다는 사회 계약설과 함께 오늘날 영국으로 대표되는 의회 민주주의, 즉 의원내각제 방식을 정치

모델로 삼았다.

　반면 루소는 중소 시민층과 노동자 · 농민 등 하층민의 입장에서 직접 민주주의를 선호하고 급진적인 사상을 주장하였다. 루소는 주권자란 계약을 맺은 전체 구성원 모두를 의미한다는 점에서 '국민 주권주의' 혹은 '주권재민' ▶의 의미를 보다 확실하게 하였다. 따라서 개인의 자유 · 권리와 공공의 자유 · 권리가 동시에 충족될 수 있는 인민이 계약을 맺어 '일반 의지'를 가지는 정치 사회를 확립하고 '일반 의지'에 의한 법률로 정치를 실시할 것을 제안하였다.

주권재민(主權在民)_ 나라의 주권이 국민에게 있음.

___프랑스 인권 선언과 세계 인권 선언

　로크와 루소 등의 계몽 사상가들의 사회 계약설 및 인권, 주권재민론 등은 영국의 명예혁명, 미국의 독립혁명, 프랑스혁명에서 구현되었음을 우리는 세계사 교과서를 통해 배운다. 잠시 소개하자면, 프랑스혁명에서 등장한 '인간과 시민의 권리 선언'은 이렇게 시작한다.

　　국민의회로 대표되는 프랑스의 인민은 인권에 대한 무지, 무시, 또는 멸시가 국민의 불행과 정부의 부패를 야기한 유일한 원인이라고 간주하여 엄숙한 선언을 통해, 자연적이고 빼앗길 수 없으며 신성한 인간의 권리를 표명하기로 결의하였다.

　'인간과 시민의 권리 선언'을 구체적으로 살펴보면 제1조는 모든 사람이 출생과 더불어 그리고 그 이후 계속해서 평등한 권리를 누림을, 제2조는 자유권, 재산권, 안전권, 저항권 등의 인권을 천명하였다. 또한 제11조에서는 사상과 의견의 자유로운 소통이 가장 소중한 인권에 속한다고 규정함으로써 자유롭게 말하고 쓰고 출판하는 것을 보장하였다. 물론 그 자유의 남용에 대해서 응분의 책임을 지는 것 또한 잊지 않고 기록하였다. 1789년의 이 선언이 구제도 및 왕정을 뒤엎으며 등장한 근대 시민 운동의 투쟁의 성과물이라 한다면, 그로부터 140년 뒤에 등장하는 세계 인권 선언 또한 인간이 스스로 억압적인 체제를 무너뜨리며 한편으론 양차 세계대전을 통해 깨닫게 된 반성과 성찰을 통해 일구어 낸 성과물로 받아들일 수 있다.

1948년 12월 10일, 유엔총회에서 제정된 세계 인권 선언은 전 인류 모두가 '존엄성과 남들과 똑같은 권리와, 남에게 빼앗길 수 없는 권리를 가지고 있다는 사실을 인정해 주어야만 자유롭고 정의로우며 평화적인 세상의 밑바탕이 마련될 수 있다는 점을 인정한다'고 밝혔다. 특히 프랑스 인권 선언의 1, 2조와 비교해 보면 세계 인권 선언이 더욱 구체적으로 인류의 인권 보장을 위해 노력한 흔적을 엿볼 수 있다. 세계 인권 선언에서도 제1조는 모든 사람이 날 때부터 자유로운 존재로 태어났고, 한 사람 한 사람의 존엄과 권리는 모두 똑같음을 규정하고 있다. 그리고 프랑스혁명의 정신, 즉 모두가 수평적인 존재이며 더불어 살기 위한 일차적인 연대의 조건, 즉 형제애를 명시하고 있다. 더 나아가 제4조에서는 노예 제도와 노예 매매를 그것이 '자발적이든 아니든' 간에 일절 금지하고 있으며 제5조에서 고문 및 잔인하고 비인도적이거나 모욕적인 대우 또는 형벌을 받아서는 안 됨을 명시하고 있다.

이러한 선언은 피부색, 성별, 종교 등에 대한 차별을 금지하기 위한 투쟁의 역사이자 인류 발전의 보고서이기도 하다. 그러나 이러한 선언과 같은 인권 보호를 위한 지구적 차원의 장치와 제도가 개별 국가에서 관철되기까지는 기존 편견에 맞선 사회적 소수자의 피나는 노력이 있었음을 잊지 말아야 할 것이다. 그러한 사례로 미국 여성들이 자신들의 투표권을 얻기 위해 투쟁한 역사적 과정을 여기에서 잠시 살펴보자.

1872년 11월 5일 미국의 수전 B. 앤서니▶는 3명의 여동생과 함께 쌀쌀한 뉴욕 거리를 확신에 찬 걸음으로 걷기 시작했다. 그들은 유권자 등록 사무실로 사용되던 이발소로 들어가 다가오는 선거를 위해 유권자로 등록하겠다고 신청했으나 선거 관리 직원은 그들의 요구를 받아들이지 않았다. 수전은 그들에게 수정 헌법 14조와 뉴욕 주 헌법의 요약본을 읽어 주었지만 이것 또한 통하지 않자 선거관리 직원들을 고발하여 손해배상 청구소송을 제기할 것이라고 윽박질렀다. 결국 오후가 되어 이 소식은 언론에 알려졌고, 급진적인 여자들에게 둘러싸여 투표소로 간 수전과 여동생들은 각각 한 표를 던졌다. 『세상을 바꾼 법정』에 소개된 수전의 투표권 쟁취를 위한 이 과정은 당시 미국 사회의 편견과 여성 차별에 맞선 정면 도전이었다. 그러나 그녀는 1870년 5월 31일 미 의회를 통과한 법률 제19편에 규정된 '적법한 투표권 없이 투표한 죄'로 기소되고 재판정에 서게 되었다. 단지 여성이 투표했다는 이유로 그녀는 범죄자가 된 것이었다.

19세기가 되어서야 미국 여성들은 자신들의 권리가 이제 막 해방을 맞은 노예보다도 못하다는 사실을 깨닫기 시작한다. 투표권은 노예 해방 후 흑인 남성에게까지 부여되었지만 여성들에게는 그러한 자유가 보

수전 B. 앤서니(Susan B. Anthony)_ 미국의 여성 참정권을 위해 투쟁한 여성 운동가.

장되지 않았던 것이다. 수전은 단지 투표용지와 인권을 쟁취하려는 원칙만을 무기로 삼아 자신의 한 표 권리를 행사했고 그로 인해 재판을 받았다. 그녀는 "투표권 없는 자유는 가짜일 뿐"이라고 주장하였다. 그러나 수전은 재판에서 졌으며 미국 여성들은 그녀의 재판이 있은 후 50년, 그녀가 사망한 때로부터 14년, 그리고 미 헌법이 제정된 지 130년이 지난 1920년이 되어서야 여성 참정권을 규정한 수정헌법 19조가 승인됨으로써 투표할 수 있는 권리를 획득하게 되었다.

___고문과 사형의 폐지를 주장하는 앰네스티

위에서 살펴본 세계 인권 선언으로 인류의 인권이 보장되었지만 오늘날에도 여전히 인권과 관련된 운동은 치열하게 진행 중이다. 이는 세계 곳곳에서 저마다 이데올로기, 정치, 종교상의 신념과 견해가 다르고 이것으로 인한 분쟁이 끊이지 않기 때문이고, 또한 국가를 유지하기 위해 소수의 인권이 무시되거나 묵인 받은 공권력의 개입이 여전히 존재하기 때문이다. 1961년 5월 28일, 영국의 변호사 피터 베네슨은 『옵저버』지에 다음과 같이 기고한다.

　　매일같이 신문을 펼쳐 들게 되면, 당신은 아마도 세상 어딘가에서 그 누군가가 자신의 의견이나 종교가 그 국가의 이념에 맞지 않는다는 이유로 투옥되고, 고문을 당하며, 혹은 구속되어 있다는 소식을 접할 수 있을 것입니다. 그리고 이런 기사를 읽은 사람들은 기분이 나빠지고,

자신이 그들을 위해 아무것도 할 수 없다는 생각에 무력감을 느끼게 되 겠지요. 그러나 만일 이러한 느낌을 가진 사람들이 모여 함께 행동한다 면, 아마 어떠한 효과적인 일들을 이룰 수 있을 것입니다.

국가 권력에 의해 투옥·구금되어 있는 각국의 정치 사상범의 구제를 위한 국제적 구원조직인 앰네스티, 즉 국제사면위원회(Amnesty International : AI)▶의 탄생을 알리는 글이었다. 피터 베네슨은 리스본에 있 는 한 술집에서 자유를 위하여 건배했다는 이유로 체포된 두 명의 포르 투갈 학생들에 대한 기사를 본 후 「잊혀진 수인」이란 칼럼을 쓰고 이를 본 자원자들과 함께 영국, 프랑스, 독일, 미국 등 7개국에서 인권 운동 을 시작하게 된다.

앰네스티는 정치·종교적, 또는 기타 양심에 입각한 신조 때문에 억 압받거나 인종·피부색·언어·성 등의 이유로 억압받는 양심수의 석 방과 인권 보호를 위해 노력하는 국제적 인권·시민단체이다. 현재 전 세계 56개국에 지부가 있고 160여 개국에 160만 명 이상의 회원 및 지 원자가 있다. 특히 지난 1962년부터 매년 각국의 인권 상황을 보여주는 인권 실태 보고서를 발간하고 있으며 1977년에는 양심수 석방 운동을 추진한 공적으로 노벨평화상을 수여하기도 하였다. 앰네스티는 국가 권 력에 의해 처벌 당하고 억압 받는 각국의 정치범과 양심수들을 구제하 기 위하여 이들의 석방, 공정한 재판과 옥중 처우 개선, 고문과 사형의 폐지 등을 주요 목적으로 활동하고 있다. 이를 위해 해당 국가의 사회 체제와 관계없이 정부에 서신 등으로 요구하는 운동을 계속하여 이제까 지 약 2만 명의 정치범을 석방시켰다.

국제사면위원회(國際赦免 委員會, Amnesty International)_ 국가 권력에 의 해 처벌 당하고 억압 받는 각국 정치범들을 구제하기 위하여 설치된 국제 기구. 이데올로기·정치·종교상 의 신념이나 견해 때문에 체포·투옥된 정치범의 석 방, 공정한 재판과 옥중 처 우 개선, 고문과 사형의 폐 지 등을 목적으로 한다.

이러한 국제적 인권 단체인 앰네스티가 한국을 2006년 '사형 폐지 집중대상국'으로 지정하였다. 유엔과 교황청에서도 사형 폐지를 적극적으로 권장하고 있는데, 비록 최근 9년 동안 실제 집행이 이루어지지는 않았지만 사형제는 우리나라에 엄연히 존재하고 있는 제도이다. 즉, 이제는 우리 사회가 사형제를 폐지할 것이냐 존치할 것이냐를 결정해야 하는, 민감한 갈림길에 접어든 것이다.

천주교 등 종교 및 인권 단체에서는 설령 그 집행자가 국가라 할지라도 타인의 생명권을 침해하는 폭력을 인정할 수 없다고 주장하고 있다. 그러나 한편에서는 흉악범 등을 막고 범죄 예방 효과를 살리며 정의 사회를 이루려면 사형이 비록 극단적인 방법이지만 필요한 방법이라고 주장한다.

사형제를 둘러싼 이러한 논쟁은 국가의 공권력 행사를 어떻게 볼 것인가 하는 문제까지 확장된다. 합법적이지만 공권력에 의한 사형 역시 또 다른 폭력과 살인으로 볼 수 있지 않느냐는 시각 때문이다. 즉, 국가는 사회 안녕과 질서 유지를 위한 공권력의 하나로 사형을 집행하는데, 과연 이것이 정당한 행위인가 아닌가 하는 논쟁으로 발전하는 것이다. 사형제 폐지를 주장하는 사람들은 공권력이란 국가가 위급한 상황에 대처하기 위해 필요한 것인데 이미 교도소에 수감 중이고 어떤 저항의 수단이나 폭력의 수단을 갖지 못한 이를 합법적으로 살인하기 위해 공권력이 사용되는 것은 아니냐는 질문을 던진다. 더 나아가 재판도 결국 인간이 하는 일이므로 실수와 오류가 있을 수 있고 정치적으로 이용될 수도 있다고 주장한다.

그 대표적인 예로 '인혁당(인민혁명당) 재건위' 사건에 대한 32년 만의 재심을 들 수 있다. 2007년 1월 23일 32년 전 인혁당 사건으로 사형이 집행된 8명에게 무죄가 선고되었다. 1975년 당시 이루어졌던 수사·재판의 위법성 및 재판의 오류가 인정된 것이다. 인혁당 사건은 박정희 정부 당시 중앙정보부가 1974년 유신 반대 투쟁을 벌였던 전국민주청년학생연맹(민청학련)을 수사하면서 배후, 조종세력으로 인혁당 재건위를 지목, 이를 북한의 지령을 받은 남한 내 지하조직이라고 규정한 사건이다. 이에 대해 1975년 4월 8일 대법원은 도예종 등 인혁당 재건위 관련자 8명에 대한 사형을 확정했고 국방부는 재판이 종료된 지 24시간도 지나지 않아 사형을 집행했다. 스위스에 본부를 둔 국제법학자협회는 이날을 '사법사상 암흑의 날'로 기록했다.

『연합뉴스』 등 언론은 그로부터 32년이 지난 지금에야 당시 박정희 정부 시절, 정권 안보 차원에서 희생양이 필요하면 정보 기관이 희생자를 선별해 고문과 조작을 통해 허위 진술을 받아내고 검찰은 정보 기관의 입맛에 따라 기소, 법원 역시 정권의 요구에 부응하는 판결을 내렸던 '전근대적 형사사법 절차'의 오류를 인정한 셈이라고 평가하였다. 이에 대해 사형제 폐지론자들은 『한겨레신문』 등의 언론 기고를 통해 사형이 '제도적 살인'이며 세계 118개 나라가 사형을 폐지했고 미국에서도 사형이 확정되었으나 무죄임이 밝혀져 석방된 자가 114명이나 되는 점을 들어 이제 우리 사회도 사형제를 폐지해야 함을 주장하고 있다.

우리 사회에서 개인의 인권과 국가의 요구가 부딪치는 또 하나의 사회적 이슈로 '양심적 병역 거부'를 들 수 있다. 양심적 병역 거부란 종교적 신념이나 양심상의 이유로 병역과 특히 집총을 거부하는 행위이다. 양심적 병역 거부자들이 내세우는 근거 중 하나는 '모든 국민은 양심의 자유를 가진다'라는 우리 헌법 제19조이다. 그러나 현재 병역법 제88조에 따라 정당한 사유 없이 입영하지 않은 사람은 3년 이하의 징역이라는 벌을 받게 된다. 바로 여기에서 헌법을 통해 지키려는 양심의 자유가 병역의 의무, 즉 징병제와 충돌하게 된다. 현재 자신의 종교적 신념과 양심상의 이유로 집총을 거부하고 형사 처벌을 받은 이는 1,000여 명이 넘는다고 한다. 한편 유엔인권위원회는 1997년 양심적 병역 거부자가 어떠한 정치, 종교적 이유로도 차별 받아서는 안 된다고 결의했다. 이들이 주장하는 대체복무 – 양심적 병역 거부자들이 국방의 의무 자체를 완전히 거부하는 것은 아니다 – 를 실시하는 나라로는 독일, 러시아, 오스트리아, 대만 등이 있다.

양심적 병역 거부와 관련해 2004년 5월 서울 남부지방법원 형사6단독 1심에서는 이들을 무죄 판결해 큰 사회적 반향을 일으킨 적이 있다. 즉, 오로지 양심의 결정에 따라 입영 또는 소집을 거부하는 행위는 입영 소집을 거부할 수 있는 정당한 사유가 된다는 판결이 내려진 것이다. 그러나 2004년 7월 대법원, 그리고 8월 헌법재판소에서는 각각 국가의 안전보장이 우선임을 근거로 양심적 병역 거부가 유죄라고 판결하였고, 우리 헌법에는 양심의 자유가 병역의 의무보다 일방적인 우위를 갖는다는 어떤 규범적 표현도 없음을 들어 병역법이 합헌임을 결정하였다.

그런데 이것을 뒤집을 만한 결정을 국가 스스로 내린 경우도 있다. 2005년 12월 국가인권위원회가 양심적 병역 거부를 인정한 것이다. 이유는 양심의 자유는 국가 비상 사태에서도 유보될 수 없는 최상의 기본권, 즉 반드시 지켜져야 할 인권이라는 것이었다. 이에 대해 현재 국방부는 양심적 병역 거부와 이들을 위한 대체 복무제가 '시기상조'임을 내세우고 있다.

여기에서의 쟁점은 '인간이 다른 이의 생명을 어떤 이유로든 빼앗을 수 있는 총을 드는 것은 자신의 평화와 인권을 지키려는 양심에 어긋나므로 그 신념을 지켜야 한다'는 논리와, '공화국의 시민으로 자신의 공동체를 지키는 것은 당연한 의무인데 이를 저버릴 수는 없다'는 원칙 간의 충돌이라 할 수 있다. 또한 현실적으로 분단이라는 상황과 전쟁, 테러가 엄존하는 상황 등의 현실도 고려해야 할 대상이다. 더 나아가 양심적 병역 거부는 악의적인 의도를 가진 병역 기피자들에게 좋은 구실이 될 수 있다는 점에 대해서도 생각해 보아야 한다.

사형 제도와 양심적 병역 거부를 둘러싼 논쟁을 보면서 우리는 인간의 기본권과 생명, 양심의 자유 등 인권을 보호하면서도 공동체를 지키기 위한 방안과 병립하기 위한 대안은 없는지, 그리고 그 대안이 타인과의 형평성을 존중하고 있는지도 함께 고민해야 할 것이다.

백년전쟁(Hundred Years' War)

14세기 중엽부터 15세기까지 약 100년 동안 프랑스와 영국이 왕위 계승권 등을 놓고 벌인 전쟁.

잔 다르크(Jeanne d'Arc, 1412~1431)

샤를 7세를 도와 백년전쟁에서 프랑스를 위기에서 구한 소녀. 영국군에게 사로잡혀 마녀로 낙인 찍힌 후 재판을 받고 화형을 당하였다.

매카시즘(McCarthyism)

1950~1954년 미국을 휩쓴 일련의 반(反)공산주의 선풍. 1949년 이래 수년에 걸쳐 공산주의자를 적발하여 추방한 매카시의 행위. 제2차 세계대전 후 냉전이 심각해지던 상황에서 전통적인 미국 자본의 시장이던 중국의 공산화와 한국의 6·25전쟁 등 공산세력의 급격한 팽창에 위협을 느낀 미국 국민으로부터 그의 주장은 광범한 지지를 받았다.

조지프 매카시(Joseph Raymond McCarthy, 1908~1957)

미국 공화당 상원의원을 지낸 정치가. 공산주의자 색출을 담당하였다.

루소(Jean-Jacques Rousseau, 1712~1778)

프랑스의 사상가. 『인간불평등기원론』, 『에밀』, 『민약론』 등의 저서가 있으며 사회계약론 및 계몽 사상을 설파하였다. 그의 사상은 프랑스혁명의 배경이 되기도 하였다.

국민의회(國民議會)

프랑스혁명기에 시민 계급의 주도로 구성된 의회.

세계 인권 선언(世界人權宣言, Universal Declaration of Human Rights)

제2차 세계대전 이후 인권 보장과 평화를 지향한 국제적 선언. 1948년 12월 국제연합 총회에서 채택되었다.

1. 근대의 또 다른 특징인 인권이라는 개념의 등장과 관련하여 그것이 가지는 역사적 의미는 무엇인지 생각해 보자.

   주제어: 인간의 존엄성, 자연권, 일반의지, 시민의 권리, 자유 등

2. 사형제의 존속과 폐지를 둘러싼 자신의 의견을 정리해 보자.

   주제어: 국가의 공적 살인, 재범 방지, 사회적 경종, 인권 말살 등

3. 양심적 병역 거부에 대한 자신의 의견을 정리해 보자.

   주제어: 이기주의, 국민의 의무, 공동체, 헌신, 양심 우선, 평화, 시민권 등

4. 우리 사회 인권의 사각지대에 놓여있는 사회적 소수자들은 누구이며 이들을 보호하기 위해 국가적·사회적 차원에서 무엇이 더 개선되어야 하는지 생각해 보자.

   주제어: 장애인, 노약자, 어린이, 내부고발자, 소수 종교인 등

2

혁명이란 무엇인가?

검색! 교과서

__ 혁명

　프랑스혁명은 자유, 평등, 우애의 이념 아래 봉건적이고 귀족적이며 전제적인 절대주의를 타도하며 시민 사회와 자본주의 발전의 길을 연 전형적인 시민 혁명이었다. 특히, 도시와 농촌의 민중이 적극적으로 혁명에 참가하여 민주주의 혁명으로서의 성격을 강하게 드러냈으며 전 세계에 큰 영향을 미쳤다.

– 세계사 6부 5장(금성출판사)

　학생과 시민들은 이승만 독재 정권을 무너뜨리고 민주주의의 새 역사를 열었다. 4·19 혁명으로 우리 민족의 민주 역량을 전세계에 보여 주었으며, 이후 학생과 시민들은 더욱 활기차게 민주·자주·통일 운동을 전개함으로써 우리나라 민주주의 발전에 초석을 이루었다.

– 한국근현대사 4부 2장(중앙교육진흥연구소)

___프랑스혁명의 상징 바스티유

지난 2001년 여름, 배낭 하나 덜렁 메고 프랑스 파리를 찾았다. 역사를 탐구하는 내가 파리에서 가장 가고 싶었던 곳은 바스티유 감옥이었다. 그런데 지도 하나 들고 겨우겨우 찾아간 바스티유 감옥은 어느새 간데온데없이 사라지고 없었다. 그곳은 이제 프랑스 시민들이 한가로이 카페에서 차를 즐기며 담소를 나누는 '바스티유 광장'과 예술을 즐기는 '바스티유 오페라 극장'으로 변해 있었다.

1789년 자유 · 평등 · 박애를 천명한 프랑스혁명의 상징인 바스티유 감옥은 원래 중세 시대에 파리 방위를 위한 요새로 이용되다 루이 13세 때 감옥으로 개조되고, 17세기와 18세기에 정치범을 수용하면서 전제 정치의 상징으로 변하였다. 프랑스혁명을 이론적으로 뒷받침한 계몽 사상가 볼테르, 백과전서파▶로 불리는 디드로 등 또한 감금된 적이 있을 정도로 이곳은 구체제 정치적 억압의 상징이었다.

1789년 7월 14일, 파리 시민들은 바스티유 감옥을 습격하고 점령하면서 프랑스혁명의 서막을 예고하였다. 이후 혁명 정부의 명령으로 철거될 때까지 구체제의 감옥으로 불리던 바스티유는 프랑스혁명과 대비되며 자유 · 평등 · 박애의 정신을 역설적으로 보여주는 상징이었다.

___사회 혁명이란 무엇인가

우리는 '혁명'이란 말을 여기저기에서 듣는다. 채집과 수렵의 조악한

백과전서파(百科全書派)_ 프랑스의 계몽 사상가 집단. 계몽 사상을 바탕으로 당대 과학, 학문 등을 집대성한 『백과전서』를 집필하였다. 프랑스혁명의 사상적 바탕을 제공한 것으로 평가된다.

경제 생활 단위에서 농업과 목축을 통해 안정적으로 인류가 식량을 확보하게 된 '신석기혁명', 증기 기관과 같은 기계의 힘을 통한 대량 생산과 자본주의 체제를 활짝 연 '산업혁명', 위에서 언급한 자유·평등·박애의 근대적 이상을 현실화시킨 프랑스혁명, 그 외에도 최근엔 문화혁명, 선거혁명, IT혁명 등 다양한 혁명의 목소리를 접하게 된다.

그렇다면 혁명이란 무엇인가? 무엇보다 혁명은 지금까지 이어져 오던 구제도나 방식, 가치 등을 일거에 '거꾸로 뒤집는' 방식을 말한다. '뒤집는다'는 것은 기존과는 전혀 다른 '새로움'을 창조한다는 것을 의미한다. 우리가 여기서 집중적으로 살펴볼 것은 인간 사회를 그 근본부터 뒤집어 놓은 '사회혁명'이다. 고등학교 사회 교과서의 '시민 사회의 발전과 민주 시민'이라는 단원에서는 바로 오늘날의 시민 사회를 형성한 직접적 계기로 프랑스혁명을 소개하고 있다. 부르주아로 명명되는 제3신분, 즉 돈을 가지고 있었던 시민 계급이 왕, 귀족, 성직자 등의 소수에게만 유리한 신분 제도의 모순을 깨뜨리고 입헌 정치를 실현하기 위해 시민혁명을 주도하여 '근대 사회'를 성립시켰다는 것이다. 이처럼 사회혁명은 '근대'를 규정짓는 사건으로 18세기부터 20세기 제3세계의 독립과 혁명까지 이어지는 국가 조직, 계급 구조, 지배 이념을 변혁시키는 폭탄과도 같은 존재였다.

『국가와 사회혁명』에서는 이론적으로 '사회혁명'이란 한 사회의 국가 및 계급구조의 급격하고 근본적인 변혁을 일컫는다고 한다. 사회혁명은 계급에 기초를 둔 아래로부터의 폭동, 폭력을 동반하며 부분적으로는 그것에 의해 수행된다는 것이다. 이것은 삼부회를 거부하고 테니스 코트에 모인 부르주아들이 입법 의회를 구성하며 루이 16세를 단두대로 처형한 일련의 혁명 과정에서 극명하게 드러난다. 오늘날 우리는 프랑스의 애국가가 된 「라 마르세예즈」에서도 격렬한 폭력의 흔적을 온전하게 접할 수 있다.

나가자 조국의 아들딸이여

영광의 날이 왔도다!

폭군에 결연히 맞서서

피 묻은 전쟁의 깃발을 내려라!

우리 강토에 울려 퍼지는 포악한 적군의 함성을 들으라

적들은 우리의 아내와 사랑하는 이의 목을 조르러 다가오고 있다!

무기를 들어라, 시민 동지들이여

그대 부대의 앞장을 서라!

나가자 나가자 우리 함께

조국의 목마른 밭고랑에 적들의 더러운 피가 넘쳐흐르도록

이 노랫말 중간중간에 나타나는 '피' 혹은 '목을 조르러' 등과 같은 가사는 매우 전투적이서 섬뜩함마저 느껴진다. 그래서인지 제16회 알베르빌 동계 올림픽(1992) 개막 공연 때 전통 의상을 곱게 차려 입은 11세의 소녀가 이 곡을 불렀을 때, 프랑스인들 사이에서는 국가의 가사를 바꿔야 한다는 주장도 나왔다고 한다. 전 세계로 생중계되는 세계 평화의 제전인 올림픽 제막식에서 어린 소녀가 이처럼 전투적이고 피비린내 나는 국가를 부르는 것을 목격한 프랑스인들의 비판이었던 것이다. 그러나 한편으로는 프랑스의 민주주의를 쟁취하기 위한 역사와 정신이 스며

있는 가사를 바꿔서는 안 된다는 주장도 만만치 않았다고 한다. 이렇듯 프랑스의 국가 「라 마르세예즈」는 역설적으로 자유 · 평등 · 박애의 이념 아래 인류를 근대로 이끈 프랑스혁명이 얼마나 많은 희생 속에서 이루어졌는가를 오늘날 확인할 수 있는 역사적 사례이기도 하다.

역사에서 혁명과 유사한 개념으로는 반란이 있다. 그러나 반란은 설사 성공한 경우라도 폭력을 사용했느냐 하는 문제와 무관하게 '당대 사회의 구조적 변화를 이끌어 내지 못한다'는 점에서 혁명과 구별된다. 따라서 사회 혁명의 고유한 특징은 어떤 사회 및 정치 구조상의 근본적 변동이 상호 보완적으로 동시에 발생한다는 것이다. 그리고 이런 변동은 그 내부에서 기득권을 가지고 있는 지배 계급과 피지배 계급 사이의 격렬한 투쟁을 통해 격심한 사회, 정치적 갈등으로 귀결된다고 한다. 봉건주의와 특권이라는 '중세의 잔재'를 쓸어버리고, 농민과 부르주아 등의 사유 재산가 그리고 국가 모두를 구체제의 장애물에서 해방시킨 '거대한 빗자루'라고 프랑스혁명을 표현한 『국가와 사회혁명』의 저자 스코치폴의 말에서 우리는 프랑스혁명이 가지는 역사적 의미를 명확하게 이해할 수 있다. 즉, 혁명은 무엇보다도 먼저 사회의 핵심적 가치 지향을 변화시킨다. 이러한 시도는 기존의 권위에 대항하여 폭력을 사용할 준비가 되어 있는 가치 지향적 이데올로기 운동의 형태로 나타나는 점을 이 책의 저자는 강조하고 있다.

우리 식으로 말하자면 이제 더 이상 왕도 없고 양반도 없으며 평민, 노비도 없는 세상, 즉 자유와 평등이 어우러진 사회가 혁명으로 형성되는 것이다. 그리고 그것을 통해 주권자가 바로 우리 모두인 공화국이 탄생하게 된다. 이곳에서 정치의 원리는 주권자인 시민의 민주주의적 토론과 선거를 통해, 모두가 자유롭게 경제 활동을 전개할 수 있는 체제를 통해 안착된다는 점이 이전 봉건 사회 체제와의 차이점이다. 그것이 바로 사회혁명의 결과라고 말해도 무리는 아닐 것이다.

___기성 권위에 도전하는 혁명, 68혁명

프랑스혁명의 여파는 지난 200여 년 동안 계속되어 유럽에서는 노동자와 여성의 선거권 획득을 위한 투쟁으로, 아시아와 아프리카 등에서는 제국주의의 억압과 맞서며 동시에 내적인 봉건적 굴레를 벗어던지기 위한 몸부림으로 이어졌다.

우리의 경우에는 한국 근현대사 교과서에서 '4·19혁명'이라는 민주주의 혁명을 접한다. 1960년, 이승만과 자유당 정부의 부패와 부정 선거로 민주주의가 후퇴하는 현상을 목격한 이 땅의 학생, 시민들은 4·19혁명으로 일어선다. 고등학교 교과서에서는 4·19혁명이 시민의 힘으로 독재 정권을 타도한 민주주의 시민혁명이며 민주주의와 평화를 사랑하는 높은 시민 의식을 보여준 사건이라 서술하고 있다. 즉, 민주주의의 발전을 향한 우리 국민들의 열망이 4·19혁명을 통해 독재 정권을 무너뜨렸으며, 이 혁명으로 새로운 시대를 향한 우리 민족의 힘찬 발걸음이 시작되었다고 평가한 것이다. 이것은 당시 서울대 문리대 학생회가 발표한 4·19혁명 선언문에 압축적으로 표현되어 있다.

상아의 진리탑을 박차고 거리에 나선 우리는 질풍과 같은 역사의 조류에 자신을 참여시킴으로써 지성과 진리, 그리고 자유의 대학 정신을 현실의 참담한 박토에 뿌리려 하는 바이다. (중략) 민주주의와 민중의 공복이며 중립적 권력체인 관료와 경찰은 민주를 위장한 가부장적 전제 권력의 하수인으로 발 벗었다. 민주주의 이념의 최저의 공리인 선거권마저 권력의 마수 앞에 농단되었다. 언론·출판·집회·결사 및 사상의 자유의 불빛은 무식한 전제 권력의 악랄한 발악으로 하여 깜박이던 빛조차 사라졌다.

이처럼 독재 권력으로 인해 당시 주권자인 국민의 선거권마저 제대로 행사될 수 없는 상황에서 민주주의를 실현하기 위해 4·19혁명은 발생한 것이다.

우리의 4·19가 1960년대 민주주의를 위한 혁명의 서막을 장식했다면 세계사적으로는 1968년 프랑스 파리에서 미국, 일본, 체코 등까지 동시 다발적이고 연속적으로 일어난 '68혁명'을 통해 사회와 문화 영역에 대한 자유로운 도전이 일어나고 있었다.

68혁명이 의미를 가지는 이유를 고등학교 사회 교과서에서 찾아보자. 위에서 언급한 프랑스혁명은 사회 교과서의 '시민 사회의 발전과 민주 시민' 부분에 등장한다. 그리고 프랑스혁명 다음으로는 유럽에서 선거법 개정을 통한 시민들의 참정권 확대가 이루어졌음이 소개되고, 이후 곧바로 현대 사회의 시민 운동으로 넘어간다. 시민 운동 관련 부분에서는 환경 운동, 반핵 운동 등 다양한 시민 운동을 소개하며 오늘날 시민들이 사회 발전의 주체로 참여하고 있음을 강조하고, 그 예로 그린피스의 활동을 제시하기도 한다.

그러나 프랑스혁명 이후 200년이 훨씬 지난 현재 펼쳐지는 다양한 시민 운동을 19세기의 선거법 개정 운동 이후 도식적으로 소개하는 것에는 역사적인 비약과 무리가 따른 것으로 보인다. '시민'이 역사의 주인이 되는 과정을 소개하려면 프랑스혁명에서 현대 사회의 시민 운동으로 직행하는 과정에서 역사적 연결 고리의 역할을 했던 세계사적인 사건을 몇 가지 제시하는 것이 선행되어야 할 것 같다. 68혁명은 그 한 예가 될 수 있다. 실제 유럽에서 여성, 반핵, 환경 운동 등의 시민 운동은 '68혁명'의 당사자들과 그 정신을 이어받은 이들에 의해 꽃피워졌기 때문이다.

68혁명은 우리에게 그리 낯선 존재가 아니다. 지금도 지하철을 타면 대학생이나 고등학생들이 흔히 입는 반팔 T셔츠에 크게 그려진 체 게바라▶의 얼굴, 그리고 몇 년 전에 우리나라에서도 일어났던 '안티 미스코리아 대회', 데리다▶의 해체주의▶ 등 최근에 인문학을 풍미한 포스트모더니즘의 열풍 속에도 68혁명이 다양한 그림자로 남아 있음을 우리는 확인할 수 있다.

그렇다면 1968년에 세계적으로 무슨 일이 있었던 것일까? 가장 큰 이슈는 베트남 전쟁이었다. 한국도 군부대를 파견했던 베트남 전쟁은 당시 공산화되고 있던 베트남과 이를 저지하려는 미국과의 전쟁이었다. 당시 미국 사회에서는 베트남전을 반대하는 대대적인 반전 평화 운동이 전개되고 있었다. 한편 동유럽에서는 '프라하의 봄', 즉 소련의 간섭을 벗어나기 위한 체코의 민주화 운동이 벌어지고 있었다. 그리고 이런 분위기에서 68혁명을 대표하는 운동이 프랑스 파리에서 5월부터 불붙기 시작한다.

체 게바라(Ernesto Guevara, 1928~1967)_ 아르헨티나 출신의 쿠바 정치가·혁명가. 쿠바 혁명을 이끌었으며 볼리비아에서 게릴라 부대를 조직하고 혁명 활동을 펼치다 사로잡혀 총살 당하였다.

데리다(Jacques Derrida, 1930~2004)_ 프랑스의 해체주의 철학자.

해체주의(解體主義)_ 서유럽의 전통적 형이상학을 비판하고 모두 상대화시킴으로써 새로운 사상을 구축하려 하였다.

사건은 의외로 '자유 연애'를 주장하는 학생들의 요구로부터 일어났다. 파리 교외의 낭테르 대학은 남녀별로 기숙사 사동이 따로 있었고 남학생이 여학생 기숙사를 방문하는 것은 까다로운 규정에 의해 제한되었다. 그로 인해 자유로운 연애를 바랐던 학생들의 불만이 증폭되어 터지기에 이르렀고, 구체적으로는 당시 프랑스 드골 정부의 정책에 반기를 들며 기성 권위와 체제에 저항하는 자유로운 혁명, 즉 68혁명이 세계적으로 퍼지게 되었다. 제2차 세계대전 이후의 베이비 붐◀ 세대, 즉 TV, 세탁기 등 가전제품의 편리와 전후 자본주의의 물질적 풍요를 누리며 한편으로는 락 음악과 같은 자유분방함을 원하는 젊은 세대가 그들의 아버지 세대가 만든 체제에 대하여 반항하기 시작한 것이다.

『살아있는 세계사 교과서』2권에서는 68혁명이 당시 동·서양 진영에서 냉전을 핑계 삼아 국민에 대한 감시와 통제를 일상화하면서 끊임없이 '외부의 적에 맞서야 한다'고 소리를 높인 국가에 대한 청년들의 저항이었다고 서술하고 있다. 그들은 인간의 가치와 이상을 우습게 여기고 물질적인 풍요만을 추구하는 기성 세대와 사회 풍조에 저항하면서 '문화적 성격'의 혁명을 함께 일으킨 것이었다. 그들은 자신들을 억누르는 모든 권위와 권력, 체제, 조직에 반대하였다. 따라서 남미에 근거지를 두고 전 세계에서 억압 받는 이들의 혁명을 위해 싸우다 볼리비아에서 죽은 체 게바라는 그들의 영웅으로 여겨짐과 동시에 68혁명의 상징이 되었다. 청년들은 또한 자유로움의 상징으로 '우드스톡'◀ 등의 록 음악을 통해 열정을 발산하기도 하고, 급진적인 사상과 자유를 실은 책이나 유인물을 펴내 자신들의 주장을 알리기도 하였다. 이러한 행위는 청년들뿐만 아니라 노동자들을 비롯하여 장애인이나 빈민 같은 사회·

베이비 붐(Baby Boom)_ 제2차 세계 대전 이후 1955년부터 1963년 사이에 태어난 세대를 일컬음.

우드스톡(Woodstock)_ 1969년 열린 록 페스티벌. 당시 45만 명의 젊은이들이 모여 기성 세대에 대한 도전, 반전, 자유 등의 메시지를 공유하며 축제를 즐겼다.

경제적 약자들이 자기 의사를 표현하고 뭉칠 수 있는 기회가 되기도 하였다. 특히 여성들은 정치와 노동 조건의 평등뿐만 아니라 사회·애정·가정의 평등도 요구하였다. 여성들은 자유 연애, 자유로운 이혼, 낙태의 권리 등을 주장함으로써 사회적 평등을 위한 새로운 여성 운동을 본격화하였다.

『1968 희망의 시절, 분노의 나날』에서는 시간 순서에 의해 당시의 상황을 좀 더 구체적으로 나열하고 있다. 우선 미국에서는 베트남전에 대한 반전 운동이 거세게 일어나 청년들이 징병을 거부하는 뜻으로 징병 소집장을 불태웠다. 여기에는 '나비처럼 날아 벌처럼 쏜다'는 세계 헤비급 복싱 챔피언 무하마드 알리도 가담하여, "나는 베트콩과는 어떤 싸움도 하지 않을 것이다"라고 선언하였다. 미국인들은 거센 반전 운동을 하면서 그들을 막아서는 경찰들의 방패와 곤봉에 꽃을 꽂으며 반전 평화 운동의 상징으로 떠올라 '플라워 세대'라는 이름을 얻기도 하였다. 프랑스에서는 드골 정부의 권위주의에 저항하는 학생들이 소르본 대학을 중심으로 저항하였고 노동자와 연대하며 자치와 저항의 깃발을 높이 치켜들었다. 일본에서도 학생들은 엘리트의 상징인 도쿄대의 야스다 강당을 점거하며 반전 운동과 함께 권위주의에 맞선 격렬한 저항을 전개하였다.

여성들 또한 '왜 여성들은 남편의 지배를 받아야 하는가'라는 문제 제기와 더불어 남성이 자유롭게 행동하는 것처럼 여성이 자유롭게 행동할 권리를 주장하였다. 또한 미국 여성들은 여성을 성적으로 상품화시키며 경쟁심을 부추기는 미스 아메리카 경연 대회에 반대하는 시위를 전개하였다.

장 뤽 고다르(Jean-Luc Godard, 1930~)_ 프랑스의 영화감독. 1960년 「네 멋대로 해라」를 발표하고 전위 영화로 분류되는 누벨바그의 대표가 되었다. 기존 연출 상식을 무시한 즉흥적 표현으로 인간 존재의 의미를 추구하였다.

리오타르(J. F. Lyotard, 1702~1789)_ 현대 프랑스 철학자. 주체의 해체, 형이상학적 철학의 분해 등을 시도하는 포스트 모더니즘 철학자.

국경 없는 의사회_ 1968년 나이지리아 비아프라 내전에 파견된 프랑스 적십자사 소속의 베르나르 쿠시네 등 의사와 언론인 12명이 1971년 파리에서 '중립·공평·자원'의 3대 원칙과 '정치·종교·경제적 권력으로부터의 자유'라는 기치로, 전쟁·기아·질병·자연재해 등으로 고통 받는 세계 각 지역의 주민들을 구호하기 위하여 설립한 국제 민간의 료구호단체.

그러나 미국의 흑인 운동가 마틴 루터 킹이 자신의 꿈을 이어가기도 전에 암살되고 또 다른 흑인 운동가 말콤 엑스도 암살 당하는 등 68혁명은 우울한 날들의 연속이기도 하였다. 소련은 탱크를 동원하여 체코의 민주화를 막았으며 각국에선 계엄령이 선포되었다.

그렇다면 68혁명이 남긴 것은 무엇일까? 예를 들어 문화면에서는 프랑스의 장 뤽 고다르◀ 등의 영화감독을 통해 새로운 영화 흐름이 만들어졌고, 지식인들에 의해 파리 8대학이 건설되며 데리다, 리오타르◀ 등에 의한 해체주의와 같은 현대 철학도 등장하게 된다. 락 음악은 이제 저항의 음악으로 자리매김하였다. 무엇보다 미국이 베트남에서 철수하고 징병제가 폐지되며 흑인에 대한 차별도 한층 사라진 결과를 볼 수 있다.

68혁명을 종합해 보면 『살아있는 세계사 교과서』에서 정리한 바와 같이 전 세계 젊은이들의 체제 저항 운동이자, 동·서양 양 진영에서 어느 정도 민주화를 이끌어 낸 운동으로 평가할 수 있다. 이후 68혁명의 이념은 노동 운동, 여성 해방 운동, 언론 운동, 반핵 평화 운동, '녹색당'과 '그린피스' 같은 환경 운동, '국경 없는 의사회'◀와 같은 인권 운동 등이 성장하는 데 밑거름이 되었다.

68혁명의 결과로 서구에서 다양한 형태의 시민 운동이 등장하였다면 우리의 시민 운동은 1987년 6월 항쟁으로 직선제 개헌을 쟁취하고 절차적 민주주의가 확보되면서 나타나기 시작한다. 시장 경제 질서와 경제 정의의 안정적 유지를 목적으로 1989년 7월에는 경제정의실천시민연합이 결성되고, 낙동강 페놀 오염 사건을 계기로 1987년 결성된 공해추방운동연합 등을 중심으로 '환경운동연합'이라는 환경 단체가 설립된다. 또한 여성의 권익 신장과 여성 운동을 지향하는 '한국여성민우회'가 같은 해에 창립되기도 하였다. 이러한 다양한 분야의 시민 운동이 우리에게는 1987년 6월 민주 항쟁의 결과로 퍼지게 되었다.

프랑스혁명을 통해 새로운 근대적 가치관과 제도가 세계적으로 퍼졌다면 그 후 지금까지 우리의 4·19혁명처럼 한 국가 내의 민주주의를 실현하기 위한 혁명과 함께, 사회적이고 문화적인 가치를 전복시키고 새로운 질서를 형성하기 위한 운동이었던 68혁명도 있었음을 우리는 확인할 수 있다.

___혁명을 어떻게 바라볼 것인가

사회 혁명을 통해 새로운 사회가 형성되는 것과는 별개로, 최근에는 우리가 받아들이는 역사적 혁명과 그 주도층이 가지는 타당성에 대해 또 다른 역사적 해석이나 주장도 등장하고 있다. 자유·평등·박애를 전파시킨 프랑스혁명의 주도 계급, 바로 부르주아 시민 계급이 우리가 알고 있는 개념과 달리 전혀 실체가 없는 모습이라는 의견이 그 한 예이다. 『고양이 대학살』을 쓴 로버트 단튼은 이 '부르주아'를 '얼굴 없는 범주'라고 표현하고 있다. 그가 보기에 프랑스혁명을 통해 역사의 무대 중앙에 당당하게 등장한 부르주아는 새로운 생산 양식의 소유자임과 동시에 근대적 이념의 주도자였다.

그러나 역사학자들이 문헌과 각종 통계 속에서 찾아낸 부르주아는 실상 '구체제의 부르주아'였다. 즉, 그들은 무엇보다도 연금이나 토지세로 살아가고 일은 하지 않았던 금리 생활자로서, 마르크스주의▶의 역사

마르크스주의_ 마르크스와 엥겔스의 유물론과 사회주의 사상을 가리킴.

서술에서 보이는 산업 부르주아 계급과는 정반대인 모습을 드러냈다.

프랑스의 산업혁명은 공장 중심으로 이루어졌던 영국의 산업혁명과는 다르다. 특히 프랑스의 기업가들의 출신 성분은 대체로 '귀족'이었다는 것에서 차이를 드러낸다. 귀족들은 전통적으로 투자해 오던 분야인 광산업과 제련업뿐만 아니라 모든 종류의 산업과 상업에 투자하였던 반면, 상인들은 귀족처럼 살기에 충분한 재산을 축적하면 사업을 그만두고 토지와 금리로 살았다. 따라서 로버트 단튼은 부르주아가 부르주아인 것은 그들이 자본주의적 생산 수단을 소유하였기 때문이 아니라 그들이 보이는 특유한 생활 양식을 발전시켜 그것을 소유했기 때문이라고 주장한 것이었다.

우리 사회에서도 혁명을 다르게 보는 해석이 최근에 나타나고 있다. 뉴라이트◂ 지식인들로 구성된 '교과서포럼'은 역사 대안교과서 시안 발표 시 4·19혁명을 '학생 운동'으로 표현해 심포지엄 장소에서 4·19 관련 단체와 몸싸움을 벌이면서 '4·19혁명'에 대한 새로운 관심을 불러일으키기도 하였다. 즉, 지금까지 고등학교 교과서에서는 4·19를 사회 각계 각층에서 나타난 민주화의 움직임이 하나로 뭉쳐져 시민의 힘으로 독재 권력을 몰아낸 '혁명'으로 서술해 왔다. 그런데 교과서포럼에서 준비하는 대안교과서 시안에는 4·19가 '학생 운동'이고 이전의 권력을 붕괴시킨 학생 운동 조직은 견제되지 않는 권력으로 등장하였다는 표현이 있어 4·19 관련 단체와 충돌을 벌이는 등 물의를 일으켰다.

몸싸움과 같은 불미스러운 일이 발생한 후 교과서포럼 측에서 "4·19를 민주 혁명으로 본다"는 의견을 발표하면서 4·19 단체와 화해를 했다는 보도도 있었다. 그러나 일부에서는 여전히 4·19 당시에는 정치 의식이

뉴라이트(new right)_ '신우익'이라는 뜻이며 한국 사회에서 진보 세력을 견제하며 안정적이고 보수적인 개혁을 추구하는 집단.

높지 않았고, '독재타도' '부정부패 척결' 등의 구호는 나왔지만 '민주주의 실현'과 관련한 문제는 구호로 나오지 않았으며, 따라서 학술적으로 4·19 학생 의거를 성공한 혁명으로 기술하기에는 어려운 측면이 있다는 주장이 존재하고 있다.

___사이버 혁명, 오픈 소스와 영화 「매트릭스」 사이에서

지금도 혁명은 억압 받는 이에게는 이상향이고, 부당한 권력과 기득권을 누리는 이에게는 금기요 두려움의 대상이다. 이처럼 혁명은 철저하게 기존의 것을 뒤집어엎기 때문에 매력적이면서도 폭력적이며 부정적이기도 하다. 그렇다면 21세기 우리에게 혁명은 어떤 의미를 가질까? 여기에서는 새로운 혁명의 단초로 리눅스▶로 대표되는 오픈 소스▶ 운동과 철학을, 그리고 영화 「매트릭스 3 - 레볼루션」▶을 제시해 보고 싶다.

먼저 『리눅스, 그냥 재미로』에서 리누스 토발즈▶는 인간은 역사적으로 세 단계를 밟는다고 하는데, 첫째는 생존을 위한 단계, 둘째는 사회 조직을 형성하고 운영하기 위한 단계, 셋째는 즐기기 위한 단계라고 한다. 혁명으로 더 나은 사회가 완성되었다면, 다음 단계로 그것은 개인과 공동체의 행복과 오락을 위한 혁명으로 옮겨간다는 것이다. 그는 헬싱키 대학에 다니면서 마이크로소프트와는 전혀 다른 혁명적인 컴퓨터 운영 체제인 리눅스를 만들고 그 코드를 공개한다. 즉, 지금까지의 지적 독점에 의한 배타적 운영과 달리 그는 리눅스를 통해 프로그래밍 설계 지도, 즉 일명 '오픈 소스'라고 불리는 소스 코드를 무료로 공개 및

리눅스(Linux)_ 1991년에 리누스 토발즈가 공개한 유닉스 기반 개인 컴퓨터용 공개 운영 체제.

오픈 소스(open source)_ 인터넷을 통해 무료로 제공된 소스 코드 또는 소프트웨어.

「매트릭스 3 - 레볼루션(The Matrix 3 - Revolutions)」_ 워쇼스키 형제가 감독한 영화 「매트릭스」의 완결편. 기계와 인간의 싸움을 중심으로 각종 철학적·종교적 요소가 가미되어 지식인들로부터도 큰 호응을 얻기도 한 액션 SF 영화이다.

리누스 토발즈(Linus Benedict Torvalds, 1969~)_ 컴퓨터에서 주로 사용되는 공개용 OS 시스템인 리눅스의 개발자. 독자적으로 제작한 리눅스의 소스 코드를 인터넷에 공개해 모든 사람이 자유롭게 사용할 수 있도록 하고, 일반인들이 직접 리눅스의 개선에도 참여할 수 있도록 하였다.

배포한 것이다. 물론 그 일은 서로 얼굴을 맞대진 않지만 이메일을 통해 지적 도전을 즐기는 이들과의 사회적 결속을 통해 이루어졌다. 리눅스 운영 체제는 누구나 무료로 이용할 수 있으며 한발 더 나아가 공개된 코드를 기반으로 프로그램을 마음대로 변형할 수도 있다. 어쩌면 이것이 21세기 혁명의 모습은 아닐까? 리눅스를 공유하는 사람들은 누군가를 지도자로 선정하고 사회 조직을 만드는 것이 아니라 개인이 즐기며 신나게 놀면서 서로가 원하는 것을 나눠 가지고 결속을 맺는 윈-윈 방식을 선택하였다. 그렇다면 혁명도 이제는 더 이상 한쪽에 의한 전복이 아니라 공존과 공유를 통한 새로운 길 찾기의 과정으로 존재할 수도 있지 않을까?

비록 영화 속 세상이지만 「매트릭스 3 – 레볼루션」에서는 또 다른 혁명의 단초를 조금이나마 엿볼 수 있을 것 같다. 기계와 인간의 싸움을 영화의 주요 내용으로 설정한 이 영화는 1편에서 3편까지 오면서 결국 한 쪽의 일방적 승리가 아니라 기계와 인간의 공존이라는 결론을 선택한다. 그것이 바로 이 영화의 부제처럼 '레볼루션(revolution)', 바로 혁명의 방식이다. 기계로 대변되는 고도의 자본주의 물질 문명의 끝없는 질주, 그 속에서 등장한 로봇은 마치 지난 세기 우리가 안고 있었던 문제를 압축적으로 보여주는 것 같다. 인간이 아닌 로봇으로 대량 생산이 가능해지고 인간은 물질적 풍요를 누린다. 그와 동시에 기계를 노예화시키고 언제든지 폐기 처분까지 할 수 있게 되자 로봇은 반란을 꾀한다. 이제 사람들은 거꾸로 기계가 만든 매트릭스라는 가상 세계에 갇혀 물질적으로 안주하고 만족하지만, 그것을 거부한 소수의 이들은 인간 세계를 위해 로봇과 대결하고 싸운다. 그런데 영화의 완결편에 등장하는 결론에서는 한 쪽의 승리가 아니라 힘의 균형, 조화를 강조한다.

'공존'. 자신만의 가치관이 진리라고 주장하며 대립으로 치닫는 오늘날, 우리가 21세기 혁명의 모습으로 받아 안아야 하는 것은 '공존'하기 위한 지혜가 아닐까. 서로 다른 인간 사회에서, 인간과 자연에서, 그리고 인간이 만들어 놓은 그 모든 것에서 어쩌면 혁명은 계속되어야 할지도 모른다. 단, 그 방법은 아마 전혀 다른 방식으로 이루어져야 할 것이다. 리눅스와 「매트릭스」의 결론처럼!

볼테르(Voltaire, 1694~1778)

프랑스의 계몽 사상가. 주요 저서로는 『캉디드』가 있다.

디드로(Denis Diderot, 1713~1784)

18세기 프랑스의 계몽주의 사상가로 백과전서파로 분류된다.

삼부회(三部會)

프랑스의 신분제 의회. 제1신분은 성직자, 제2신분은 귀족, 제3신분은 평민이 담당하였다. 영국의 의회와 비슷한 형태이지만, 왕의 결정을 승인하고 협력하는 기관으로 구제도의 상징이었다.

그린피스(Greenpeace)

1971년에 결성된 국제 환경 보호 단체로 반핵 운동 등 다양한 환경 운동을 펼치고 있다.

프라하의 봄

소련식 공산주의를 거부한 체코의 자유화 운동.

드골(Charles Andre Marie Joseph De Gaulle, 1890~1970)

프랑스의 정치인. 제2차 세계대전 당시 프랑스 망명 정부를 이끌었으며 1959년 프랑스 대통령이 되었다.

마틴 루터 킹(Martin Luther King Jr., 1929~1968)

미국의 흑인 운동가이자 목사. 비폭력 저항으로 유명하며 1964년 노벨평화상을 받았다. 1968년 테네시 주 멤피스에서 암살 당하였다.

말콤 엑스(Malcolm X, 1925~1965)

미국 흑인 운동의 급진파 지도자.

1. 우리 역사에서 근대적 의미의 혁명과 유사한 운동을 찾을 수 있다면 어떠한 것
   이 있으며 그 이유는 무엇인가?

   주제어: 동학농민운동, 갑신정변, 4 · 19 혁명, 87년 6월 민주 항쟁, 자유와 평등 등

2. 인간 사회에서 혁명이 가지는 역사적 의미는 무엇인지 생각해 보자.

   주제어: 진보, 발전, 인간다운 세상, 유토피아 등

3. 최근 한국 근현대사에서 4 · 19혁명이 재평가되고 있는 것은 시대적 흐름과도
   무관하지 않을 것이다. 현재 4 · 19에 대한 평가가 엇갈리는 이유는 무엇인지
   생각해 보고, 자신이 생각하는 4 · 19의 역사적 의미는 무엇인지 논해 보자.

   주제어: 경제적 발전, 탈정치화, 정치적 보수화, 절차적 민주주의, 실질적 민주주의 등

게으른 것은 사회적 악인가?

검색! 교과서

　　산업혁명의 결과로 가내 수공업 대신에 공장제 기계 공업이 발달하여 근대 자본
주의가 확립되었다. 생산력의 비약적인 증가로 새로운 공업 도시가 나타나 농업
사회가 산업 사회로 바뀌고 산업 자본가들의 힘이 크게 증대하였다.

　　한편, 인구가 도시로 모여 들자 주택, 위생 등 여러 가지 도시 문제가 나타났고,
저임금과 부녀자 및 미성년자의 취업 등 노동 문제가 큰 사회 문제로 등장하였다.
산업 자본가와 임금 노동자의 두 계급이 출현하여 대립하게 되었으며, 자본주의를
비판한 사회주의가 등장한 것도 바로 이 때였다.

– 세계사 6부 4장(금성출판사)

모든 일을 게을리 하세.

사랑하고 한잔 하는 일만 빼고,

그리고 정말 게을리 해야 하는 일만 빼고.

- 『게으를 수 있는 권리』 중에서

___노동은 신성한 것

매달 첫째·셋째 주 토요일 퇴근 시간이면 집에 가는 길이 험난(?)하다. 학교는 주 5일 근무제가 아직 부분적으로 시행이라 정오는 되어야 퇴근하는데, 이때쯤이면 주요 간선도로는 벌써 나들이 차량으로 막혀 있기 때문이다.

우선 '주 5일 근무제'라는 용어에 대한 정정부터 하고 이야기를 해 나가야겠다. 하종강 한울노동문제연구소장은 『미디어 오늘』에 기고한 글에서, 우리가 흔히 알고 있는 '주 5일 근무제'라는 표현은 대한민국 육법전서 그 어디에도 없는 말이라며 노동법상의 정확한 표현은 '주 40시간 노동제'임을 강조하였다. 하루 기준 노동 시간이 8시간이니 5일을 곱하여 40시간인 것이다. 우리나라는 1989년부터 주 44시간 근무제를 시작한 후 2004년 7월부터 단계적으로 주 40시간 근무제를 도입하였다. 2007년 7월에는 50인 이상 사업장, 2008년 7월에는 20인 이상 사업장으로 '주 40시간 노동제'가 확대될 예정이다.

노동은 우리가 최소한의 생계를 유지할 수 있는 기본적인 수단이다. 그러나 지나친 장시간의 노동은 산업혁명기에 나타난 것처럼 인간의 삶을 피폐하게 만들기도 한다. 인류는 18세기 후반에 증기 기관과 같은 기계의 발명으로 대량 생산이 가능해지자 자본주의의 급격한 발전을 목격하면서 '이제 좀 더 여가를 즐길 수 있을 것'이라는 낙관론과 '기계가 인간의 일자리를 빼앗게 되었다'는 비관론을 동시에 내놓았다. 이러한 비관론을 뒷받침하기라도 하듯이 영국에서는 19세기 초반에 기계 파괴 운동인 '러다이트 운동'◀이 일어나기도 하였다.

산업혁명으로 인간의 노동 시간과 강도는 인류 역사상 전례 없이 치솟았다. 당시 유럽에서 남자 노동자는 하루당 최소 12~15시간 정도 일하였고 여자와 어린아이들도 14시간 정도의 살인적인 노동을 감내해야만 했다. 그렇지만 당시 근대 사회에서 노동은 자본주의의 발전과 더불어 '신성한' 종교적 가치로 추앙되었고, 그에 반해 일하지 않는 '게으름'은 윤리적으로 죄악시되었다.

당시 종교 개혁으로 등장한 칼뱅파 신교에서는 예정설과 함께 노동은 신성한 것으로, 부자가 되는 것은 은총으로 합리화하였다. 세계사 교과서에서는 막스 베버의 『프로테스탄티즘의 윤리와 자본주의 정신』의 일부를 다음과 같이 소개하고 있다.

> 신이 크리스트교도에게 바라는 것은 그들이 사회에서 맡은 일을 열심히 하는 것이다. (중략) 그들은 부 그 자체를 목적으로 하는 것이 사악하다고 여기면서도 직업 노동의 결과로 부자가 되는 것을 신의 은혜로 여겼다. 더 중요한 것은 끊임없이 세속적 직업 노동을 조직적으로 해 나가는 것을 최고의 금욕적 수단으로 삼고, 또 그것을 올바른 신앙에 대한 확실한 증거로 여긴다는 것이다.

여기서 단순히 산업혁명기의 기계 발명만으로는 설명되지 않는 자본주의적 부의 축적 과정과 노동의 신성함이 '신의 은총', 즉 종교적으로 뒷받침되었음을 확인할 수 있다. 이제 더 이상 조그마한 농토에서 자신의 생계를 유지하며 안락한 농가적 삶을 꾸리는 것은 불가능해졌다. 이 농토엔 검은 연기의 공장이 들어섰고 부를 향한 욕망으로 사람들은 노동에 집착하였다. 그러나 대다수의 노동자들은 해가 뜨면 농사를 지으러 가던 그전까지의 생체 리듬과 달리, 정해진 시간에 출근해야 하고 세분화된 작업 공정과 컨베어 벨트의 속도에 자신을 맞춰 기계 부품처럼 일하다 피곤한 몸을 이끌고 집으로 돌아가게 되었다.

___근대적 노동의 의미

영화 「모던 타임스」▶에서 주인공을 맡은 찰리 채플린은 이 새로운 노동의 현장을 생생한 연기로 보여준다. 컨베어 벨트 공장에서 하루 종일 나사못 조이는 일을 하는 찰리는 그러한 단순 작업의 결과 눈에 보이는 모든 것을 조여 버리는 강박증으로 인해 결국 정신병원 신세까지 지게 된다. 똑같은 동작으로 미친 듯이 바쁘게 나사를 조여대지 않으면 어느새 컨베어 벨트는 불량이 될 부품을 옮겨 가고, 옆에 있는 동료는 "빨리 조이지 않고 뭐 하느냐"며 다그친다. 사회학자 이진경은 『근대적 시·공간의 탄생』에서 "채플린처럼 나사 조이는 동작을 공장이 아닌 어떤 곳에서 그토록 반복하여 수행할 수 있느냐"고 묻는다. 채플린은 화장실에 드나들 때에나 경찰에 쫓겨 공장으로 들어올 때에나 시간 체크기를

「모던 타임스(Modern Times)」_ 1936년 찰리 채플린이 감독 및 주연을 맡은 미국 흑백 영화. 자본주의 체제에서 일어나는 인간성 무시 등을 고발하였다.

누르는 것을 잊지 않는다. 사회학자 이진경은 「모던 타임즈」에서 채플린이 정신이 이상해진 후에도 시간 체크기를 누르는 일을 잊지 못하는 장면을 보여줌으로써, 산업혁명 이후 근대 사회에서 이루어진 노동에 대한 통제를 이 영화가 예리한 묘사와 풍자로 보여주고 있다고 평한다.

인간이 하루 24시간을 일해도 물건 하나를 만들까 말까 하는 상황이었던 것이 기계 발명으로 인해 대량 생산 체제가 가능한 상황으로 바뀌었다면 인간의 노동 시간이 줄어드는 것이 당연하지 않을까? 그런데 어떤 이유로 거꾸로 10시간을 훌쩍 넘어서는 노동이 산업혁명기부터 20세기까지 이어졌을까? 그리고 이런 노동이 합리적인 것일까? 여러분은 채플린과 같은 노동자들이 컨베어 벨트에서 나사못 조이는 일을 마치고 나서며 이런 말을 한 것을 혹시 들어본 적은 있는가?

> 나는 육체 노동을 즐긴다. 그것은 내가 인간의 가장 고귀한 임무를 수행하고 있다고 느끼게 하기 때문이다. 또한 인간이 이 지구를 얼마만큼 변화시킬 수 있을까 생각하면 즐겁기 때문이다. 내 몸이 주기적인 휴식을 요구하는 건 사실이므로 최선을 다해 채워 넣어야 하겠지만, 아침이 오고 내게 만족감을 불러일으키는 노고의 현장으로 다시 돌아갈 때만큼 행복한 순간은 없다.

영국의 철학자 러셀은 『게으름에 대한 찬양』에서 이 글을 옮기며 위와 같이 말하는 노동자를 지금까지 단 한 번도 만난 적이 없다고 잘라 말한다. 일은 오로지 생계에 필요한 수단이라고 사람들이 생각하기 때문이다. 더 나아가 폴 라파르그*는 그의 저서 『게으를 수 있는 권리』에서 노

폴 라파르그(Paul Lafargue, 1842~1911)_ 프랑스의 사회주의 운동가이자 이론가.

동자들 스스로 노동에 대한 사랑, 일에 대한 격렬한 열정 등으로 노동이 선(善)이라는 맹목적인 믿음을 가지고 있다고 비판하였다.

우리 헌법도 '근로의 의무'를 규정하고 근로의 능력이 있는데도 근로하지 않는 사람에 대해서는 생활 보호의 혜택을 주지 않겠다는 선언적인 표현을 담고 있다. 그런데 이를 비판하다니, 과연 어떤 논리로 이것이 가능한 것일까?

___게으름의 역사

무엇보다 근대 이전의 역사에서 노동은 노예의 것이거나 어쩔 수 없이 해야 하는 것일 뿐이었다. 대부분의 사람들에게 중요한 것은 '여가'와 축제였기 때문이다. 그리스 로마 시대에 뛰어난 철학자들이 나올 수 있었던 것도 그 시대에는 힘겨운 육체 노동을 담당하는 노예 계급이 있었기 때문이다. 세계사 교과서를 보면 특히 로마인의 생활에서 노예는 꼭 필요한 존재로, 가정에서 온갖 가사 노동을 담당하였고 심지어 아동 교육을 담당하는 교사 역할도 맡았다. 또한 농사와 목축, 광업 등 주요 생산 부문에도 많은 노예가 이용되었다. 헤로도토스▶의 『역사』에서는 "그리스인들은 노동을 경멸하고 이는 다른 민족도 마찬가지이다"라고 적고 있다. 또한 로마인들은 농업과 군 복무만을 고귀하고 자유로운 직업으로 간주했다. 플라톤▶은 『공화국』에서 "인간의 본성을 타락시키는 구두장이나 대장장이가 거주할 공간은 전혀 존재하지 않는다"고까지 말하며 노동을 신랄하게 비난하기도 하였다. 이렇듯 고대 철학자들은 노

헤로도토스(Herodotos, B.C.484?~B.C.425?)_ 그리스 역사가. 키케로가 '역사의 아버지'라고 불렀다. 페르시아 전쟁사를 다룬 『역사』를 썼다. 『역사』에는 일화와 삽화가 많이 담겨 있으며 서사시와 비극의 영향을 받은 것으로 여겨진다. 그리스인 최초로 과거의 사실을 시가가 아닌 실증적 학문의 대상으로 삼았다.

플라톤(Platon, B.C.429?~B.C.347)_ 그리스의 철학자로 소크라테스의 제자였다. 영원불변의 개념인 이데아(idea)를 통해 존재의 근원을 밝히고자 했다.

동에 대한 경멸을 가르치며 노동은 자유인을 타락시킬 뿐이라고 설파한 것이다. 그렇다면 그들이 찬미한 것은 무엇일까? 그것은 노동과 대척점에 있는 '게으름'이었다.

고대 그리스와 로마에서는 자유인과 노예 모두 115일의 공휴일을 지켰고 이집트에서는 나일강의 순환기가 있어 반 년 동안은 거의 일을 하지 않았다고 한다. 근대 이전의 사람들, 특히 농민들의 경우는 해가 뜨면 일어나 밭을 갈고 해가 지면 잠자리에 드는 것이 일상이었다. 그들에게 단순 노동과 초과 업무, 생산량 초과 달성, 업무 성과표 등이란 있을 수 없었다. 오히려 그들과 함께했던 것은 음주가무를 동반한 축제였다. 중세인들은 땅의 기쁨을 향유하고 사랑을 나누고 쾌활한 게으름의 신을 찬미하기 위해 향연을 벌일 여유가 있었던 것이다.

중요한 것은 게으름이 단지 일부 귀족이나 산업혁명기의 부르주아 같은 부자들에게만 주어지는 것은 아니라는 점이다. 기계의 발명으로 인간은 당연히 노동 시간을 줄이고 참된 게으름을 누릴 수 있었다. 그것은 경제적인 논리를 따져 봐도 당연한 것이었다. 애덤 스미스가 찬양한 '핀 공장의 분업'을 떠올려 보자. 애덤 스미스는 핀 공장에서 핀을 제조할 때 한 사람은 철사를 잡아 늘리고, 다음 사람은 철사를 곧게 펴고 자르는 등으로 분업을 하게 되면 대량 생산이 가능함을 설파하였다. 그런데 여기에 기계가 도입되면 더욱 엄청난 양의 핀이 생산됨은 불문가지이다. 즉, 우리가 쓰고도 남을 만큼 재화가 생산되는 것이 근대 산업혁명의 혜택이라면, 그만큼 노동 시간이 줄어드는 것과 더불어 단지 수동적 소비가 아닌 행복을 위한 여가 생활은 당연한 것이다.

영국의 자유주의 철학자 버트런드 러셀은 『게으름에 대한 찬양』에서

버트런드 러셀(Bertrand Arthur William Russell, 1872~1970)_ 영국의 논리학자·철학자·수학자·사회사상가. 논리학자로서 19세기 전반에 비롯된 기호논리학의 전사(前史)를 집대성하였으며, 철학자로서는 그 경력이 길고 다룬 주제가 다양할 뿐 아니라 입장도 다양하게 변천하였다.

다음과 같은 예를 든다. 어떤 시점에서 일정한 수의 사람이 핀 만드는 공장에서 일하고 있다고 가정해 보자. 그들은 하루 8시간 동안 일해서 세상이 필요로 하는 만큼의 핀을 만들어 낸다. 그때 누군가가 같은 인원으로 전보다 두 배의 핀을 만들어 낼 수 있는 기계를 발명한다. 그러나 그 세계에서는 핀을 두 배씩이나 필요로 하지 않을 뿐더러, 핀 값은 이미 너무 떨어져 버려서 더 이상 낮은 가격으로는 팔 수도 없다. 따라서 핀 생산에 관계하는 모든 이들의 노동 시간을 8시간에서 4시간으로 조정하는 것이 당연하고, 그렇게 되면 모든 것이 종전처럼 잘 굴러갈 것이라고 그는 생각했다. 마르크스주의자인 폴 라파르그도 이와 비슷한 예를 들며 노동 시간 단축을 주장한다. 숙련된 여공은 1분에 바늘로 5개의 망사밖에 만들지 못하지만 뜨개질 기계는 같은 시간에 3만 개를 만들어 낸다. 따라서 이 기계가 1분 동안 작업하는 것은 여공이 100시간 동안 노동하는 것과 같고, 이는 다시 말해 기계가 단지 1분 동안만 망사를 생산해도 여공은 10일간 쉴 수 있다는 것을 의미한다.

그러나 현실은 어떠한가? 핀 공장의 노동자들은 여전히 8시간씩 일하고, 핀은 자꾸만 남아돌게 된다. 또한 기계가 발전하여 전례 없이 놀라운 속도와 정확성으로 인간의 노동을 대신하고 있지만, 노동자들은 예전에 가졌던 여가 시간을 더 연장하기는커녕 기계와 경쟁하기라도 하듯 작업 강도를 배가하고 있을 뿐이다. 이러한 상황은 결국 '공황'이라는 상황으로 귀결됨을 러셀과 라파르그는 공통적으로 지적하고 있다. 과잉 생산으로 창고에 상품은 쌓이고 결국 기업은 파산하며 노동자들은 직장에서 내쫓겨 실업자가 된다. 상품 과잉과 구매자의 부족 때문에 일어난 공황 속에서 집단 해고와 굶주림은 악순환을 반복하고 결국 제값을 받지 못한 상품들의 시장을 찾아 아시아와 아프리카로 침략해 간다는 것이 라파르그의 날카로운 설명이다. 우리는 역사 속에서 제국주의라는 형태로 이를 접하게 된다. 그리고 그 끝은 제1, 2차 세계대전과 같은 전쟁이었다.

___과잉 노동의 재앙

그렇다면 이 과잉 노동과 공황을 막기 위한 방법은 무엇인가? 러셀과 라파르그는 입을 모아 이야기한다. "우리 모두 게을러지자!"라고 말이다. 그렇다면 구체적인 방안은? 바로 3시간 혹은 4시간으로 노동 시간을 단축하는 것이다.

러셀은 만일 사회를 현명하게 조직해서 매우 적정한 양의 제품만 생산하고 보통 근로자가 하루 4시간씩만 일한다면 모두에게 충분한 일자리가 생겨날 것이고 실업도 없을 것이라고 주장하였다. 누군가 – 특히 부자들이 –"가난한 사람들은 그렇게 많은 여가가 주어지면 어떻게 사용해야 할지도 모를 것"이라고 반박할 것에 대비, 그는 문명과 교육에 의해 현명하게 여가를 이용하는 것이 가능하다고 강조하였다. 즉, 노동 시간을 4시간으로 줄여야 한다고 해서 그것이 나머지 시간은 반드시 불성실한 일에 쓰여야 한다는 의미는 아니라는 것이다. 그는 하루 4시간 노동으로 기본적인 생활 필수품과 기초 편의재를 확보하는 한편, 남는 시간은 스스로 알아서 적절한 곳에 사용하도록 되어야 한다고 주장하였다. 이렇게 하면 노동으로 받은 스트레스와 피로를 일거에 해소할 수 있다는 것이다. 왜냐하면 필요한 일만 함으로써 기력을 소모하는 일 없이 여가를 즐겁게 보낼 수 있기 때문이다.

그는 더 나아가 사람들이 스트레스를 해소하고 피로를 풀기 위해 수동적이고 무기력한 오락거리만 찾지는 않을 것이고, 적어도 전체 시간의 1%는 뭔가 유용한 것을 추구하는 데 바칠 것이라고 예견하였다. 더나아가 여가로 행복한 생활을 즐기게 된 평범한 남녀들은 보다 친절해지고, 서로 덜 괴롭힐 것이며, 타인을 의심의 눈빛으로 바라보는 일도 줄어들 것이라고 낙관하였다. 또한 전쟁을 일으키게 되면 모두가 장시간의 가혹한 노동을 해야 할 것이므로 4시간 노동으로 전쟁도 사라질 것이라고 하였다.

라파르그는 좀 더 과격하게 '일할 권리'가 아니라 누구든 하루 세 시간 이상을 일할 수 없도록 금지하는 철의 법칙을 만들기 위해 봉기해야 한다고 주장하였다. 인권 선언보다 천 배는 더 고귀하고 신성한 '게으를 수 있는 권리'를 선언해야만 한다는 것이다. 하루에 세 시간만 일하고, 나머지 낮과 밤 시간은 한가로움과 축제를 위해 남겨두는 습관을 들여야 한다는 것이 그의 주장이다. 단, 불특정 소수가 아니라 우리 모두가 함께 게으름을 쟁취하자는 것이다.

사실 러셀과 라파르그의 주장은 현실에서 이루어지지 않았다. 그러나 우리는 산업혁명기의 평균 하루 노동 시간이 12시간 이상이었던 참혹한 현실에서 벗어나 하루 8시간의 노동을 법정 시간으로 획득하였다는 점만은 유념해 둘 필요가 있다. 19세기 초 영국에서는 남자의 평일 근로 시간이 15시간이었고 아이들도 하루 12시간씩 일하는 것이 보통이었다고 한다. 노동 시간이 약간 긴 것 같다고 의견을 제기했을 때 일부 사람들은 "일은 어른들로 하여금 술을 덜 먹게 하고, 아이들로 하여금 못된 장난을 덜 하게 한다"며 장시간 노동을 합리화하기도 했다. 또한 유럽에서는 오늘날의 8시간보다 4시간이 많은 하루 12시간 노동이 18세기 박애주의자들과 도덕가들의 이상이었다고 한다.

그러나 1883년 영국 정부는 하루 10시간 이상의 노동을 엄격하게 금지하는 법을 통과시켰다. 그래도 영국은 전처럼 우수한 산업 국가로 남아 있었다. 이를 근거로 라파르그는 "인간의 생산성을 강화시키려면 오히려 노동 시간을 단축하고 유급 일수와 축제 기간을 늘려야 한다"고 주장하였다.

___행복을 위한 하루 3시간 혹은 4시간의 노동

그렇다면 오늘날의 '하루 8시간 노동'이라는 것은 역사적으로 어떻게 이루어졌을까? 그것은 '메이데이'라고 불리는 노동절의 역사를 통해 알 수 있다. 1889년 7월 세계 여러 나라 노동 운동의 지도자들이 모인 제2인터내셔널 창립 대회에서는 하루 8시간 노동 쟁취를 위해 투쟁했던 미국 노동자의 의지를 전 세계로 확산시키기 위해 5월 1일을 세계 노동절로 결정하고, 다음해인 1890년 5월 1일을 기해 모든 나라, 모든 도시에서 8시간 노동의 확립을 요구하는 국제적 시위를 조직하기로 결의했다.

1886년 당시 미국 노동자들은 하루 12~16시간에 걸친 장시간의 노동을 하고도 1주일에 고작 7~8달러의 임금을 받는 열악한 생활을 유지하고 있었다. 이에 미국 노동자들은 5월 1일 8시간 노동을 위해 총파업에

돌입했다. 30만의 노동자 시민이 참가한 헤이마켓 광장 평화 집회가 경찰들에 의해 폭력적으로 진압되면서 이 총파업과 운동은 세계 노동 운동 진영의 주목을 받게 된다. 결국 1890년 세계 노동자들은 "만국의 노동자여 단결하라!"라고 외치며 각국의 형편에 맞게 제1회 메이데이 대회를 치렀다. 그 이후 지금까지 세계 여러 나라에서는 5월 1일을 노동자의 연대와 단결을 과시하는 국제적 기념일로 정하여 이날을 기념하고 있다. 비록 러셀과 라파르그의 3~4시간 노동에는 미치지 못하지만 이러한 노동자들의 운동을 통해 8시간 노동은 전 세계적으로 정착된 것이다.

그 후 국제적인 추세를 보면 노동자의 삶의 질 향상을 위해 노동 시간이 지속적으로 단축되었음을 알 수 있다. 1935년에 체결된 ILO▸조약 제47호에는 각국의 주 40시간 노동제 도입과 더불어, 생활 조건의 저하를 초래하지 않는 방법으로 각국은 노동 시간을 단축해야 한다는 것이 명시되었다. 또한 1970년대 이후에는 주로 저성장 고실업 구조, 대량 실업을 극복하기 위한 정책적 대안으로 유럽을 중심으로 노동 시간 단축이 추진되기도 하였다. 프랑스에서는 대량 실업의 극복 대안으로서 주 35시간제(오브리법)를 도입, 일자리 나누기 운동을 전 사회적으로 추진하기도 하였다. 프랑스 사회노동장관 마르틴 오브리의 이름을 딴 이 '오브리법'에 의해 프랑스 정부는 줄어든 노동자들의 근무 시간을 보충하기 위해 고용을 늘리는 기업에 적극적으로 보조금을 지급하기도 했다.

한국 사회에서도 2004년 7월부터 주 40시간 노동이 시작되었다. 1997년 당시 우리의 평균 노동 시간은 주 46.7시간으로, 대부분의 주당 노동 시간이 30시간대인 OECD 가입국 중에서도 노동 시간이 가장 길었을 뿐만 아니라 아시아, 아프리카의 개발도상국을 포함해도 세계에서 8번째

ILO(International Labor Organization, 국제노동기구)_ 본부는 스위스 제네바에 있으며 노동자의 노동 조건 개선 등을 향상시키기 위하여 설치한 국제연합의 전문 기구이다.

로 긴 노동 시간을 기록하였다. 그러나 1997년 말 외환위기 및 IMF 체제를 거치며 기업의 인수 합병 등의 구조 조정으로 인해 대량 실업과 더불어 실직자, 청년 실업 등의 문제가 발생하자 노동 시간 단축을 통한 일자리 창출이 대안으로 제시되었다. 또한 삶의 질에 관한 문제 및 여가를 통한 행복 추구 욕구와 맞물려 주 40시간 노동은 이제 우리 사회에서 흔히 '주 5일 근무'라는 말로 통용되며 자리를 잡아가고 있는 모습이다.

그럼에도 불구하고 여전히 '게으름'의 화두는 함부로 꺼낼 수 없는 것이 사실이다. 가수 신해철이 결성한 그룹 N.EX.T의 1집에 실린 「도시인」의 가사처럼 여전히 우리는 "어젯밤 술이 덜 깬 흐릿한 두 눈으로 자판기 커피 한 잔"을 뽑아 들고 '회식도 근무의 연장'이라는 직장 상사의 말을 떠올리며 구겨진 셔츠와 넥타이를 다시 매야 하는 상황이다. 대부분의 일자리가 비정규직화되는 상황에서 일하지 않으면 곧 굶주림과 가정 파탄만이 기다리고 있기 때문이다. 또한 40대만 되어도 명예 퇴직이 눈앞에 닥치고, 조금만 업무 성과를 내지 못하거나 상대 기업에게 밀리면 언제든지 나와 우리 팀의 책상이 다음날이면 간데온데없이 사라질 수 있는 것이 현실의 상황이다. 여기에서 '게으를 수 있는 권리' 혹은 '여가를 위한 노동 시간 단축'을 주장하면 이기주의적인 인간으로 내몰려 네티즌의 뭇매를 맞을 뿐이다. 아직도 현대 산업 사회는 전쟁터와 다름없는 직장이다. 노랫말처럼 화이트 칼라든 블루 칼라든 "기계 부속품처럼" 일해야 하고, "집이란 잠자는 곳"이며, 그 피로를 풀기 위해 나선 주말의 나들이는 교통 체증과 혼잡으로 우리를 지치게 만든다.

러셀의 주장으로 다시 돌아가 보자. 그는 현대의 생산 방식은 우리 모두가 편안하고 안전할 수 있는 가능성을 열어 놓았지만 여전히 한쪽 사람들에겐 과로를, 다른 편 사람들에겐 굶주림을 주는 어리석은 방식을 선택하고 있다고 탄식한다. 단순한 게으름이 아니라 다음과 같은 희망 사항을 위해 우리가 좀 더 진지한 사회적 논의를 진행한다면 러셀과 라파르그의 주장은 오늘날에도 유의미할 것 같다.

우리에게는 '가만히 멈추어 서서 바라볼 시간'이 필요하고, 어떤 사건에 참여할 때에는 어느 정도 긴장감도 느껴야 한다. 우리는 혼자 있을 시간이, 타인과 깊숙이 관계를 맺을 수 있는 시간이, 집단의 일원으로서 창조적인 일을 할 수 있는 시간이, 우리 자신의 일을 몸소 창조적으로 행할 수 있는 시간이, 우리 외부에서 주어지는 즐거움을 주체적으로 즐길 수 있는 시간이, 아무 것도 생산하지 않고 그저 우리의 모든 근육과 감각을 사용할 시간이 필요하다. 그리고 바라건대, 많은 사람이 동료들과 함께 정말 건전한 세상을 만드는 방법을 기획할 시간이 필요하다.

– 『게으를 수 있는 권리』 중에서

막스 베버(Max Weber, 1864~1920)
독일의 사회학자.

『프로테스탄티즘의 윤리와 자본주의 정신』
막스 베버의 저서. 자본주의의 정착이 종교개혁 이후 특히 칼뱅파의 예정설과 소명
의식의 결과로 이루어졌음을 설명하였다.

제2인터내셔널
1889년 파리에서 설립된 국제 공산주의 조직.

1. 아무리 '게으름'이 논리적으로나 역사적으로 타당성을 획득하더라도 게으름에 대한 사람들의 부정적 인식을 깨기는 힘들 것이다. 그럼에도 불구하고 게으름이 현대 자본주의 사회에서 노동의 소외를 막고 인간다운 삶을 누리기 위한 방안으로 인정된다면 현실적으로 어떻게 이 게으름을 실천할 수 있을지 생각해 보자.

   주제어: 노동 시간 단축, 여가 활용, 국가적 차원의 사회 보장 제도 확충 등

2. 최근 금융 노조에서 은행 업무 시간을 1시간 단축하자는 방안을 내놓았다가 네티즌의 거센 비판과 함께 여론의 뭇매를 맞았다. 그 이유는 무엇인지 알아보고 이것을 긍정적으로 평가할 수는 없는지 윗글의 내용과 함께 생각해 보자.

   주제어: 이기주의, 국민, 공공성, 서비스, 행복 추구권 등

3. 노동 시간의 단축을 통한 일자리 창출에서 가장 걸리는 문제는 '임금 보전'에 대한 논란이다. '노동 시간이 줄어들면 그만큼 임금도 줄여야 한다'는 재계의 입장과 '임금은 유지되어야 한다'는 노동계의 입장이 맞서기도 하는데 어떤 것이 좀 더 타당한지 생각해 보자.

   주제어: 비정규직 양산, 실업 문제 해결, 이윤의 극대화, 이윤의 사회 환원 등

역사의 창으로 본 문화 4부

죽음은 역사적으로 어떻게 받아들여져 왔는가? 놀이는 언제부터 시작되었는가? 보편적인 문화와 독창적인 문화는 어떻게 다른가?

죽음은 역사적으로
어떻게 받아들여져 왔는가?

검색! 교과서

_ 죽음

　농경과 정착 생활을 하게 되면서 인간은 자연의 섭리를 생각하게 되었다. 그리하여 농사에 큰 영향을 끼치는 자연 현상이나 자연물에도 정령이 있다고 믿는 애니미즘이 생겨났는데, 여기에는 풍요로운 생산을 기원하는 의미가 담겨 있다. 그 중에서도 태양과 물에 대한 숭배가 으뜸이었다. 또, 사람이 죽어도 영혼은 없어지지 않는다고 생각하여 영혼 숭배와 조상 숭배가 나타났고, 영혼이나 하늘을 인간과 연결시켜 주는 존재인 무당과 그 주술을 믿는 샤머니즘도 있었다.

－ 국사 2부 1장(교육인적자원부)

　향도는 불교와 민간 신앙 등의 신앙적 기반과 동계 조직 같은 공동체 조직의 성격을 모두 띠었다. 주로 상을 당하였을 때에나 어려운 일이 생겼을 때에 서로 돕는 역할을 하였다. 상여를 메는 사람인 상두꾼도 향도에서 유래하였다.

－ 국사 5부 3장(교육인적자원부)

간다 간다 내가 돌아간다

왔던 길 내가 다시 돌아를 간다

……

하늘로 가는 길

정말로 신나네요

– 장사익 1집, 「하늘 가는 길」 중에서

죽음이란 무엇인가? 그리고 우리가 언젠가 만나게 될 이 '죽음'을 어떻게 받아들여야 할까? 어쩌면 '죽음'은 우리가 살아가면서 가장 진지하게 생각해 봐야 할 주제이자 그와 동시에 가장 회피하고 싶은 주제일 것이다. 우리 모두는 생의 종말인 이 죽음 앞에 한 철학자의 말처럼 너무나 무력한 존재인지도 모른다. 그렇지만 이 장에서는 과거부터 있어 온 죽음을 둘러싼 문화와 역사를 살펴보며 오늘날 우리가 죽음을 어떻게 받아들여야 할지 한 번 생각해 보고자 한다. 여기에서 특히 중점적으로 살펴보려는 것은, 우리가 죽음과 마주하는 방식이 과거와 동일하며 일반적인 것인지 아니면 전혀 다른 것인지에 관한 것이다. 즉, 동·서양의 역사와 문화에서 나타난 '죽음'을 둘러싼 태도와 사고, 형식과 내용의 변화 등을 검토해 보며 오늘날 우리의 '죽음'에 대해 다시 한 번 생각해 보고자 한다.

___타나토스와 저승사자

「스쿠프」_ 2007년에 개봉된 우디 앨런 감독의 코미디 영화. 연쇄 살인 사건의 범인을 쫓는 과정을 코믹하게 그렸다.

우디 앨런 감독이 배우로도 등장하며 스칼렛 요한슨과 호흡을 맞춘 코미디 스릴러 영화 「스쿠프」는 살인자를 쫓다가 죽음을 맞이한 어느 유명 기자를 위한 장례식 장면에서 출발한다. 사람들이 그에게 최고의 애도를 표하고 있을 때, 그 기자는 칠흑 같은 어둠의 복장을 뒤집어 쓴 죽음의 신이 탄 배로 저 세상에 인도된다. 이 죽은 기자의 영혼은 이 세상에 다시 나타나며 주인공들에게 살인범이 누구인지 암시한다. 그런데 여기서 주목하고자 하는 것은 사실 '죽음의 신', 바로 '타나토스(Thanatos)'이다. 그리스 로마 신화에서 그는 어둠의 신과 밤의 여신 사이에서 태어난 신으로 '타나토스'라는 이름 자체도 '죽음'을 의미한다.

죽음의 신 타나토스는 저승을 다스리는 하데스(플루토)의 오른팔로 통한다. 한국식으로 표현하면 타나토스는 저승사자이다. 그 모양새는 검은 도포자락을 펄럭이면서 인간들 사이를 떠돌다 하데스의 명령에 따라 인간의 영혼을 저승으로 데려오는 일을 맡고 있다. 『그리스 로마 신화』를 쓴 소설가 이윤기에 따르면 이 저승사자는 손아귀 힘이 견줄 데 없이 세어서 타나토스의 손아귀 힘을 이긴 영웅은 신과 인간을 통틀어 헤라클레스밖에 없다고 한다. 딱 한 번 타나토스는 헤라클레스에게 먹살을 잡힌 채 혼이 나서, 잡으러 왔던 혼령도 잡지 못하고 빈손으로 돌아간 적이 있다는 것이다.

헤라클레스_ 그리스 신화에 나오는 영웅으로 제우스의 아들이다. 12가지 모험으로 유명하다.

서양에서는 타나토스를 통해 '죽음'을 형상화했다면 우리의 전통에서는 이승과 저승, 그리고 그 매개체인 저승사자를 통해 '죽음'을 받아들였다. 『상장례, 삶과 죽음의 방정식』에서는 우리 민족이 인간의 죽음을 전통 시대나 지금이나 마찬가지로 '육신에서의 영혼 이탈, 또는 분리'로 규정한다고 하였다. 영혼의 육신 이탈 과정은 임종 순간에 가장 절박하게 묘사되고, 이탈 당하지 않으려는 인간과 저승의 명을 받고 이승으로 '출장'을 나와서 이탈을 강요하는 저승사자의 갈등으로 그려진다는 것이다. 망자가 저승사자에게 끌려갈 때, 육신은 남고 영혼만 끌려간다. 따라서 한국적인 죽음은 이승과 저승의 관계 속에서 정립됨을 먼저 인식할 필요가 있다.

『상장례, 삶과 죽음의 방정식』에서는 '저승'의 어원도 소개하고 있다. 저승은 조선 시대 중세 국어로는 '뎌싱'으로 지시 대명사 '뎌'와 '싱'이 결합한 말이라고 한다. 이와 대립되는 '이승'이라는 말은 대명사 '이'와 '싱'이 결합한 것이다. 즉, 이승은 이곳의 삶, 저승은 저곳의 삶을 뜻한다. 따라서 저승이라는 말에는 '죽어서도 생이 있다'라는 뜻이 있으므로 우리에게는 "죽어서도 삶이 이어진다"는 의식이 자연스럽게 포함되어 있는 것이다.

그런데 비록 지리적 단절이 있기는 하지만 전체적으로 보았을 때 이승과 저승 사이에는 상호 순환 관계가 설정되어 있다. 대표적으로 '환생(還生)'을 통해 죽은 이가 우리의 삶으로 되돌아오듯이 저승과 이승은 하나이기도 하고 순환의 법칙을 밟는다. 예를 들어 조선 시대 김시습의 『금오신화』에 수록된 「남염부주지」에서는 꿈을 통해 저승으로 갔다가 다시 돌아오는 과정이 묘사되어 있다. 경주에 살고 있는 유학자 박서생이 어느 날 꿈에 남쪽 염주부(염라국)에 이르렀는데 염라대왕은 강직하며 불의에 굴복하지 않는 박서생의 기백을 장하게 여겨 염라국의 통치자인 자기 자리를 물려주어 죄인을 심판하게 한다. 꿈에서 깨어난 박 서생은 몇 달 뒤에 세상을 떠나 염라대왕의 자리를 이어받는다는 것이다. 이렇듯 영혼과 환생을 통해 우리 전통 사회에서는 삶과 죽음에 대한 환원적인 사고 방식을 가지고 있었음을 알 수 있다. 결국 인간이 살고 있는 땅과 공간으로서의 우주는 하나로 연결되어 있고, 그럼으로써 삶과 죽음은 유기성을 얻는 의미망을 가진다는 점을 이 책에서는 강조하고 있다.

___죽음은 늘 우리 곁에서 길들여졌다

스케일이 큰 우주론적 사고를 하지 않더라도 예전 사람들은 지금과 달리 죽음을 바로 옆에서 일어나는 일이자 친밀한 자연적 현상으로 받아들였다. 역사학자 P. 아리에스는 그의 저서 『죽음의 역사』에서 이를 '길들여진 죽음'이라고 명명한다.

근대 이전의 서양 사회에서 죽음에 대한 인간들의 태도를 탐구한 아리에스는 죽음에 대하여 사람들은 자신이 죽어가고 있다는 사실을 미처 깨달을 시간도 없이 죽지는 않는다고 밝히고 있다. 그가 보기에 인간이란 정상적으로는 죽음을 예감하고 있는 존재였다. 예를 들면 문학 작품 속의 돈키호테조차도 비록 망상에 갇혀 있었지만 죽음을 회피하지는 않았다고 한다. 아리에스가 보기에 돈키호테의 경우, 자신의 삶을 이미 망상속에서 소모시켜 버렸기 때문에 반대로 죽음을 예고하는 신호들이 그를 이성으로 이끌었다는 것이다. 따라서 그는 임종 직전에 대단히 온순하게 "내 조카딸아, 죽음이 다가오고 있는 것 같구나"라고 이야기한다.

돈키호테의 경우처럼, 서양의 경우 대다수 사람들은 침대에서 죽음을 기다렸다. 그리고 이 죽음은 공적으로 조직된 종교적 의식 행위였다. 그러므로 죽어가는 사람의 침실은 공적인 장소로 변해 가고 있었으며 그곳에 사람들은 위생과 상관없이 자유롭게 드나들었다. 또한 죽지 않겠다고 버티거나 하지 않고 단순하면서도 '조용히' 죽음을 받아들였다고 아리에스는 주장한다. 따라서 청산해야 할 일들은 미루지 않고 조용하게 처리하였고, 유산도 누구의 몫인지 미리 정하였다. 죽음은 가족적이고 동시에 '친숙한' 그 무엇이었던 것으로 여겨졌고, 죽음의 친숙성이란 살아있는 자들과 죽은 자들의 '공존'이었다. 아리에스가 '길들여진 죽음'이라고 명명한 것은 바로 이러한 모습이었다.

사회적 죽음, 그것은 죽은 이가 묻혀 있는 공간을 통해서도 드러난다. 『죽음의 역사』에 나오는 예를 보면 중세의 교회는 본당과 종루, 그리고 묘지를 모두 포함하고 있었다. 여기에 죽은 자들이 매장되고 있었다는 사실은 교회와 그 안뜰이 공공적인 장소로 용인되었음을 의미하는 것이기도 하다. 그래서 묘지는 어느 구역, 또는 세금 관계나 영지로서의 특권을 향유하는 가옥들의 집단을 지칭하게 되었고 '은신처'로도 사용되었다. 묘지라는 곳은 사람들이 상거래를 하거나 춤을 추는 곳 등으로 활용되며 모든 사람이 함께 어울리는 쾌락의 장소이기도 했다는 것이 아리에스의 주장이다. 따라서 영화 「셰익스피어 인 러브」▶에서 셰익스피어의 책상 위에 등장하는 해골이나 『햄릿』에서 나타나는 두개골이 우리에게 던져주는 죽음에 대한 드라마틱한 요소와 달리, 당시의 죽음은 아무런 감동도 불러일으키지 않았다. 사람들은 자신들의 죽음과 친밀해진 그 죽은 자들에게도 친밀함을 느끼고 있었기 때문이다. 죽음과의 친밀성은 자연의 질서를 수용하는 것일 뿐이었다. 아리에스의 표현처럼 우

▶「셰익스피어 인 러브」_ 존 매든 감독, 기네스 팰트로 주연의 로맨틱 영화. 셰익스피어가 사랑에 빠지며 그 과정에서 『로미오와 줄리엣』이 탄생하는 내용을 담았다.

리 모두가 죽게 된다는 생각을 근대 이전까지는 '별로 힘들지 않게 감내하고' 있었던 것이다.

___죽음에 대한 살아남은 자들의 태도, '축제'

서양의 중세에서 죽음의 공간이 '침대'였다면, 우리 역시 이와 유사하게 죽음을 맞는 가장 첫 번째 공간이 '집'이다. 『상장례, 삶과 죽음의 방정식』은 집을 누구에게나 태어나서 죽을 때까지 안식을 취하는 가장 중요한 공간으로서 주목하고 있다. 집은 평상시에만 보호자 노릇을 하는 것이 아니라 죽음 단계에서도 맡은 바 소임을 한다. 죽음 직전에 저승사자가 들어올 때 극렬하게 저항하는 신들이 바로 집안에 있기 때문이다. 예를 들면 집 안의 성주신이나 조왕신 같은 다양한 신격들 및 인간의 생명을 점지해 준 삼신은 인간을 데려오라는 임무를 받고 달려온 저승사자에 맞서 끝까지 저항하면서 그로부터 인간을 지키기 위해 최선을 다한다. 이 신들의 보호가 끝났을 때, 곧 저승사자가 이겨서 망자의 넋을 끌고 갈 때 죽음이 '성립'된다는 것이다. 안동 지방의 오구굿에서는 저승사자가 수명이 다 된 사람을 잡으러 나오면 맨 먼저 동네 골매기 수문장이 못 잡아가게 막아서며 서낭님도 막고 나선다. 저승사자가 대청으로 들어서면 성주님이 막고, 안방으로 들어서니 삼신할머니가 막고 나선다.

죽음의 공간은 더 나아가 마을이라는 사회적 공간으로 확대된다. 가족 공동체가 중심이 되는 초상을 집 안에서 치른다면 동네의 중요한 곳

조왕신_ 부엌을 맡고 있는 신

오구굿_ 죽은 사람이 생전에 이루지 못한 소원이나 원한을 풀어주고 죄를 씻어 극락하기를 기원하는 굿.

서낭님_ 마을의 수호신

삼신할머니_ 아기를 점지하는 신

에서 치르는 노제는 망자가 사회적 공간으로 나왔음을 의미한다. 상여 길은 동구를 떠남을 의미하고 이를 통해 죽음의 사회화가 이루어지는 것이다. 또한 상여를 집단으로 메는 일, 마을 안산에서 대규모 산역(山役), 즉 시체를 묻는 일 등에는 노동력이 필요하다. 이것은 개인의 죽음이 사회화되는 구체적인 증거이다. 이에 대한 구체적인 사례로『상장례, 삶과 죽음의 방정식』에서는 향도(香徒) 조직을 꼽고 있다.

고등학교 국사 교과서에 따르면 '향도'는 원래 고려 시대 불교의 신앙 조직으로 출발하였다. 주로 미륵을 만나 구원을 받고자 향나무를 바닷가에 묻는 활동을 했고 불상이나 석탑, 절을 지을 때에도 주도적인 역할을 하였다. 시간이 흐르며 점차 신앙적인 성격에서 마을 공동체의 이익을 위한 조직으로 변한 향도는 조선 시대로 이어지면서 상장례나 마을 제사 등 공동체 생활을 주도하는 농민 조직으로 발전해 간다.

구체적인 자료를 찾아보면 1398년의『태조실록』에 남아 있는 다음과 같은 자료를 볼 수 있다.

> 지금은 풍속이 날로 야박해져 있지만 오직 향도만은 아름다운 풍속을 간직하고 있다. 대체로 이웃의 상민(常民)들이 모두 모여서 회합하는데 적으면 7~9명이요, 많으면 혹 100여 명이 되며 매월 돌아가면서 술을 마시고 초상을 당한 자가 있으면 같은 향도 사람들끼리 상복, 횃불, 음식을 마련해 주거나 상여 줄을 잡아 주거나 무덤을 만들어 주며 사람들이 모두 시마복(먼 친척이 입는 상복)을 입으니 이는 참으로 좋은 풍속이다.

이러한 자료를 통해 비록 불교와 직접적으로 연관되어 있지 않지만

미륵_ 불교에서 석가모니를 이어 57억 년 후에 중생을 구제한다는 미래의 부처

향도는 상장례를 함께 하는 공동 조직으로 그대로 존속하고 있었음을 알 수 있다.

1996년에 동시에 상영된 임권택 감독의 영화 「축제」◀와 박철수 감독의 「학생부군신위」◀는 오늘날 지방에서 여전히 전통적인 방식으로 남아 있는 상장례와 얽힌 이야기를 풀어내고 있다.

영화 「축제」는 안성기가 연기한 40대의 유명작가 이준섭이 시골에 있는 노모가 돌아가셨다는 연락을 받고 장례식에 도착하면서 시작된다. 그런데 장례식날 밤이 되자 여기저기 노름판이 벌어지고 조의금을 슬쩍해서 노름을 계속하는 사람, 윷놀이를 하다 싸우는 사람들로 난장판이 된다. 소란스러운 와중에 소리하러 온 소리꾼은 만취해서 실려 나가고 발인식은 점점 더 노골적인 놀이판으로 변한다. 「학생부군신위」도 마찬가지로 잔칫집같이 떠들썩한 한국의 상갓집 풍경을 사실적으로 묘사하고 있다. 시골 노인 박씨의 죽음을 계기로 그전까지 적막했던 시골집은 돼지를 잡는 등 갑자기 활기를 띠며 잔칫집처럼 분주해진다. 상갓집은 읍내 다방의 마담과 비디오 가게의 주인까지 모여들면서 한바탕 난장판으로 변한다.

이렇듯 두 영화는 모두 인간의 죽음을 탄생과 더불어 '축제'로 여기는 전통적인 한국적 정서를 담고 있다. 조선 시대 민중에게 공동체적 생활이었던 향도의 상장례 방식은 이렇게 오늘날까지 그 흔적이 남아 있는 것이다. 여기에서 우리는 죽음이 오로지 비통하고 엄숙한 것만은 아니라는 점을 알게 된다. 그 자리에서는 죽음과 축제의 열린 만남이 이루어지고 있었기 때문이다.

예전에 황해도에서는 생여돋음(상여돋음)을 하며 놀았다고 하는데, 『상장례, 삶과 죽음의 방정식』에서는 이를 잘 묘사하고 있다. 해가 져서

「축제」_ 1996년에 개봉한 임권택 감독, 안성기 주연의 한국 영화. 지금도 남아 있는 우리의 전통적 장례식을 소재로 하였다.

「학생부군신위」_ 1996년에 개봉한 박철수 감독의 한국 영화. 시골집 초상을 통해 오늘날까지 남아 있는 우리의 장례식 문화와 이를 둘러싼 인간 군상을 그렸다.

밤이 이슥해지면 풍물을 치며 빈 상여를 메고 집집을 도는데 놀이 잘 하는 사람을 태우고 우는 시늉, 상제 시늉, 재산 나누는 시늉 등으로 마을 사람들을 울고 웃긴다. 상가에서는 이들에게 돈을 내주고, 닭을 잡아 술 대접을 하는데, 술을 가져오면 안주를 내라는 식으로 아주 짓궂게 굴기도 한다. 황해도의 생여돋음과 함께 진도의 다시래기, 경북의 빈 상여놀이, 충북의 대드름, 충남의 호상놀이, 경기도의 상여놀이 등 한국의 각 지방마다 장례 문화는 하나의 놀이판이자 축제였음을 증명하는 사례가 많다는 점을 이 책은 밝히고 있다. 이런 예들을 통해 장례식이 단순하게 죽음을 애도하는 가족만의 통과 의례를 넘어서 공동체적인 단합과 축제 문화로 이어졌음을 우리는 확인할 수 있는 것이다.

또 다른 예로 앞서 잠깐 소개한 장사익의 노래 「하늘 가는 길」처럼 상두꾼 행렬과 상두가 등의 노래 역시 죽음을 축제로 만든다. 상두가는 우리나라 사람들의 죽음을 대하는 정서를 가장 잘 드러내 주는 원초적 풍습이다. 함께 어울려 마시고 놀면서 죽음의 슬픔을 털어 내는 행위에서는 죽음에 대한 한국적 달관의 경지마저 엿보인다는 의견도 있다. "하늘로 가는 길, 정말로 신나네요"라는 장사익의 노래 마지막 부분처럼 죽음은 두렵고 먼 것이 아니라 우리 곁에 있는 친숙한 어떤 것처럼 느껴지는 측면이 있는 것이다. 이것 모두 고려 말 조선 초부터 분화를 거듭한 향도에서 비롯하였다.

한편 죽음은 또 다른 화해를 이끌어 내기도 한다. 우리의 무속 신앙에서 오구굿은 죽은 사람의 영혼을 위하여 일정 기간 안에 하는 굿이다. 어느 시골 마을 할머니가 꿈에서 저승사자를 보게 되자 씻김굿을 통해 이승의 한을 풀고, 저승 갈 채비를 한다는 전통해학극인 이윤택의 「오구」라는 연극과 영화를 통해 오구굿은 대중에게도 알려져 있다. 이 굿은 원래 죽은 사람이 생전에 이루지 못한 소원이나 원한을 풀어주고 죄업을 씻어 극락 천도를 기원하는 무속 의식이다. 각 지방마다 명칭이 달라 전라도에서는 씻김굿, 서울 경기 황해도에서는 지노귀굿, 함경도에서는 망묵이굿이라 하며 그 구성이나 형식에도 차이가 있다. 중요한 점은 죽은 사람과 산 사람 사이에 화해가 이루어지고, 이승에서의 모든 연이 끊겨 죽은 사람의 영혼이 다시는 이승을 떠돌지 못하도록 하려는 사람들의 바람과 무속적 신앙이 오구굿에 반영되어 있다는 것이다.

그런데 이렇게 공동체적이고 친숙한 우리의 죽음이 마을에서 결정적으로 분리되기 시작한 것은 일제 시대를 거치면서부터라고 한다.『상장례, 삶과 죽음의 방정식』에서는 일제 강점기 시절 조선총독부가 1912년 식민지 경영의 일환으로 '묘지 화장장 매장 및 화장 취체 규칙'을 반포하면서 개별적인 매장보다는 화장과 공동묘지 사용이 권장되기 시작했다고 전한다. 이제 묘지는 인가가 없는 외진 곳, 도시 외곽 등에 자리 잡음으로써 사람들의 삶의 공간과 분리되었다. 이것은 묘지에 대한 부정적 인식을 더욱 가중시키는 원인이 된다. 즉, 마을 안산에 묘지가 선산 형태로 안착함으로써 삶의 공간인 마을 안에서 산 자와 죽은 자가 공생하던 관계는 끝나고 산 자와 죽은 자의 공간이 분리된 것이다.

조선총독부(朝鮮總督府)_ 1910년부터 1945년 광복까지 한반도를 식민 통치한 일본 제국주의의 기관.

___현대인의 피안처, 병원

그렇다면 오늘날 현대 산업 사회에서 죽음은 어떻게 받아들여지고 있을까? 우리 대부분은 이제 침대나 집 안이 아닌, '병원'에서 죽음을 선고받는다. 역사학자 아리에스는 이것을 '야성적인 죽음' 혹은 '거친 혁명으로서의 죽음'이라고 불렀다. 그 이유에 대해 아리에스는 "경제와 산업, 기술 등이 고도로 발전하며 물질적 풍요와 생명 연장을 통해 인간은 지금 현재의 행복과 사랑을 중시하는 경향을 보이기 때문"이라고 말하며 그래서 인간은 그 반대로 죽음을 망각하기도 하고 금기로 여기게 되었다고도 지적하였다.

특히 20세기 미국의 고도 경제 성장으로 인해, 그전까지는 '친숙하게 옆에서 지켜볼 수 있었던' 죽음이 이제는 의사와 진료팀의 결정을 통해 '획득된' 기술적 현상으로 나타나기 시작했다. 즉, 이제 병원에서의 죽음은, 부모와 친구들이 모여 있는 가운데 죽어가는 자가 주도하던 의례적인 의식이 아니라는 것이다. 더구나 대다수의 경우 죽어가는 자는 상당히 오래 전에 병으로 인해 의식을 잃게 되고 사람들은 병원에서 이 현상을 목격하면서도 진짜 죽음이란 무엇인지, 즉 의식을 잃었을 때가 진정한 죽음인지 아니면 마지막 호흡이 멈추었을 때가 그러한 것인지를 완전히 알지 못하게 되었다고 한다. 따라서 죽음을 둘러싼 여러 문화적 관습과 사회적 관행이 사라지고 죽은 자를 둘러싼 사람들 또한 더 이상 그 죽음을 수 주일 동안 혹은 더 오래 기다리려는 힘과 끈기를 점차 잃어버리게 되었다고 주장하였다.

이제 사람들은 점점 더 집에서 죽는 경우가 줄어드는 대신, 병원에서 죽는 경우가 증가하게 되었다. 그래서 병원은 '현대적인 죽음의 장소'라는 것이 아리에스의 주장이다. 병원에서의 죽음이란 유족들이 받아들이거나 감내할 수 있는 것이어야 하고 의사와 간호사들은 가능한 한 오래도록 가족에게 그 사실을 알려 줄 순간을 지연시켜야 할 뿐 아니라, 그것을 환자 본인에게 조금이라도 알려 주는 것을 혐오하는 경우가 생기게 된다고 그는 말한다. 왜냐하면 의료진 자신이 죽음과 관련된 일련의 감정적 반응에 개입함으로써 환자나 그 가족들처럼 자제력을 잃지나 않을까 하는 두려움이 들기 때문이다. 즉, 죽음을 말하고 인정하는 것은 옛날의 일상 생활과 같은 것이 아니었다. 아리에스가 보기에 죽음은 이제 더 이상 예전의 아름다운 규칙성, 즉 최초의 예고와 최후의 작별을 수 시간 동안 분리하는 규칙성을 지니지 않는다. 의학의 발달은 그 시간을 끊임없이 연장하였고 어떤 의미로는 주변 사람들이 그 시간을 단축할 수도 있고 연장할 수도 있게 되었다는 것이다. 따라서 죽음의 시간은 병원에서 의사의 의지와 병원의 시설, 가족의 재정 상태에 의해 좌우될 수도 있게 되었다고 한다.

현대 사회에서 죽음은 후퇴했다. 이것이 아리에스의 결론이다. 그래서 죽음은 집을 떠나 병원으로 갔다. 이제 죽음은 일상의 친숙한 세계에서는 존재하지 않는다. 현대인은 충분히 그리고 가까이서 죽음을 보지 못함으로써 죽음을 망각했다. 죽음은 '야성적인' 존재로 낯설어졌다는 것이다. 환자 입장에서 보면 이제는 예전과 달리 지쳐 있는 친척들과 이웃들의 보살핌보다 더 효과적인 기술적 지원의 혜택을 누리고 있지만, 과연 그가 적절히 치료를 받아 수명이 연장되었음에도 불구하고 자연스럽게 죽음을 받아들이고 자신의 존재를 주변과의 관계 속에서 친밀하게 끝맺을 수 있는지 아리에스는 의문을 제기하였다.

___ 백남준과 한글고비, 그리고 장자

　그렇다면 오늘 우리는 '죽음'을 어떻게 받아들여야 할까? 여전히 전통적인 상장례가 남아 있기도 하고 종교적 형태의 장례, 병원에서의 죽음, 화장을 통한 장례식 등이 뒤섞인 것이 오늘날의 우리가 받아들이는 '죽음'의 모습이다. 여기에서는 세 가지 예시를 통해 '죽음'을 어떻게 받아들일 것인지 좀 더 생각해 보도록 한다.

　먼저 지난 2006년 1월에 타계한 비디오 아티스트 고 백남준▶의 장례식의 경우를 살펴보자. 피아노와 바이올린을 부수며 기존 미술계의 관념을 뒤집은 전위 예술가, 혹은 비디오 아트라는 새로운 미술 분야를 개척한 예술가로 우리는 백남준을 기억한다. 지난 2006년 2월 그를 기리기 위한 뉴욕의 장례식에서는 조문객들이 또 하나의 퍼포먼스, 즉 넥타이를 끊어 던지는 행위로 그를 추모했다. 언론에 따르면 먼저 가위를 든 사람은 비틀스▶의 멤버 존 레논▶의 부인으로 잘 알려진 행위 예술가 오노 요코▶였다. 참석자들은 가위질한 넥타이들을 유해 위에 공손히 올리며 삶과 예술의 경계를 허물던 고인에게 걸맞은 작별 인사를 보냈다. '넥타이 자르기'는 1960년 백남준이 그의 스승이자 동료인 전위음악가 존 케이지에게 들이댄 퍼포먼스였다고 한다. 넥타이가 남근(男根)과 권위의 상징이라면 백남준은 살아서 스무 살이나 연상인 선배 예술가 존 케이지의 넥타이를 자르며 전위 예술계에 발을 내디뎠고, 이것을 장례식에서 조문객들이 재연한 것이다. 백남준의 장례식은 예술적 퍼포먼스로 가득 찬 하나의 '축제'가 되었다. 그것은 또한 고인을 추억하고 애정과 추도의 감정을 전하는 방식이기도 했다.

백남준(白南準, 1932~2006)_ 비디오 아티스트. 비디오 아트를 예술 장르로 편입시켰으며 비디오 예술의 창시자로 불린다.

비틀스(The Beatles)_ 1960년대를 풍미한 영국 출신의 록 그룹. 존 레논, 폴 매카트니 등의 멤버로 「Yesterday」 등 다수의 유명한 곡을 남겼다.

존 레논(John Winston Lennon, 1940~1980)_ 비틀스 멤버로 음악인이자 반전·저항·평화운동가로도 알려져 있다. 「Imagine」 「Power to the people」 등 많은 노래를 남겼다.

오노 요코(小野洋子)_ 존 레논의 부인이자 일본 출신의 전위 예술가. 반전·여성 운동가이기도 하다.

두 번째로는 지금도 남아있는 서울 노원구 하계동의 '한글고비(古碑)'에 새겨진 글씨이다. 원래 이 비석은 조선 중종 때 승문원(承文院) 관원을 지낸 이윤탁(李允濯, 1462~1501)과 신씨(申氏) 부인을 합장한 묘비로 막내 아들인 이문건이 그 옆면에 무덤과 비석의 훼손을 경계하는 한글을 새겼다. 그 글의 내용은 다음과 같다.

녕흔비라거운사루모지화룰니브리라 이논글모루논사룸두려알위노라

그 내용을 살펴보면 "이 비석은 신령스러운 비이니 이를 건드리거나 거스르는 사람은 재화(災禍)를 입을 것이라. 이는 글 모르는 사람에게도 알리노라"라는 뜻으로 타인이 혹여라도 부모의 비석과 묘를 훼손하는 것을 막기 위하여 새긴 것이다. 이 한글고비는 훈민정음 반포 후 90여 년이 지난 뒤에 세워진 것으로 당시의 한글 어법(語法)을 보여주는 자료로서 한글 석문(石文) 가운데 가장 오래된 예라고 한다. 그러나 무엇보다 중요한 것은 이 글 전체에 담겨 있는 아들 이문건의 구구절절한 마음이다. 우리가 그 마음을 이해할 수 있다면 오늘날의 죽음을 받아들이는 태도에 대해 생각하는 데 조금이나마 보탬이 되지 않을까 싶다.

마지막으로 중국의 고대 도가 사상가인 장자◀와 관련된 두 가지 '죽음'을 소개한다. 장자의 부인이 죽어 친한 친구인 혜시(惠施)◀가 장자를 조문하러 왔다. 그런데 장자는 흐느끼고 괴로워하지 않고 돗자리에 앉아 대야를 두드리며 노래를 부르고 있었다. 이를 본 혜시가 당황해하며 장자에게 "평생을 같이 살고 아이까지 낳은 아내의 죽음을 당했는데 어떻게 그럴 수가 있느냐"고 따졌다. 그러자 장자는 다음과 같이 말했다고 한다.

장자(莊子, B.C.369~B.C.289?)_ 중국 제자백가 중 도가 사상가. 무위 자연을 주장한 범신론적 사상가이다.

혜시(惠施, B.C.370?~B.C.309?)_ 중국 전국 시대 송나라 사상가. 명가 중에서 궤변에 뛰어났다고 한다.

아내가 죽었을 때 내가 왜 슬프지 않았겠는가? 그러나 다시 생각해 보니 아내에게는 애당초 생명도 형체도 기(氣)도 없었다. 유(有)와 무(無)의 사이에서 기가 생겨났고, 기가 변형되어 형체가 되었으며, 형체가 다시 생명으로 모양을 바꾸었다. 이제 삶이 변하여 죽음이 되었으니 이는 춘하추동의 4계절이 순환하는 것과 다를 바 없다. 아내는 지금 우주 안에 잠들어 있다. 내가 슬퍼하고 운다는 것은 자연의 이치를 모른다는 것과 같다. 그래서 나는 슬퍼하기를 멈췄다.

한편 장자의 임종에 즈음하여 제자들은 그의 장례식을 성대히 치를 것을 의논하고 있었다. 이것을 들은 장자는 "나는 천지로 관(棺)을 삼고 일월(日月)로 연벽(連璧)을, 성신(星辰)으로 구슬을 삼으며 만물이 조상객(弔喪客)이니 모든 것이 다 구비되었다. 무엇이 더 필요한가?"라고 말하면서 그 의논을 즉시 중단하게 했다. 이에 제자들은 깜짝 놀라 매장을 소홀히 하면 까마귀와 솔개의 밥이 될 우려가 있다고 말했다. 그러자 장자는 "땅 위에 있으면 까마귀와 솔개의 밥이 되고, 땅 속에 있으면 벌레와 개미의 밥이 된다. 까마귀와 솔개의 밥을 빼앗아 땅 속의 벌레와 개미에게 준다는 것은 공평하지 않다"고 말했다. 이처럼 세속의 가치관과 관습에서 벗어난 자연적이고 우주론적인 장자의 죽음에 대한 생각, 그것 또한 우리가 되짚어볼 만하다.

모쪼록 이 세 가지의 죽음에 대한 예시가 자신 및 우리 주변의 죽음에 대해 깊이 있는 성찰을 할 수 있는 단초가 되었으면 한다.

김시습(金時習, 1435~1493)

조선 전기의 학자로 단종의 죽음과 관련된 생육신의 한 사람이다. 어려서부터 천재로 불렸고 유 · 불 · 도에 통달하였으며 한국 최초의 한문 소설 『금오신화』를 지었다.

『금오신화(金鰲新話)』

김시습이 지은 한문 소설로 「만복사저포기」, 「이생규장전」, 「취유부벽정기」, 「용궁부연록」, 「남염부주지」 등 5편이 수록되어 있다.

돈키호테(Don Quixote)

1605년 세르반테스가 발표한 소설의 제목이자 주인공. 돈키호테는 중세 시대 기사처럼 세상의 부정과 비리를 뿌리 뽑고자 여행을 떠나며 현실에서 과대망상 등으로 좌충우돌한다.

『햄릿』

셰익스피어가 쓴 비극작. 아버지를 죽이고 어머니와 결혼하며 왕이 된 삼촌에 대한 복수를 꿈꾸는 햄릿의 고뇌와 그 과정을 보여주는 비극이다. 마지막에는 햄릿을 포함한 대부분의 주인공이 죽음을 맞이하게 된다. 복수하기 위해 고뇌하는 햄릿의 "죽느냐 사느냐, 그것이 문제로다"라는 대사가 유명하다.

성주신

집터를 지키고 보호하는 신.

한글고비

서울유형문화재 제27호로 조선 시대 이윤탁의 석비이다.

1. 죽음이 하나의 끝 혹은 단절이 아니라 현재와 미래의 삶과 이어지고 순환한다
   는 사고 방식이 과연 오늘날에도 유의미한 것인가?

   주제어: 죽음에 대한 성찰, 현재에 대한 반성, 느린 삶 등

2. 오늘날의 장례 문화는 과연 '축제'의 성격을 여전히 가지고 있는가? 그렇지 못
   하다면 그 이유는 무엇인가?

   주제어: 현대 사회, 편의주의, 속도주의, 죽음에 대한 부정적 견해, 삶에 대한 강한 애착 등

3. '죽을 수 있는 권리', 안락사는 현재 우리나라에서는 불법이다. 그러나 유럽 및
   우리나라에서도 이 안락사에 대한 논쟁은 여전히 뜨겁다. 이에 대한 자신의 의
   견은 무엇인지 정리해 보자.

   주제어: 부도덕한 의료 살인, 죽을 권리, 개인의 선택권, 행복추구권, 고통 경감 등

2

놀이는 언제부터 시작되었는가?

__ 놀이

부여의 풍속에는 영고라는 제천 행사가 있었다. 이것은 수렵 사회의 전통을 보여 주는 것으로 12월에 열렸다. 이때에는 하늘에 제사를 지내고 노래와 춤을 즐겼으며, 죄수를 풀어 주기도 하였다.

- 국사 2부 2장(교육인적자원부)

기원전 6세기경에 이오니아 지방에서는 자연 철학이 발달하였다. 기원전 5세기경에는 아테네에서 소피스트들이 수사와 변론을 가르치며 진리의 주관성을 강조하였다. 그러나 소크라테스는 이들에 반대하여 보편적 진리의 존재를 주장하였으며, 플라톤은 초월적인 이데아에 바탕을 둔 이상 국가를 구상하였다. 아리스토텔레스는 논리학을 비롯한 광범위한 학문을 체계적으로 정리하였다.

- 세계사 2부 4장(금성출판사)

___윷놀이와 제천 행사

대부분의 사람들에게 '논다'라는 말은 긍정적인 느낌보다 부정적인 느낌으로 받아들여진다. 다들 열심히 밥벌이를 위해 땀을 흘리는데 누군가는 '논다'면 그 사람은 비난의 화살을 면치 못할 것이다. 그런데 사실 우리는 매일매일 '논다.' TV를 보든, 고스톱을 하든, 말잇기를 하든, 스포츠를 하든 인간은 여전히 '놀이'를 하면서 살고 있기 때문이다. 일하면 일할수록 우리는 역설적이게도 놀이를 추구한다. 아이들도 서로에게 "공부하자"가 아니라 "놀자"라는 말을 건네면서 사귀기 시작하고, 어른이 되고 늙어서도 자신만의 놀이에 빠진다. 노랫말에서조차 "노세노세 젊어서 노세"라고 하지 않는가. 인간의 본질은 이성이나 감성이 아닌 '놀이'라고 이야기하는 학자도 있다. 놀이 안에 그 모든 것이 포함되어 있고 인간의 역사와 함께 놀이가 시작하여 지금까지 함께했다는 것이다. 그렇다면 이처럼 사람들을 사로잡고 열광하게 만드는 '놀이'의 본질은 무엇일까?

우리의 대표적 민속 놀이인 윷놀이의 기원은 부여에서 유래한다. 부여는 고조선의 뒤를 이어 등장한 고대 왕국으로 사극 「주몽」의 역사적 배경이 되는 국가이기도 하다. 이 부여는 만주 송화강 유역에 위치하였고 백성들은 농사와 수렵 활동을 통하여 생활을 영위하였다. 그런데 부여에는 윷놀이의 '도·개·걸·윷·모'처럼 왕 아래에 가축의 이름을 딴 마가, 우가, 저가, 구가로 불리는 관리들이 있었다. 마가는 '말', 우가는 '소', 저가는 '돼지', 구가는 '개'를 상징하니, 이는 각각 윷판에 등장하는 도·개·걸·윷·모가 상징하는 동물과 합치됨을 알 수 있다.

『한국사 이야기』에서는 도는 돗가로 저가를, 개는 개가로 구가를, 윷은
유가로 우가를, 모는 말가로 마가를 표시한다고 신채호의 뜻풀이를 인
용하여 설명하고 있다. 윷놀이에서는 정해진 말밭(말판)을 하나하나 지
나서 먼저 나는 쪽이 이긴다는 것을 잘 알 것이다. 모는 가장 많은 다섯
말밭을 뛴다. 역사학자 이이화는 이 책에서 "모는 가축 중에서 말을 나
타내는 것이므로 마가를 나타낸다"고 설명한다. 따라서 마가가 제가 중
에서 가장 윗자리에 있고 또 중요한 권한을 지니고 있다. 그 아랫자리들
은 말밭을 각기 하나에서 넷까지 뛴다. 한가운데의 말밭을 뱅이라고 하
는데 이는 임금의 자리이다.

　이런 상징적인 동물들은 부여의 농경 사회의 모습을 반영하고 있다.
마가에서 구가까지 이 관리들은 저마다 따로 행정구획인 사출도를 다스
리고 있었고 그 권력 또한 막강하였다. 이 사출도는 원래 '사방으로 길
을 낸다'는 뜻이라고 하니, 마치 윷판처럼 가운데 왕이 있고 나머지 네
모서리에 사출도가 위치한 것이라고 머릿속에 그림을 그리면 될 듯하
다. 그런데 부여의 왕은 광개토대왕이나 무열왕처럼 강력한 힘을 가지
고 있던 것이 아니어서 가들이 왕을 추대하기도 하였고, 수해나 한해를
입어 오곡이 잘 익지 않으면 그 책임을 왕에게 묻기도 하였다. 어쨌든
이러한 지식들을 바탕으로 보면 윷놀이를 하나의 정치적 상징이나 당시
힘의 역학 관계를 보여주는 놀이로 해석할 수도 있을 듯싶다.

　한편 부여의 풍속 중에는 영고라는 제천 행사가 있었다. 수렵 사회의
전통을 보여주는 이 행사는 12월에 열렸는데, 이때에는 하늘에 제사를
지내고 노래와 춤을 즐겼으며 죄수를 풀어주기도 하였다. 제천 행사란
하늘을 숭배하고 제사하는 의식으로, 대부분 농사의 풍요와 성공적인

수렵 활동을 기원하는 것이다. 이것으로 우리는 음주가무의 전통이 원시 시대부터 제천 행사와 더불어 시작되었음을 알 수 있다. 우리나라의 제천 행사는 고구려의 동맹이나 삼한의 5월·10월 계절제, 동예의 무천 등으로 이어진다.

___순수한 놀이에 깃든 인간의 속성

인간의 본질을 '놀이'로 파악한 호이징하는 그의 저서 『호모 루덴스』에서 이러한 원시 사회에서의 제천 의식에 대해 '놀이의 원시성'이라고 표현하였다. 어떤 형태의 제사 의식이든 그 안에는 하나에 열광하거나 몰두하는 힘이 내재되어 있기 때문이다. 성스러운 의식은 '울타리가 쳐진' 놀이 공간 속에서 사람들에 의해 하나의 축제로서 놀아진다. 호이징하는 이를 "환희와 자유스러운 분위기 속에서 놀아지는 것"이라고 설명하면서, 또다시 신성한 놀이철이 돌아올 때까지 그 의식을 집행한 집단에게 안전과 질서와 안녕을 약속해 주는 것이라 하였다.

고대 중국의 전설에 의하면 가무(歌舞)의 목적은 천하를 바른 길로 이끌고 자연이 인간을 위해 자비를 베풀도록 하는 데 있다고 한다. 그해의 풍농은 계절제 때 행해지는 경기 시합에 달려 있으며, 만약 그러한 모임이 이루어지지 않으면 곡식이 익지 않는다고 했다. 따라서 원시 사회에서는 그 본질이 진실하게 이해된 순수한 의미의 놀이 정신에 입각, 세상의 안녕을 위해서 신성한 의례, 봉헌, 희생 의식, 신비 의식 등이 치러졌다. 문명 생활의 위대한 원동력들 – 법과 질서, 상업과 소득, 공예와 예

호이징하(Johan Huizinga, 1872~1945)_ 네덜란드의 역사가. 『중세의 가을』과 『호모 루덴스』의 저서로 명성을 얻었다. 특히 『호모 루덴스』에서 인간을 이성적인 동물이 아닌 '놀이하는 인간'으로 규정하여 주목을 받았다.

『호모 루덴스』_ 호이징하의 저서. 놀이가 문화 속에서 발생하는 것으로, 문화를 상위 개념으로 보던 통념을 깨고 '문화는 처음부터 놀이에서 출발한다'는 주장으로 놀이 자체에 무게를 두는 주장을 내놓았다. 놀이 속에 숨겨진 인간의 본성과 사회성 등을 설명한 책으로 유명하다.

술과 시, 학문, 과학 등 - 의 기원이 신화와 의식 속에 있는 것이다. 이 모든 것이 놀이의 원시 토양 속에 뿌리박고 있다는 것이 호이징하가 주장하는 내용이다.

___운명을 쥐고 흔드는 신의 장난, 주사위 놀이

윷과 비슷한 놀이로 동서양에서 흔히 찾아볼 수 있는 것에 주사위 놀이가 있다. 통일 신라 시대의 왕과 진골 귀족들은 안압지라는 연못에서 주사위를 굴리며 풍류를 즐겼다. 이곳에서 출토된 주사위는 참나무로 만든 여섯 개의 사각형과 여덟 개의 삼각형으로 이루어진 14면체의 것이다. 『손 안의 박물관』에서는 이 주사위를 일명 '목제주령구(木製酒令具)'로 부르는데 그 이름에서 드러나듯이 각 면에 삼잔일거(술 석 잔을 한 번에 마시기), 음진대소(술을 다 마시고 크게 웃기), 임의청가(마음대로 노래를 청하기), 농면공과(얼굴을 간지럽혀도 가만히 있기), 공영시과(시 한 수 읊기) 등의 글귀가 새겨져 있음을 전한다.

미학자 진중권의 『놀이와 예술 그리고 상상력』에서는 정육면체로 된 주사위가 이란이나 이집트, 인도 등 고대 문명지에서 발견되었고 중국에서는 수·당나라 때에 정육면체 주사위 두 개를 이용한 '쌍륙(雙六)'이라는 놀이가 널리 행해졌음을 소개하고 있다. 당나라 현종은 양귀비와 쌍륙을 즐겼고, 우리나라에서도 고려 시대와 조선 전기에 비슷한 놀이가 행해졌다는 기록이 남아 있다. 김시습이 지은 『금오신화』의 「만복사저포기」에서도 주인공 양생은 부처와 저포(樗浦 : 쌍륙)로 내기를 하여 미인을 얻었다.

　서구의 주사위 놀이는 그리스에서 시작되었다고 한다. 본격적으로 주사위 놀이가 행해진 것은 로마 시대로, 루비콘 강을 건너며 카이사르가 남긴 유명한 말인 "주사위는 던져졌다"를 떠올려 본다면 로마인의 주사위 놀이가 일상화되어 있었음을 알 수 있다. 진중권은 『놀이와 예술 그리고 상상력』에서 이 주사위 놀이로부터 철학적 질문과 논쟁을 끄집어내어 사유를 확장하고 있다. 우선 "주사위는 던져졌다"는 말은 카이사르가 운명을 거부하지 않고 적극적으로 받아들였다는 뜻이다. '운명'과 더불어 살았던 고대인들에게 삶은 놀이, 때로는 목숨을 건 위험한 놀이였다. 체스 놀이가 하나의 필연적 법칙으로 움직이는 이성과 같은 존재라면 주사위는 삶에서 우연히 만나는 운과 같은 존재라고 볼 수 있다.

　호이징하는 절대적이고 고유한 질서가 놀이터 안을 지배한다고 이야기한다. 그에 따르면 놀이는 질서를 창조하지만 질서 그 자체이기도 하다. 놀이는 불완전한 세계와 혼돈된 삶 속에 일시적이고 제한된 완벽성을 가져다 준다. 또한 놀이는 절대적이며 최고인 질서를 요구하므로, 그것에 조금이라도 어긋나면 '경기를 망치게 된다.' 그렇게 되면 놀이의 특성은 사라지고 놀이는 무가치해진다는 것이다.

　그렇다면 여기에서 놀이를 통한 질문을 던져 본다. 주사위와 체스 놀이로 대변되는 우리의 세계는 필연적인 법칙에 따라 움직이는가, 아니면 우연에 따라 진행하는가? 진중권은 자신의 책에서 "예부터 대다수의 철학자들은 우연을 싫어했다"고 말한다. 그들은 우연처럼 보이는 현상들 속에서 필연적인 법칙을 발견하려 했다는 것이다. 하지만 그가 보기에 철학의 이단아들은 달랐다. 가령 '초인'을 설파한 독일의 철학자

니체는 '현존재의 거대한 주사위 놀이'에 대해 언급한 바 있으며 현대 프랑스의 철학자 들뢰즈 또한 다시 우연을 사고하였다고 전한다. 즉, 철학도 주사위 놀이에 끼어들기 시작했다는 뜻이다.

놀이에서 나타나는 필연적인 법칙과 어떻게 될지 알 수 없는 우연의 세계의 대립, 이 논쟁은 과학에서도 계속된다. 18세기 수학의 선구자인 라플라스는 "어떤 시점에서 온 우주를 구성하는 입자의 위치와 속도를 알 수 있다면 우주의 장래를 완벽하게 예측할 수 있다"고 단언했다. "세상은 자연 법칙에 한 치도 어긋남이 없이 움직이기 때문에 현재의 상태를 정확히 안다면 미래는 저절로 결정된다"고 했던 뉴턴 이래 근대 과학의 '필연적 법칙성'을 자신만만하게 말한 것이다. 아인슈타인도 "신은 주사위 놀이를 하지 않는다"라고 말하고 이를 거들었다. 우주의 사건들은 필연적인 법칙으로 연결돼 있어, '우연'이 끼어들 여지가 없다. 우연을 허용하는 양자역학은 이론의 불완전성을 보여줄 뿐이라는 것이다.

그러나 『20세기 사람들』에서 소개하고 있는 하이젠베르크는 이에 대해 반론을 제기한다. 그의 '불확정성 원리'가 등장하면서 '우연'의 반격이 시작된 것이다. 양자역학에 따르면 모든 관찰에는 우연이 개입된다. 그렇다면 우주의 인식은 대략적, 즉 확률론적일 수밖에 없다는 결론이 나온다. 하이젠베르크는 1927년 전자와 같은 소립자의 세계에서 위치를 결정하면 속도를 알 수 없고, 속도를 알면 위치가 불분명해지는 불확정성이 원리적으로 존재한다는 이론을 발표했다. 이 이론에 따르면 사람을 포함한 모든 물체가 소립자들로 이뤄져 있는데 소립자가 '불확정'이라면 그것들로 구성되는 모든 물질도 그 밑바탕에는 불확정의 요소가 깔리게 된다는 것이다. 『20세기 사람들』에서는 그 예로 '그릇에 담긴 물의 온도를 정확하게 잴 수 있는가'라는 질문을 던진다. 결론부터 말하면 아무리 정밀한 온도계를 가지고 있어도 물의 정확한 온도는 잴 수 없다. 온도계를 담그는 순간 온도계 자체의 영향을 받아 아주 미미하게나마 물의 온도는 달라져 버리기 때문이다. 이와 유사하게 외딴 작은 마을에 들어간 인류학자의 연구나 자체에 저항이 들어 있는 전류계를 이용한 전류 측정 등 '관찰자'로 인해 관찰의 결과가 바뀌는 예는 얼마든지 들 수 있다.

그런데 문제는 일상 경험 세계에서 이런 불확정성의 정도가 매우 미미하다는 것이다. 이를테면 과녁에 총알을 쏠 때 우리는 불확정성을 걱정할 필요가 없다. 그러나 주사위 놀이로 촉발된 과학적 소립자의 세계에서는 다르다. 관찰이란 대상 물체에서 튕겨 나온 빛의 알갱이가 우리 눈으로 들어온다는 것을 뜻한다. 그러나 광자와 충돌한 전자 등 소립자는 어디론가 튕겨 나가게 마련이다. 아무리 정교한 기계를 쓰더라도 그것이 어디로 갈지를 정확히 알아내는 것은 원리적으로 불가능하다는 것이 불확정성 원리이다. 따라서 어떤 입자가 어떤 시각에 어떤 지점에 있을 확률은 몇 %라는 식으로밖에 표현할 수 없다. 이 때문에 아인슈타인은 끝내 양자역학을 받아들이기를 거부하면서 "하느님은 주사위 놀이를 하지 않는다"고 말했다는 것이다. 이 주장에 대해 닐스 보어▶ 같은 이는 "신이 주사위 놀이를 하든 안 하든 그것은 당신이 알 바 아니다"라며, 반대로 "왜 신이 주사위 놀이를 하는지 생각해 보라"고 권했다고 한다.

이런 과학적인 논쟁의 어떤 면에는 놀이적인 모습도 있다. 과학자들 스스로가 만든 규칙적인 방법론과 학설, 분석과 체계를 세우는 모습이

닐스 보어(Niels Henrik David Bohr, 1885~1962)_ 덴마크의 물리학자로 원자 모형 연구에 양자론을 결합, 원자의 구조와 원자 스펙트럼을 밝혀냈다. 이후 핵반응을 설명하는 액적모형을 제출, 증발이론으로서 핵반응론의 출발점을 세우기도 하였다. 미국의 핵폭탄 연구인 '맨해튼 계획'에도 참여하였다.

마치 서로 세운 규칙에 따라 놀이를 하는 모습과 흡사하기 때문이다. 어쩌면 논쟁도 수수께끼 놀이 같은 것은 아닐까? 호이징하는 자신의 책에서 만약 우리가 공간, 시간, 목적의 특정한 한계 내에서 고정된 규칙에 따라 일어나는 활동이 바로 놀이라는 정의를 과학에 적용한다면, 모든 과학과 학문이 여러 가지 형태의 놀이에 불과하다는 결론도 가능하다고 주장하였다.

___조선 시대에 널리 퍼진 놀이 문화

부여의 윷놀이와 통일 신라의 주사위 등의 놀이는 조선 시대에 이르러 활짝 꽃피었다. 성리학의 양반 사회에서 놀이와 도박이 가능했다는 것은 한편으로 당대 사회의 이면이 어떠했는지를 알 수 있게 하기도 한다. 우선 양반 사회 내부에는 윷놀이와 비슷하게 말을 사용하여 놀았던 종정도(從政圖)와 남승도(覽勝圖)라는 놀이가 있었다. 종정도는 사대부가의 남자 아이들이 관직에 대한 꿈을 키우던 놀이이고, 남승도는 서울을 떠나 팔도강산을 돌아본 다음 다시 서울로 되돌아오는 노정을 빨리 마치는 쪽이 이기는 놀이이다.

『소대헌·호연재 부부의 사대부 한평생』에서 소개하고 있는 이러한 놀이를 좀 더 살펴보자. 먼저 '정치에 종사하는 도표'라는 뜻의 종정도는 '벼슬 올라가는 도표'를 놀이판으로 활용한 것이다. 양반 집안에서는 어릴 때부터 벼슬에 대해 체계적인 지식을 익혀주기 위해 사내아이들에게 이 놀이를 장려했는데, 문과는 붉은색, 무과는 푸른색, 남행은 노란색 등으로 말의 색을 구분했다. 그 다음부터는 자기 출신의 칸에서 벼슬을 시작하는데, 윤목을 굴려서 나온 숫자만큼 승진했다. 문과 출신은 영의정, 무과 출신은 도원수까지 올라가면 이겼다. 중간에 파직(罷職)이나 사약(賜藥)이라는 위험도 있어 '긴장감'도 넘친다. 군졸은 아무리 출세해도 한계가 있었으니, 이 놀이를 하면서 조선 사회의 신분 제도를 몸으로 느낄 수 있다고 이 책의 저자 허경진은 전하고 있다.

남승도는 유람 명승도의 준말로, '명승지를 유람하는 도표'로 풀이된다. 윤목이나 주사위를 던져서 그 숫자만큼 명승지를 찾아다니는 놀이로 서울 숭례문에서 출발하여 팔도강산을 둘러본 뒤에 가장 먼저 숭인문(동대문)으로 돌아오면 이긴다.

이런 양반들의 점잖은 놀이와 달리 조선의 뒷골목에서는 도박이 성행하였다. 정약용은 『목민심서』에서 지방관들이 도박에 탐닉하는 것을 경계하며 다음과 같이 말했다.

> 요즈음 유행하고 있는 것은 바둑, 장기, 쌍륙, 투패(투전), 강패(골패), 척사(윷놀이)이다. 『대명률』에 '모두 장(杖) 80에 처한다'고 한 것은 어떤 놀이를 막론하고 재물을 걸고 도박한 자는 장 80에 처한다는 것이다. 무릇 놀이로써 재물을 취하는 자는 그 형률이 모두 같은데 오직 바둑은 천한 자들이 하는 일이 아니니 구분이 있어야 할 것 같다.

도박은 양반, 상민이 가리지 않고 즐기던 것이었다. 실학자 연암 박지원도 예외는 아니어서, 『열하일기』에는 연암이 밤에 역관·비장배와 투전판을 벌여 돈을 따고 득의양양하는 장면이 있다. 『조선의 뒷골목 풍경』의 저자 강명관은 이 외에도 양반 사회에서 투전의 유행은 놀라울 정도였다고 주장한다. 다산은 앞서 인용했던『목민심서』에서 "재상·명사들과 승지 및 옥당 관원들도 이것으로 소일하니 다른 사람이야 말해 무엇 하겠는가. 소나 돼지 치는 자들의 놀이가 조정에까지 밀려 올라왔으니 역시 한심한 일이다"라고 한탄한 바 있다고 한다. 이들이 도박에 골몰했다는 사실은 양반에 대한 우리의 상식적 기대, 즉 유가 이데올로기로 똘똘 뭉친 금욕적 자기 절제가 생활화된 양반의 모습과 영 딴판이다.

여기에서 좀 더 들어가면 도박의 원리 중 하나인 '불확실성'을 떠올리게 된다. 앞서 보았듯이 불확실성은 우연으로 연결된다. 강명관은 "도박은 불확실한 미래에 운명을 맡긴다는 의미를 지닌다"고 설명하고 있다. 결국 인간은 필연과 확실성을 추구하지만, 인간의 삶을 결정하는 것은 우연과 불확실성이라고나 할까? 그것이 도박의 세계관이라는 것이다.

___자발적으로 행하는 즐거움의 극치, '놀이'

그렇다면 놀이란 무엇일까? 때로는 우연과 필연이 교차하고 순간의 긴장감과 규칙, 경쟁이 오가는 놀이의 속성은 무엇일까? 인간을 '호모 루덴스'로 규정한 호이징하는 놀이는 어떤 고정된 시간과 공간의 한계 안에서 수행되는 그리고 자유롭게 받아들여진, 그러나 절대적 구속력을 갖는 규칙에 따라 수행되는 자발적인 행위 또는 일로서 그 자체의 목적이 있는 것이라 정의하였다. 그는 또한 그것에는 어떤 긴장감과 즐거움이 따르며 '일상 생활'과는 '다른 것'이라는 의식이 따르는 것이라고 덧

붙였다.

어린 아이도 기어 다니고 걸음마를 배울 때에는 마냥 웃으며 즐거워한다. 노름꾼이 노름을 할 때에는 밥 먹는 것조차 잊으며 그것에 도취된다. 축구 시합에서 사람들은 자신이 훌리건▶이 되건 붉은 악마▶가 되건 상관없이 열광한다. 이렇게 사람들은 일차적으로 재미를 추구하면서 놀이에 몰두한다. 그리고 무엇보다 놀이는 자발적인 행위이므로, 즐거워지고 싶은 욕구가 있을 때에만 놀이가 가능해진다. 또한 어린아이가 병원 놀이를 하고 역할 놀이를 하는 것처럼 놀이는 결국 삶을 준비하고 가꾸어 주며 그것을 확대시킨다는 점에 호이징하는 주목한다. 즉, 인간은 놀이를 통해 공동 생활의 이상을 추구하고 만족시킬 수 있다는 것이다.

또한 놀이는 철학적 탄생을 동반한다. 호이징하는 4~5살 되는 아이들이 던지는 질문들, 즉 '왜 사람은 죽는가?' '왜 물은 흐르는가?' '왜 우주는 생겼는가?'와 같은 질문들이 기본적으로 '왜'라는 것에 기초하고 있음에 주목한다. 여기에서 우리는 원시 시대부터 있었던 '수수께끼'라는 성스러운 게임을 떠올리게 된다. 오이디푸스가 스핑크스▶와의 내기에서 이긴 것도 수수께끼를 풀었기 때문이고, 소피스트나 소크라테스의 화술도 기본적으로는 수수께끼라는 놀이의 형태를 띠고 있다.

홀리건(hooligan)_ 영국에서 축구 응원을 하다 난동을 부리는 이들을 일컫는 말.

붉은 악마_ 1995년에 결성된 한국 축구 국가대표팀 응원단.

스핑크스(Sphinx)_ 이집트에서 사람의 얼굴과 사자의 몸을 하고 수수께끼를 내서 맞히지 못하는 사람을 잡아먹는 괴물이다. 태양신의 상징으로도 알려져 있으며 현재 이집트 카프레 왕의 피라미드에 딸린 스핑크스가 가장 크고 오래된 것이라고 한다.

___철학의 탄생, 수수께끼 놀이

서양 철학은 이 수수께끼의 방식에서부터 출발한다. 『함께 가보는 철학사 여행』에 따르면 그리스 철학은 "이 세상 만물의 근본(그리스어로는 '아르케(arkhe)'라고 함)이란 무엇인가?" 혹은 "이 세상은 어떻게 생겨났는가?"라는 물음에 대한 답을 구하면서 등장한다. 최초의 철학자라고 불리는 탈레스*는 "만물은 물"이라고 답했고 그의 제자 아낙시만드로스*는 "무한한 것"이라고 답한다. 그리스 신화에서는 세계의 창조를 묘사할 때, 먼저 카오스(khaos : 혼돈)가 있고 카오스에서 하늘과 땅이 생겼다고 한다. 원래 카오스의 의미는 '하품을 하다'라는 것으로, 입을 열고 있는 것처럼 깜깜하고 속이 텅 빈 공간을 뜻한다고 한다. 이 외에도 세계의 최초 모습은 혼돈, 즉 카오스이며 이 혼돈에서 형태를 갖춘 것이 생겨난다는 것이 많은 신화의 패턴 중 하나이다. 아낙시만드로스가 세계의 근본, 즉 아르케라고 주장한 '무한한 것'은 혼돈의 이미지에 가깝다고 이 책은 설명한다. 그리고 이 혼돈에 의해 세계의 처음을 생각하는 사상은, 우주의 최초가 불덩어리의 대폭발 '빅뱅(Big Bang)'이라고 하는 현대의 우주론과도 통한다. 빅뱅 이론은 우주가 최초에 태양의 30배 정도의 불덩어리였다가 대폭발에 의해 현재의 150억 광년이라는 크기로 퍼졌다고 하는 우주팽창설이다.

'이 세상의 근본이 무엇이냐'는 수수께끼 놀이는 좀 더 확장되어, "그렇다면 만물의 근본이 있다는 것은 무엇을 말하는가?"라는 놀이로 이어진다. 즉, "있다(존재)란 무엇인가"라는 수수께끼로 넘어가는 것이다. 이것을 먼저 푼 철학자는 헤라클레이토스*이다. 그는 "존재란 변화한다"는 그 유명한 '만물유전의 법칙'을 말한다. 『함께 가보는 철학사 여행』에서 소개하는 헤라클레이토스는 세계의 모습을 '변화하는 형태'라고 본다. 그는 만물을 강과 비교하면서 "우리들은 같은 강물에 들어가는 것이기도 하고, 들어가지 않는 것이기도 하며, 존재하는 것이기도 하고,

탈레스(Thales, B.C.624?~B.C.546?)_ 그리스의 철학자. 만물의 근원이 무엇인지 철학적으로 탐구한 최초의 인물로, 그는 만물의 근원을 '물'이라고 여겼다.

아낙시만드로스(Anaximandros, B.C.610~B.C.546)_ 그리스 밀레토스학파의 철학자로 탈레스의 제자이다. 만물의 근원을 무한한 것, 즉 아페이론(apeiron)이라고 하였다.

헤라클레이토스(Herakleitos, B.C.540?~B.C.480?)_ 그리스의 철학자로 "만물은 유전한다"고 말했다. 그에게 있어 세상을 지배하는 상징은 불이었다.

존재하지 않는 것이기도 하다"라는 미묘한 말로 이 세계를 설명했다. 이는 곧, '우리들이 같은 강물에 두 번 들어갈 수 있을까'라는 질문을 던지는 것과 같다. 예를 들면 내가 같은 강의 같은 장소에 들어가려고 해도 내 발에 스치는 물은 아까 내 발에 스쳤던 물과 같은 것은 아니다. 그렇다면 그때 나는 내가 '같은 강'에 들어갔다고 할 수 있을까? 훗날 플라톤은 이 '있다'라는 것에 대해 끝까지 사고하여 '영원히 있는 존재', 즉 이데아를 주장한다. 이렇게 수수께끼 놀이는 서양 철학의 주요 개념이 탄생하는 과정을 이어주는 매개체이다.

가장 놀이다운 수수께끼를 펼친 이들은 소피스트와 소크라테스이다. 『호모 루덴스』에서 호이징하가 보기에 소피스트는 보다 고대적 형태의 문화적 교사들과 같이 두 가지 중요한 기능을 가지고 있었다. 즉, 그의 업무는 놀라운 지식과 신비한 기술을 세상에 공개하고 그와 동시에 공개 시합에서 경쟁자를 굴복시키는 것이다. 따라서 그에게는 고대 사회에서의 사회적 놀이의 두 중요한 요소가 존재하니, 명예를 과시하려는 태도와 투기의 욕구가 바로 그것이다. 그의 행위는 상대방을 논쟁의 올가미 속에 잡아넣거나 상대에게 넉 아웃 펀치를 날리는 순수한 놀이이다.

'제논▶의 역설'로 불리는 아킬레스와 거북이의 달리기 경주 이야기를 꺼내 보자. 트로이전쟁의 그리스 영웅 아킬레스와 거북이가 달리기를 한다. 그런데 아킬레스가 거북이보다 약간 뒤에서 출발한다면 과연 아킬레스는 거북이를 따라잡을 수 있을까? 결론은 '결코 따라잡을 수 없다'이다. 왜냐하면, 아킬레스가 거북이를 추월하기 위해서는 일단 거북이가 있는 곳까지 이동해야 하는데, 그러기 위해선 아킬레스가 아무리 빠르다 하더라도 유한한 시간이 흘러야 한다. 그러나 그 시간 동안 거북

제논(B.C.490?~B.C.430?)_ 그리스의 철학자. '자연과 일치된 삶'을 목표로 여겼다. 행복은 우주를 지배하는 신의 이성을 따르는 일이라고 하였다.

이도 조금은 전진하기 때문에 아킬레스는 영원히 거북이를 따라잡을 수 없다는 논리이다. 오늘날 수학적으로는 고등학생들이 배우는 무한등비급수로 이 문제를 해결할 수도 있겠지만 그러기 위해서는 유한한 시간이 전제되어야 아킬레스가 수학적으로 거북이를 이길 수 있을지 모른다. 결국 소피스트들에게 진리는 '상대적'이고 따라서 '인간이 만물의 척도'라는 프로타고라스의 말이 의미를 가지게 된다.

한편 진리의 절대성을 주장하는 소크라테스와 플라톤의 놀이 방법은 '대화'이다. 『함께 가보는 철학사 여행』에서는 대화를 하면서 상대가 말하고 있는 모순을 이끌어 내는 그들의 방법을 변증법(문답법)이라 불렀다. 헤겔이 논리적 방법론으로 등장시키는 정-반-합의 변증법도 있지만 기본적으로 변증법은 대화 · 문답의 기술을 의미한다. 즉, 상대방의 논리에서 그것과 모순되는 결론을 끌어내기 위한 기술인 것이다. 이를 먼저 사용한 것은 앞서 살펴본 소피스트였는데, 소크라테스는 하나의 주제에 대한 대화를 통해 상대방 자신이 잘 알고 있다는 것의 문제점을 지적해 나가며 '진실된 지식'을 끌어내기 위한 방법으로 변증법을 사용하였다. 소크라테스의 독특한 점은 대화를 통해 상대에게 일방적으로 지식을 주는 것이 아니라, 소크라테스가 던지는 물음을 실마리로 하여 상대방으로 하여금 자신의 힘으로 진정한 지식에 도달하게끔 한다는 점이다.

철학으로 이어지는 수수께끼 놀이 이외에도 음악과 축제 역시 놀이의 형태이며 시 또한 놀이이다. 시는 수수께끼와 엇비슷하게 정신의 놀이터이며 철학적 사랑의 꿈과 같은 것이라고 호이징하는 주장하였다. 천상병의 시 「귀천」처럼 "나 하늘로 돌아가리라/노을빛 함께 단둘이서/기슭에서 놀다가/구름 손짓하면은"이라고 직접적으로 말하는 시나, 김

헤겔(Georg Wilhelm Friedrich Hegel, 1770~1831)_ 칸트 철학을 계승한 독일 관념론의 대성자이다. 18세기의 합리주의적 계몽사상의 한계를 통찰하고 '역사'가 지니는 의미에 눈을 돌린 데 의미가 있다. 또한 모든 사물의 전개(展開)를 정(正) · 반(反) · 합(合)의 3단계로 나누는 변증법(辨證法)은 그의 논리학과 철학의 핵심이다.

천상병(千祥炳, 1930~1993)_ 시인. 주요 작품으로 「새」 「귀천(歸天)」 등이 있다.

춘수의 「꽃」처럼 "내가 그의 이름을 불러 주었을 때 그는 나에게로 와서 꽃이 되었다"는 존재론적 철학을 띠는 시 모두 하나의 놀이가 될 수 있는 것이다.

춤, 음악, 자유분방함, 열광 등이 얽힌 놀이의 결정판은 바로 '축제'이다. 앞서 본 원시적 제의에서부터 오늘날의 카니발이나 추수감사제와 같은 형태까지 축제는 지속되고 있다. 플라톤은 이러한 축제에 대하여 "신들이 슬픔을 안고 살아가도록 태어난 인간들을 불쌍히 여긴 나머지 그들이 고통으로부터 잠시 쉴 수 있도록 추수 감사 축제를 제정하고 그들에게 뮤즈들의 우두머리인 아폴로와 디오니소스를 보내 그들과 친구가 되게 했다"고 하였다. 일상 생활에서의 인간들의 질서는 축제 때의 이런 신성한 교제에 의해 회복된다. 이렇게 제사를 지내고 노래하고 춤추는 삶을 통해 인간은 전쟁 대신 평화롭게 사는 법을 또한 배우게 되는 것이다.

김춘수(金春洙, 1922~2004)_ 시인. 사물의 본질을 파악하는 시로 유명하다.

아폴로(Apollo)_ 제우스의 아들로 태양신이다. 이성을 상징하기도 한다.

디오니소스(Dionysos)_ 그리스 신화에 나오는 술의 신. 로마에서는 바커스라고 불렸다. 감성의 상징이자 신비적 존재로 불리기도 한다.

___현대판 놀이, UCC

2006년 12월 미국의 시사주간지 『타임』은 '2006 올해의 인물'로 '당신(You)'을 선정하였다. 언론의 표현처럼 세계 최강대국 미국의 대통령 부시도 아니고 가톨릭의 수장 교황이나 티벳 불교의 달라이 라마도 아닌, 그저 매일 아침 눈 뜨면 직장에 나가 제일 먼저 컴퓨터를 켜고 퇴근해서도 새벽까지 자신이 만들고 올린 동영상을 공유하고 좋아하는, 바로 평범하지만 블로그나 미디어 영역에서 영향력을 키워가는 You, 당신

달라이 라마(Dalai-Lama)_ 티벳 불교의 수장. 현재 중국의 지배에 저항하며 자치와 독립을 추구하는 티벳의 정치적 상징이기도 하다.

이 바로 '올해의 주인공'이 된 것이다.

　오늘날 이제 우리는 인터넷이라는 가상 공간에서 '논다.' 이제는 단순히 특정 기업 등에서 일방적으로 제공하는 게임이나 동영상 등을 거부하고, 그것이 단순하게 마빡이를 흉내낸 것이든 전문가를 뺨치는 수준의 글이나 사진, 동영상을 올리는 것이든, 하여간에 자신을 드러내고 뽐내며 함께 열광한다. 바로 새로운 문화 트렌드로서의 'UCC의 힘'이 오늘날 우리의 놀이가 된 것이다.

　UCC는 말 그대로 '사용자가 창조하는(User Created Content)' 컨텐츠이다. 사람들은 자신이 놀고 싶은 주제에 대해 인터넷에서 검색을 하고 정보를 수집한다. 처음에는 조악한 모방으로 시작한 이 놀이가 놀랄 만큼 빠르게 하나의 문화로 탄생하는 과정을 우리는 매일매일 수많은 블로그에서 확인할 수 있다. 인간이 이성적인 존재라고 생각하는 '호모 사피엔스'를 넘어 자연이 우리에게 선사한 긴장과 쾌락과 재미를 함께하는 놀이를 준 것을 상기한다면 이제 호이징하가 말한 '호모 루덴스'라는 말의 의미를 다시 확인할 수 있을 것이다. 1인칭으로 대변되는 블로그 문화에서 서로가 공유하고 소통하며 함께 즐기는 문화까지 탄생시키는 현대의 놀이에서 '호모 루덴스'는 되살아나고 있는 것이다.

부여(夫餘)

만주 송화강 유역에 있었던 나라. 고조선이 멸망하기 이전부터 북만주 지역에 성립하였다고 알려져 있다. 고구려와 백제의 시조가 되는 나라이며 고구려에 흡수된다.

광개토대왕(廣開土大王, 375~413)

고구려의 제19대 왕. 4세기 말에서 5세기 초반 북으로는 요동성 등 만주 지역까지 영토를 확장하고 남으로는 신라에 들어온 왜구를 몰아내는 등 한반도까지 그 영역을 확장하였다.

무열왕(武烈王, 604~661)

본명은 김춘추. 김유신과 함께 당나라와의 연합을 이끌어 내고 백제와 고구려에 대항하였다. 진골 귀족 중 처음으로 신라 제29대 왕으로 추대되었으며 삼국 통일의 기틀을 쌓았다.

동맹(東盟)

고구려에서 매년 음력 10월에 국가적인 규모로 치른 성대한 제천 의식.

계절제(季節祭)

삼한에서는 해마다 씨를 뿌리고 난 뒤인 5월의 수릿날과 가을 곡식을 거두어들이는 10월에 계절제를 열어 하늘에 제사를 지냈다. 이때 사람들은 모두 모여 음식과 술을 마련하여 음주가무를 즐겼다.

무천(舞天)

동예에서 매년 10월에 행한 제천 의식.

안압지(雁鴨池)

신라 시대 만들어진 인공 연못. 『삼국사기』에 보면 궁성 안에 못을 파고 산을 만들어 화초와 물고기를 길렀다고 하는데, 안압지는 그때 판 못으로 추정된다.

현종(玄宗)

당나라 제6대 황제. 한때 '개원의 치'라고 불릴 정도로 정치를 잘 하였으나 말년에 양귀비, 안사의 난 등으로 정치적 혼란기를 겪었다.

양귀비(楊貴妃)

당나라 현종의 황후이자 최고 미인의 대명사. 당나라의 국력이 쇠하기 시작한 원인으로 지목 받기도 하는데, 이는 양귀비의 총애를 받던 절도사 안록산과 사사명이 난을 일으키면서 당나라가 급격히 쇠퇴하였기 때문이다.

카이사르(Gaius Julius Caesar, B.C.100~B.C.44)

로마 공화정 말기 삼두정치를 이끌었던 정치가이자 군인. 저서로는 『갈리아 전기』등이 있으며 로마의 사회 개혁을 일궈냈다. 그러나 황제가 되려 한다고 의심한 브루투스에 의해 살해 당하였다. "주사위는 던져졌다" "왔노라 보았노라 이겼노라" 등 많은 명언을 남기기도 하였다.

뉴턴(Isaac Newton, 1642~1727)

영국의 물리학자 · 천문학자 · 수학자 · 근대이론과학의 선구자. 수학에서 미적분법 창시, 물리학에서 뉴턴역학의 체계 확립, 이것에 표시된 수학적 방법 등은 자연과학의 모범이 되었고, 사상면에서도 역학적 자연관은 후세에 커다란 영향을 끼쳤다.

『목민심서(牧民心書)』

조선 후기의 문신인 정약용이 목민관, 즉 지방 수령들의 윤리적 각성과 백성을 다스리는 도가 어떠해야 하는지에 대해 적어 놓은 책이다. 세도 정치기 농민의 곤궁함, 지방 서리의 부정, 토호의 횡포 등을 낱낱이 파헤쳐 놓기도 하였다.

『대명률(大明律)』

중국 명(明)나라의 기본 법전.

박지원(朴趾源, 1737~1805)

조선 후기 실학자. 상공업을 중시하는 북학파로 구분되며 『호질』『허생전』『양반전』등에서 자유로운 문체를 구사하며 양반의 타락상을 고발하기도 하였다.

『열하일기(熱河日記)』

박지원의 중국 기행문집. 1780년 그의 종형인 박명원을 따라 청나라 고종의 칠순 잔치에 가는 도중 열하(熱河)의 문인들과 사귀고, 연경(燕京)의 명사들과 교유하며 그곳의 문물을 각 분야로 나누어 기록한 책이다.

오이디푸스(Oidipous)

태어나자마자 아버지인 테베의 왕을 죽이고 어미를 범한다는 신탁에 의해 버림 받았다. 그러나 장성하여 길에서 만난 한 노인과 시비 끝에 그를 죽이는데 그가 바로 자신의 아버지였다. 스핑크스의 수수께끼를 풀고 왕위에 올랐으나 자신의 어머니인 줄도 모르고 왕비를 아내로 맞이하였다. 결국 모든 진실을 알게 된 후 그는 자신의 두 눈을 뽑고 방랑의 길을 떠나 죽는다. 소포클레스의 비극으로도 유명한 이 일화에서 훗날 정신분석학자인 프로이트는 아버지에게 반항하며 어머니를 자기 것으로 삼으려는 욕망을 일컬어 '오이디푸스 콤플렉스'라고 명명하였다.

소피스트(Sophist)

원래 현인(賢人), 지혜로운 자라는 뜻으로 기원전 5세기 무렵부터 기원전 4세기에 걸쳐 그리스에서 활약한 지식인들의 호칭이다. 그리스 전역을 돌아다니면서 변론술과 입신출세에 필요한 백과사전적 지식을 가르치고, 많은 보수를 받았다

소크라테스(Socrates, B.C.469~B.C.399)

고대 그리스의 철학자. 플라톤의 스승으로 제자들에게 자기 자신을 돌아볼 것을 주장하였고 산파술(대화법)으로 유명하다. 거리의 사람들과 철학적 대화를 나누는 것을 일과로 삼았고 자신의 무지가 폭로되는 것에 화가 난 사람들에 의해 고발되어 재판에서 사형을 선고받았다.

프로타고라스(Protagoras, B.C.485?~B.C.414?)

고대 그리스의 철학자. 그의 유명한 인간척도설은 플라톤에 의해 '인간은 만물의 척도이다. 존재하는 것에 대하여는 존재하는 것의, 존재하지 않는 것에 대하여는 존재하지 않는 것의'라는 말로 전해진다. 절대적인 진리의 존재를 부인하고 상대주의를 표방한다.

1. 인간의 본질을 '놀이하는 인간'으로 규정한다면 현대 산업 사회에서 개인의 놀이와 여가 활동이 한 사회가 추구하는 공동선과 충돌하거나 어긋날 경우 어떤 가치관과 행위를 우선으로 해야 할 것인지 생각해 보자.

   주제어: 공동체, 유의미성, 자아실현, 조화 등

2. 최근 대기업들은 회사 내에 여가와 놀이를 할 수 있는 문화를 속속 받아들이고 있다. 이것이 업무 성과에 미치는 영향이 더 크다는 의견도 있다. 이와 같은 긍정적 측면으로 작용할 수 있는 것은 놀이의 어떤 속성 때문인지 논하여 보자.

   주제어: 자발성, 단체성, 협동, 창의성 등

＊ 찾아보기_ 2007 한양대학교 수시 1학기 논술 : 놀이 문화

3

보편적인 문화와
독창적인 문화는 어떻게 다른가?

검색! 교과서

문화의 주체적 수용

쿠샨 왕조의 중심지였던 서북 인도의 간다라 지방에서는 인도 문화와 헬레니즘 문화가 융합된 간다라 미술이 발달하였다. 대승불교와 간다라 미술은 그 후 중앙 아시아와 중국을 거쳐 우리나라와 일본에 전파되었다.

- 세계사 2부 3장(금성출판사)

불교와 유교는 외래 사상을 그대로 들여온 것이 아니라, 이를 한국화하고 토착화시킴으로써 한국 사상으로서의 개성을 확립하였다. 즉, 우리 조상들은 불교와 유교를 소화하여 우리 것으로 만들었다. 튼튼한 전통 문화의 기반 위에서 선진적 외래 문화를 주체적으로 수용하는 것이 민족 문화 발전의 열쇠라는 관점에서 볼 때, 우리의 민족 문화는 무한한 발전가능성을 안고 있다. 우리는 이러한 민족 문화에 대한 자부심과 긍지를 가지고 민족 문화를 보존함과 아울러 이를 발전시켜 나가려는 자세를 가져야 하겠다.

- 국사 1부 2장(교육인적자원부)

___헬레니즘 문화와 간다라 미술

　영화 「알렉산더」는 33세의 나이로 요절하였지만 그리스 · 페르시아 · 인도를 포함한 유럽 · 아시아 · 아프리카의 3대륙에 걸쳐 광활한 제국을 건설한 알렉산더 왕에 대한 영화이다. 그리스인 알렉산더가 인더스 강까지 점령하고 코끼리와 맞붙는 장면은 상징적으로 알렉산더의 대제국이 어느 정도였는지 가늠하게 하는 영화적 장치이기도 하다. 알렉산더가 꿈꾼 대제국은 동서양의 통합과 융합을 통한 새로운 세계적 국가였다. 여기에서 그리스 문화와 오리엔트 문화가 융합되며 새로운 '헬레니즘 문화'가 탄생한다. 세계시민주의와 현실적 미로 설명되는 헬레니즘 문화는 인도의 간다라 미술이 등장하는 배경이 된다. 이렇게 각각 다른 문화들은 서로 부딪치고 소통하면서 보편적이면서 고유한 문화로 거듭나게 된다.

　세계사 교과서에서는 간다라 지방에 들어와 있던 그리스인들이 '감히 신을 조각하는 것'을 본 불교도들도 불상을 만들면서 간다라 미술이 시작되었다고 소개한다. 이렇게 인도 문화와 헬레니즘 문화가 융합된 간다라 미술은 대승불교▶와 함께 실크로드를 타고 중앙아시아와 중국을 거쳐 우리나라와 일본에 전파되었다.

　천 년의 왕국 신라는 불교의 이상적 미를 석굴암 본존불상을 통해 표현해 냈다. 경주 토함산 기슭에 자리 잡은 석굴암은 바로 앞에서 설명한 간다라 미술을 한국적으로 완벽하게 재현한 작품이자 통일 신라의 이상적인 미를 표현하는 작품이다. 간다라 미술의 중국적 형태인 둔황 석굴▶과 윈강 석굴▶이 거대한 동굴에 자리 잡은 절과 불상의 향연이라면, 석

대승불교(大乘佛敎)_ 개인의 해탈만이 아니라 모든 중생을 구제하려는 불교종파. 한국, 중국, 일본 등 동북아시아의 불교로 확장되었다.

둔황 석굴(敦煌 石窟)_ 중국 간쑤성(甘肅省) 둔황현(敦煌縣)에 위치한 불교 유적으로 간다라 양식을 수용하였다. 프랑스의 P. 펠리오에 의해 세계에 알려졌고, 중국의 불교 수용을 이해할 수 있는 문화 유산이다. 이곳에서 혜초의 『왕오천축국전』이 발견되기도 하였다.

윈강 석굴(雲崗 石窟)_ 중국에서 가장 큰 석굴 사원. 중국 산시성(山西省) 우저우강(武州江) 북안에 있는 사암(砂岩)의 낭떠러지에 위치해 있다. 위진남북조 시대의 실크로드를 통해 이루어진 문화 교류를 이해할 수 있는 문화 유산이다.

굴암은 우리의 자연과 당대 사회의 이상이 조화를 이룬 뛰어난 예술 작품이라 할 수 있다. 기본적으로 석굴암은 중국과 달리 자연 석굴이 아니라 화강암 석재를 쌓아올려 조립한 '인공 석굴'이다. 또한 아미타여래를 조각한 석굴암 본존불상은 온화하면서도 엄숙하고 부드럽고 완벽한 형태로 부처의 모습을 재현하고 있다. 『나의 문화 유산답사기』를 보면 일본의 야나기 무네요시는 석굴암을 보고 "우러러보는 자는 그 모습의 장엄과 미에 감동되지 않을 수 없다"라고 감탄하였고, 이 책의 저자 유홍준은 "보지 않은 자는 보지 않았기에 말할 수 없고, 본 자는 보았기에 말할 수 없다"고 평하였다.

우리가 주목해야 할 점은 간다라 미술이라는 세계사적인 보편 문화가 통일 신라 시대에 그 양식을 유지하면서도 독자적이며 고유한 형태로 거듭났다는 점이다. 불교 문화에 대한 우리 나름의 독창적 해석이 또 다른 예술적 작품을 탄생시킨 것이다.

이렇게 우리의 전통 문화는 국사 교과서의 표현처럼 다른 어느 민족의 문화와 구별되는 특수성을 지니고 있으면서도 보편적 가치를 추구해 온 문화라고 말할 수 있을 것이다. 전통 문화의 대부분은 그 밑바탕에 유교, 불교, 도교 등의 사상을 깔고 있는데, 이는 모두 외래에서 들어온 것이다. 중요한 점은 우리 조상들이 이 선진적 외래 문화를 주체적으로 수용하면서 끊임없이 한국화를 지향하고 토착화시켰다는 것이다.

특히 불교와 유교는 기본적으로 개인의 깨달음과 실천을 우선시하는 종교이자 사상이지만 우리나라에서는 나라를 다스리고 지키는 사상으로 그 역할을 하였고, 정치·경제·사회·문화 전반에 걸쳐 매우 지대한 영향을 끼치게 된다. 또한 우리 스스로도 이를 받아들이기만 한 것이

야나기 무네요시(1889~1961)_ 일본의 민예연구가·미술평론가. 유종열(柳宗悅)이라고도 함. 일제 강점기 당시의 한국 문화와 예술에 남다른 애착과 관심을 보였다. 조선총독부의 건축을 위해 광화문 철거가 논의되었을 때 적극 반대하기도 하였다.

아니라 주체적으로 수용하여 한국적인 불교와 유교 문화를 형성하는 노력 또한 아끼지 않았다. 그중 인도에서 발생하여 세계 종교로 발전한 불교를 우리가 어떻게 주체적으로 수용하였는가에 대해 알아보자.

___원효의 일심 사상

불교 사상에 대한 한국적 이해를 가장 잘 대표하는 인물이 바로 원효이다. 해골에 담긴 물을 마시고 도를 깨달아 유학을 포기했다는 이야기와 요석 공주와 결혼하여 설총을 낳았다는 이야기 정도로만 얼핏 알려진 원효. 그의 사상은 도대체 어떠한 것이기에 그 독창성을 인정받는 것일까? 국사 교과서는 그에 대해 "원효는 불교 서적을 폭넓게 이해하고, 모든 것이 한마음에서 나온다는 일심 사상을 바탕으로, 다른 종파들과 사상적 대립을 조화시키고 분파 의식을 극복하려고 노력하였다. 원효는 극락에 가고자 하는 아미타 신앙을 자신이 직접 전도하며 불교 대중화의 길을 열었다"고 간략하게 서술하고 있다.

『한국사 이야기』에 따르면 원효는 7세기 신라 사람으로 당시 신라가 백제와 고구려를 무너뜨리고 통일을 하기 위한 전쟁이 하루도 끊일 날이 없었던 시대에 주로 활동한 인물이다. 그저 수많은 승려 중 한 명으로 기록될 수도 있었을 원효를 오늘날 우리가 가장 한국적이고 독창적인 사상가이자 종교가, 실천가로 꼽는 이유는 무엇일까? 우선 그가 다양한 독서와 불교 사상에 대한 심도 있는 연구로 당대에 '일심'과 '화쟁'으로 대표되는 사상을 창시했다는 점을 들 수 있다. 그러나 그가 외래 종교인 불교를 내면화하면서 주체적으로 수용한 결과를 낳을 수 있었던 배경에는 무엇보다도 당대 민중들의 고단한 삶을 외면하지 않았다는 점을 이해해야 할 것이다.

역사학자 이이화는 『한국사 이야기』에서 그가 당나라 유학을 포기한 뒤부터 70세에 깊은 산골 토굴에서 죽기 전까지 활동한 모습을 '민중과 함께한 모습'으로 평가한다. 원효는 당나라 유학을 포기한 뒤 바가지를 두드리고 "모든 것에 걸림이 없는 사람이 한 길로 생사를 벗어났다"고 노래 부르며 고을고을을 누비고 다녔다. 그는 이 바가지에 '아무 걸림이 없다'는 뜻을 담은 무애호(無碍瓠)라는 이름을 붙였다 한다. 기록에 의하면 그는 때로 술집에 들어가 기생을 희롱하기도 하고 때로는 여염에 들어가 살기도 하였으며, 때로는 토굴에 들어가 좌선에 열중하기도 하였다. 또 거리를 쏘다니면서 민중들 틈에 끼어 춤추고 노래하며 즐거워하기도 하였다. 이처럼 그는 말년에 보통 사람으로서는 일부러 하고자 하여도 하지 못했을 기행을 벌였다는 것이다.

과연 그는 왜 그랬을까? 역사학자 이이화는 "그는 중단 없는 전쟁으로 사람들이 죽어가고 전쟁이 끝난 뒤에도 민중들이 굶주림과 노역의 고통 속에 신음하는 것을 똑똑히 보았다. 그런데도 귀족들과 승려들은 민중의 고통과 중생 제도를 외면하고 화려하게 살고 있었다. 그는 신라 사회의 현실을 똑바로 바라볼 수 없었을 것이다. 민중들은 그를 동반자 또는 허물없는 친구로 받아들였다. 그의 진가는 무엇보다도 민중의 고통을 대변하고 민중과 함께한 모습에서 발견할 수 있다"라고 말하였다. 여기에서 우리는 불교라는 외래 종교를 받아들이면서도 피를 흘리며 굶주리며 힘들어하던 당대 신라인들의 모습을 생생하게 바라보며 어떻게 이들을 구제할 수 있을까 고민한 지식인이자 종교인, 그리고 실천가로 서의 원효를 만날 수 있다.

그렇다면 원효의 사상에서 핵심은 무엇인가? 간단하게 말하면 "일심 (一心)에 의해서 만물을 통섭"하는 것이다. 일심, 즉 '한 마음'은 일면 한 개인의 마음으로 좁혀 생각하기 쉽다. 그러나 일심은 더 넓은 차원의 '한 마음', 즉 우리가 살고 있는 세계를 포함한 전 우주를 아우르는 마음이라고 할 수 있다. 『원효의 대승철학』에서는 이것을 '우주를 관통하는 마음'이자 모든 동식물의 마음을 포함, '삼라만상 일체가 다 마음'이라는 것을 지칭하는 것으로 읽기를 권한다.

그렇다고 이것이 세상 모든 것의 특징과 존재를 무시하고 딱 한 가지로 만든 것을 의미하는 것은 아니다. 원효의 사유 방식은 서양 철학에서 말하는 존재의 근본이자 절대자인 유한한 하나를 말하는 것이 아니기 때문이다. 비유하자면 이 '하나'의 마음은 바다와 같은 존재이다. 『원효의 대승철학』에서는 이를 "바다는 연못에 비교할 수 없을 정도로 엄청나게 깊고 넉넉하다. 그래서 바다는 모든 종류의 물을 다 받아들이는 넉넉함과 깊이를 상징한다. 다양한 물을 받아들이는 바다는 이것은 좋고 저것은 나쁘다는 식으로 하나만 선택할 것을 주장하지 않는다. 바다의 포괄적 존재 방식은 깊고 넉넉해서 두 가지를 융화하되 하나로 합일하지 않는다는 것이다"라고 설명한다. 즉, 이상과 현실, 순수함과 속된 것 등 두 가지 경계를 없애고 하나로 만드는 것이 아니라, 차이를 인정하면서도 함께 '어울림'이 가능하도록 추구하는 것이다.

이이화는 일심을 "모든 것의 근원으로 화합의 근본이 되고 평등하고 차별이 없으니 다툴 까닭이 없다는 것이다"라고 설명하였다. 원효의 일심 사상은 부처의 가르침을 놓고 서로 다른 주장을 내놓으며 다투는 교리적 대립이나 사회의 여러 세력이 갈등과 분열을 일으키는 상황을 화쟁 사상으로 모아들였다. 화쟁 사상은 갈등 논리가 아닌 통합 논리로서, "어떤 이론을 평가할 때에는 긍정하면서 스스로 부정하고, 부정하면서 긍정하는 방법이 가장 옳다"고 주장하였는데, 이는 곧 어느 한쪽에 치우치지 말 것을 의미한다는 것이다. 이상을 정리하면, 이상과 현실 혹은 이처럼 대립되는 두 가지 경계의 문을 '한 마음(一心)'으로 통섭한다는 원리가 원효 사상의 핵심이라 할 수 있다.

___조선 성리학의 발전, 사단칠정론논쟁

기선달(기대승)에게 감사하는 마음으로 씁니다. 병든 몸이라 문밖을 나가지 못하다가, 덕분에 어제는 마침내 뵙고 싶었던 바람을 이룰 수 있어 얼마나 다행이었는지요? 감사하고 부끄러운 마음이 아울러 깊어져, 비할 데가 없습니다. 내일 남쪽으로 가신다니 추위와 먼길에 먼저 몸조심하십시오. 덕을 높이고 생각을 깊게 하여 학업을 추구하시기를 간절히 바랍니다. 이만 줄이며 이황이 삼가 말씀드렸습니다.

－『퇴계와 고봉, 편지를 쓰다』 중에서

조선 중기 명종 13년, 당대 최고의 성리학자인 퇴계 이황과 그와의 나이차가 무려 26살이나 되는 고봉 기대승은 조선 성리학의 사상적 발전을 가져올 계기가 되는 편지 교환을 시작한다. 그 내용이 바로 '인간의 마음과 본성'에 대한 논쟁, 즉 '사단칠정론(四端七情論)'이다. 13년 동안 백여 통의 편지를 주고받으면서 이들이 논쟁한 내용은 그전까지는 단지 조선의 통치 이념이자 충성과 예절을 기본으로 했던 중국 주자학▶에 대한 이해를 주체적으로 수용하게 하는 중요한 단서가 되었다. 원효가 당대 민중의 삶에 대한 고뇌와 반성에서 '일심'이라는 사상을 발전시켰다면, 이들은 성리학이라는 학문에서 인간의 윤리와 실천을 끌어내기 위한 철학적 근본으로서 '인간의 마음'에 대한 탐구를 진행하며 논쟁을 통해 조선 성리학을 독자적으로 이끌어 냈다.

중국 남송 시대 철학자 주희(주자)는 유교 경전을 읽으며 나름의 해석을 붙인다. 신유학이라 일컫는 이 학문은 우주와 인간의 근본 원리를 탐구하는 것을 주된 내용으로 한다. 인간의 본성이 곧 우주의 이치와 일치한다는 뜻의 '성리학(性理學)'은 우리가 사는 세상을 '이(理)'와 '기(氣)'로 설명한다.

'이(理)'란 우주의 근본 이치 혹은 원리라고 할 수 있다. 우리말에서 "이것이 진리야" 혹은 "네 말은 무리야" "그 말도 일리가 있네"라고 할 때 우리는 자연스럽게 이 '이'라는 말을 쓰게 된다. '세상의 이치'라고 하면 좀 더 쉬울 듯하다. '기(氣)'는 그 이치가 구현되는 물질적 실체나 운동 혹은 힘을 말하는데, '정기(精氣)'라는 단어나 "걔는 기가 너무 세"라고 할 때 그 '기'를 떠올리면 될 것이다. 그런데 사람을 놓고 보더라도 우리 모두가 사람이 될 수 있는 것에는 어떤 근본 법칙, 즉 이치가 있을 것이고, 또한 사람이라는 형체와 눈·코·입 등을 각기 가지게 되는 것은 '기'로 설명이 된다. 그런데 이와 기는 하나이면서 둘이라는 모순적 성질도 가지고 있다. 곧 논리적으로는 원리인 이와 실체인 기로 구

주자학(朱子學)_ 남송의 주희(주자)가 집대성한 유학의 한 학설. 성리학(性理學)이라고도 한다. 이(理)·기(氣)의 개념을 통해 우주의 생성과 인간 심성(心性)의 구조 등을 깊이 사색하여 철학적으로 정립하였다.

별되지만, 그 구별은 논리적이고 추상적인 것에 지나지 않는다. 현실 세계에서 이와 기는 늘 하나의 사물 안에 같이 존재할 뿐 잠시도 떨어질 수 없기 때문이다. 굳이 비유를 하자면 이는 설계도면이고 기는 건물이라는 실체라고나 할까?

이러한 '이기'가 인간의 마음에서 펼쳐질 때 나타나는 것이 '사단(四端)'과 '칠정(七情)'이다.

『한국사 이야기』에서는 사단(四端)이 맹자가 말한 인간의 순수하고 착한 본성인 '인의예지(仁義禮智)'가 나타난 것으로, 어짊(仁)에 근거해 측은하게 여기는 마음(惻隱之心), 옳음(義)에 의거해 부끄러워하고 싫어하는 마음(羞惡之心), 예절(禮)에 근거하는 사양하는 마음(辭讓之心), 지혜(智)에 근거해 판단하는 마음(是非之心)은 사람을 착한 행동으로 이끈다고 한다. 하지만 인간에게는 이러한 근본적인 마음과 달리 그때그때 달라지는 일곱 가지 감정들이 있는데 기쁨(喜), 분노(怒), 슬픔(哀), 즐거움(樂), 사랑(愛), 미움(惡), 욕망(欲)이 그것이다.

사단은 인의예지라는 본성이 바깥 세계나 사람, 사물의 영향을 받지 않고 그대로 발현된 감정이므로 항상 선하다. 하지만 칠정은 미운 사람을 만나 원수가 되기도 하고 술 한잔 걸치며 즐거울 수도 있고 명품만 보면 가지고 싶은 욕망이 일어나기도 하는 등과 같이 바깥의 영향을 받아서 발생한 것이므로 선할 수도 있고 악할 수도 있다. 이것이 마음에 대한 성리학의 설명이다.

『퇴계와 고봉, 편지를 쓰다』에서는 이러한 사단칠정과 이기의 관계에 대한 두 사람의 설명이 갈라지면서 논쟁이 시작된다고 하였다. 이 책에서는 퇴계가 "사단은 이가 발현한 것이요, 칠정은 기가 발현한 것이다"

라고 말했는데, 사단은 우주와 인간의 본래 성질이 고스란히 드러난 감정이므로 하늘과 인간의 원리인 이치, 즉 이와 같다고 한다. 따라서 지고지순한 '선(善)'이 된다. 그런데 칠정은 바깥 세상과 접하면서 자연스럽게 생기게 되는 감정으로, 실체적인 기와 맥락을 같이 한다는 것이다. 이처럼 퇴계는 사단과 칠정을 마주 놓고 이와 기에 나누어 붙였다. 이기이원론(理氣二元論)을 기본으로 하면서도 우리 인간은 우주의 원리인 이, 즉 지고지순한 사단의 마음을 일상 생활에서 추구해야 한다는 뜻을 내포하고 있다고 보아도 큰 무리가 없을 듯하다. 여기에서 '우주와 사물의 근본 원리인 이가 움직여 선한 감정을 일으킨다'는 주장은 퇴계 철학의 독자성을 보여주는 중요한 부분으로 평가 받는다고 한다.

반면 기대승은 사단과 칠정을 이와 기에 나누어 붙이는 퇴계의 견해에 반대했다. 그에 따르면 칠정은 '정(情)' 전체를 아우르는 개념, 즉 감정 전체로 이기가 합쳐져 있는 것이고, 그 안에는 선악의 가능성이 공존한다. 반면 사단은 '성(性)'을 그대로 드러내어 오롯이 선한 것만을 칠정에서 따로 떼어 말한 것일 뿐이다. 따라서 그는 인간의 감정을 연원에 따라 갈라놓기보다는 두 가지 가능성이 공존하는 하나의 실체라는 점을 강조하는 것이 더 실제와 맞고 중요하다고 생각했다는 것이다.

『논쟁으로 보는 한국 철학』을 통해 이러한 논쟁의 발단을 구체적으로 살펴보면 다음과 같다. 이황은 기대승에게 보낸 편지에서 "사단의 발(發)은 순리(純理)이기 때문에 선하지 않음이 없고 칠정의 발(發)은 기를 겸하였으므로 선악이 있다고 하면 병폐가 없지 않겠는가?"라고 하였다. 이 편지의 핵심은 이황이 원래 "사단은 이가 발한 것이고 칠정은 기가 발한 것"이라고 했던 것을 "사단의 발은 순리이기 때문에 선하지 않음이 없고, 칠정의 발은 기를 겸하였으므로 선악이 있다"는 표현으로 바꾼 데 있다. 그러나 이황이 이처럼 간단하게 자신의 입장을 밝힌 것에 대해 기대승이 문제 제기를 하여 대논쟁이 불붙게 된 것이다.

퇴계 이황과 고봉 기대승이 처음 편지를 주고받은 명종 14년(1559)부터 4년 뒤인 명종 17년(1562)까지 두 사람의 논쟁은 이어졌다고 한다. 그 해 퇴계는 시를 보내 논쟁을 그치자는 뜻을 알리고 기대승 또한 더 이상 사단칠정론과 관련된 편지를 보내지 않게 되었다. 논쟁이 그친 뒤 4년이 흐른 명종 21년(1566)에 기대승은 그간의 논쟁 과정을 돌아보고 정리한 두 편의 글을 퇴계에게 보냈다. 두 사람은 이 글로 견해를 같이하게 되었다 하고, 퇴계도 그러한 점을 인정함으로써 그 유명한 사단칠정 논쟁이 마무리가 되었다고 한다. 사상적으로 그들의 편지는 조선 성리학이 중국에서 벗어나 주체적이고 독자적인 목소리를 내는 단계를 보여주는 대표적인 사례로 꼽히게 된다.

___우리 고유한 산수화 양식의 탄생, 진경산수화

이러한 조선 성리학의 독자성은 그 후 율곡 이이를 통해 더욱 발전하게 된다. 『진경시대』의 저자 최완수는 이 책에서 율곡 이이가 "이는 만물에 공통으로 존재하나 기는 일물에 국한하여 존재한다"는 '이통기국론'을 주장하면서 이를 바탕으로 문화 전반에서도 흔히 '율곡학파'로 불리는 이들에 의해 조선 고유색을 드러내는 운동이 전개되기 시작한다고 설명하고 있다. 문학에서는 율곡의 평생지기인 송강 정철이 한글 가

사문학으로 국문학 발전의 서막을 장식했고, 간이 최립은 독특한 문장 형식으로 조선 한문학의 선구를 이루었으며, 석봉 한호는 조선 고유의 서체인 석봉체를 이루었다는 것이다. 회화 분야에서도 조선의 고유색을 드러내고자 하는 노력이 시도되는데, 전국의 명승지를 유람하면서 아름다운 우리 산천을 시화로 사생해 내면서 우리 산하를 표현하는 데 적합한 화법이 무엇인가 하는 것이 화두로 떠오르게 된다. 이 속에서 겸재 정선이 등장하는 것이다. 최완수는 겸재 정선을 일컬어 "우리 산천의 아름다움을 사생하는 데 가장 알맞은 우리 고유 화법을 창안해 내어 우리 산천을 소재로 그 회화미를 발현해 내는 데 성공한 진경산수화(眞景山水畵)의 대성자"라고 표현하였다. 즉, 정선이 바로 우리 고유 산수화 양식인 진경산수화풍의 시조라는 것이다.

그 이전까지의 화가들이 대부분 중국의 화풍과 화법을 그대로 수용하여 남종화나 북종화의 방식을 채택하였다면 겸재 정선은 이 모두를 아우르면서도 우리 산천을 그만의 특유한 강조와 생략을 통해 강하게 그려냈다. 「인왕제색도」나 「금강전도」는 겸재 정선의 진경화법이 제대로 표현된 작품들이다. 「인왕제색도」는 겸재 나이 76세 되던 해에 그의 절친한 친구인 사천 이병연이 세상을 떠나게 되자 그 슬픔을 달래기 위해 그와 함께 오르곤 했던 북악산 남쪽에 올라 자신의 집이 있는 인왕곡 일대를 바라보며 비 개는 정경을 장쾌한 필법으로 휘둘러 낸 작품이다. 여기에서 우리는 진경을 극도로 추상화시키고 강건한 필력을 구사한 정선의 진경산수화를 제대로 감상할 수 있다.

「인왕제색도(仁王霽色圖)」_ 겸재 정선의 대표작. 한여름 소나기가 지나간 후의 인왕산을 인상적으로 그렸다.

「금강전도」_ 금강산의 웅장하고 스케일이 큰 모습을 화폭에 온전히 담은, 겸재 정선의 대표작. 금강내산(金剛內山)을 부감 형식의 원형 구도로 그린 진경산수이다.

사천 이병연(李秉淵, 1671~1745)_ 겸재의 친구로 조선 후기 문단에서 손꼽히는 시인이었다.

___문화의 통섭을 위해

지금까지 문화의 주체적 수용으로서 대표적인 사례가 될 수 있는 석굴암, 원효의 일심사상, 사단칠정 논쟁, 진경산수화에 대한 내용을 간단히 살펴보았다. 이를 통해 우리는 무엇보다 우리 문화가 외래 문화를 받아들이는 과정에서 그 보편적인 성격을 수용하면서도 우리에게 맞는, 그리고 독창적인 특수한 형태의 문화를 발전시켰음을 확인하였다. 그리고 그것은 당대 사회에 대한 고민, 사상적 논쟁, 문화적 운동 등을 거치면서 형성되었다는 것 역시 알 수 있었다.

그렇다면 오늘날과 같은 세계화 시대에 문화를 수용하는 방법 혹은 자세에는 무엇이 필요할까? 그중 하나로 최근 지적 유행처럼 혹은 하나의 담론으로 형성되는 '통섭(統攝, consilence)'을 들 수 있다. 이 개념은 최재천◀ 이화여대 석좌교수가 2005년에 미국 하버드대 교수인 에드워드 윌슨◀의『Consilience』를 번역하며 이를『통섭』이라고 칭하면서부터 통용되기 시작했다. 그에 따르면 consilience에서의 'con-'은 영어로 'with', 즉 '함께'라는 뜻을 갖고 있고 'salire'는 'to leap', 즉 '뛰어오르다' 또는 '뛰어넘다'라는 뜻이므로, 그는 consilience를 'jumping together', 즉 '더불어 넘나듦'으로 정의한 것이다. 풀어서 보면 '서로 다른 현상들로부터 도출되는 귀납들이 서로 일치하거나 정연한 일관성을 보이는 상태'라고도 하는데, '큰 줄기를 잡다' 혹은 '모든 것을 총괄한다'는 의미가 있다고도 할 수 있다. 최재천 교수는 방송 매체와의 인터뷰에서 이와 관련된 재미난 사실 하나를 밝혔다. 그는 consilience라는 단어를 '통섭'으로 번역하기까지 굉장한 고민을 했는데, 나중에서야

최재천(崔在天, 1954~)_ 이화여자대학교 자연과학대학 자연과학부 석좌교수 · 생물학자. 국내에서는 개미 연구로 잘 알려져 있다.

에드워드 윌슨(Edward O. Wilson, 1929~)_ 하버드대 석좌 교수. 사회생물학의 창시자로 알려져 있다.

이 '통섭'은 이미 원효가 말한 것이라는 것을 알게 되었다고 한다.

앞에서 우리는 원효가 "한 마음으로 만물을 통섭하려 하였다"는 것을 살펴보았다. 여기에서의 '통섭'은 곧 일심의 근본인 바다와 같은 '더불어'와 '어울림'의 의미인 것이다. 좀 더 나아가 원효는 '이상과 현실'이라는 두 차원의 세계가 결국 한마음에서 통섭된다는 것을 여러 불교 학파를 회통하는 원리로 삼았다. 이러한 '통섭'의 원리가 이제는 21세기 학문 간의 영역과 문화의 영역을 파괴하고 새로운 지식·문화를 창조하는 화두가 될 수 있는 것이다.

최재천 교수는 『문화일보』와의 인터뷰에서 "서로 다른 요소 또는 이론들이 한데 모여 새로운 단위로 거듭나는 과정이 통섭"이라고 말하였다. 이는 단순한 병렬적 수준의 '통합'이나 '융합'을 넘어서 새로운 이론 체계를 찾으려는 노력을 뜻한다. 즉, 학문과 학문 간, 학문과 현실 간의 경계를 허묾으로써 인간 삶의 진실에 가깝게 다가가려는 작업이라는 것이다.

통섭의 의미는 무엇보다 인문학과 자연과학의 인위적 구획을 넘나들면서 이른바 '범(trans-)학문적' 혹은 '통합적 학문'의 세계를 추구하는 것이다. 그런데 이것은 문화의 영역에서도 마찬가지로 필요한 요소이다. 문화 영역에서의 '통섭'은 선진적인 외래 문화를 수용하거나 이질적인 문화가 융화되고 그 속에서 새로운 독창적인 문화가 탄생하는 관계 설정의 의미로 받아들여질 수 있다. 서로 다른 문화를 받아들이면서도 자신이 발 딛고 서 있는 토양을 기본으로 하여 새롭고 독창적인 문화를 창조해 내는 주체적 수용의 한 방안으로 이 '통섭'의 방식은 주목할 만한 가치가 있다.

알렉산더(Alexandros, B.C.356~B.C.323)

마케도니아의 왕으로 그리스·페르시아·인도에 이르는 대제국을 건설하였다. 그의 스승은 그리스 철학자 아리스토텔레스이다. 33세에 아라비아를 원정하려다 갑자기 사망했다.

헬레니즘(Hellenism)

알렉산더의 동방 원정과 맞물리며 그리스 문화와 오리엔트 문화가 서로 영향을 주고받아 탄생한 문화. 사실적이며 육감적인 문화와 세계시민주의를 철학적 바탕으로 삼고 있다.

세계시민주의(世界市民主義)

국가, 인종, 관습, 전통, 편견 등을 뛰어넘어 인류를 동등한 하나로 보려는 철학으로, 코스모폴리터니즘(cosmopolitanism)이라고도 불린다. 훗날 로마의 스토아 학파로 연결된다.

간다라(Gandhara)

인더스 강에 위치한 지명이자 알렉산더의 헬레니즘과 같은 문화가 교류된 곳. 여기에서 불교와 헬레니즘이 만나 새롭게 등장한 불상 양식 등을 간다라 미술, 혹은 간다라 양식이라고 부른다. 간다라 문화는 인도의 쿠샨 왕조 카니슈카 왕 때 전성기를 맞이하였다.

실크로드(Silk Road)

흔히 '비단길'이라고 불리는 고대 동서 교통로로, 중국 둔황에서 파미르 고원을 넘어 투르키스탄을 지나 로마까지 이르는 길을 일컫는다. 한무제 시절 장건에 의해 개척되었으며 조로아스터교, 마니교 등의 종교와 문화·상업의 중심지로 발전하였다.

설총(薛聰)

통일 신라기의 학자. 6두품 출신으로 이두를 정리하고 신문왕에게 「화왕계」를 지어 바침으로써 왕권 강화에 기여하기도 하였다.

아미타(阿彌陀)

서방정토(西方淨土)에 머물며 중생들에게 염불을 통한 정토왕생의 길을 제시한다는 부처. '아미타불(阿彌陀佛)'이라고도 함.

퇴계 이황(退溪 李滉, 1501~1570)

중종 때부터 선조 때까지 활동한 조선 중기의 학자. 성리학에서 이기이원론(理氣二元論)을 주장하였으며 한국 성리학을 독자적으로 체계화시킨 것으로 평가 받는다. 도산서원을 지었으며 『성학십도』를 저술하였다. 일본 성리학에도 많은 영향을 미쳤다.

고봉 기대승(高峰 奇大升, 1527~1572)

조선 중기의 학자. 명종 때 과거 급제하고 사관이 되었다. 26살이나 차이가 나는 이황과 13년 동안 서한을 주고받으며 8년 동안 사단칠정(四端七情)을 주제로 논쟁을 편것으로 유명하다.

주자(朱子, 1130~1200)

성리학을 집대성한 중국 남송 시대 유학자. 유학의 사서(四書)에 대한 집주(集註)를 달며 새로운 해석을 내리며 이기론으로 대변되는 철학을 완성하였다.

맹자(孟子, B.C.372?~B.C.289?)

중국 전국 시대의 유학자. 공자의 학문을 계승하면서 인간의 본래 심성이 착하다는 '성선설'과 민심과 천심을 잃은 왕은 교체할 수 있다는 '도덕적 왕도론' 등으로 유명하다.

율곡 이이(栗谷 李珥, 1536~1584)

주로 선조 때 활동한 조선 전기 정치가 · 학자. 현실 정치 개혁에 앞장섰으며 성리학과 관련하여 기를 상대적으로 강조한 이통기국론(理通氣局論)을 주장하였다. 그의 학통은 서인에서 계승하였다.

간이 최립(簡易 崔立 1539~1612)

조선 중기의 문인. 문장과 시에 탁월한 솜씨를 가지고 있었다. 차천로(車天輅)의 시, 한호(韓濩)의 글씨와 함께 송도삼절(松都三絕)로 불릴 정도로 문장이 뛰어났다.

석봉 한호(石峯 韓濩, 1543~1605)

조선 전기의 서예가. 주로 선조 때 활약하였고 명나라에 가는 사신을 수행하거나 외국 사신을 맞을 때 연석(宴席)에 나가 뛰어난 필치로 명성을 떨쳤다.

겸재 정선(謙齋 鄭敾, 1676~1759)

조선 후기의 문인 화가. 벼슬로 현감까지 올라가기도 하였다. 중국 화풍에서 벗어나 조선 산수화(山水畵)의 독자적 특징을 살린 진경화(眞景畵)로 그 명성을 날렸다. 또한 금강산 등 전국의 명승을 찾아 다니며 우리 자연의 아름다움을 화폭에 담았다. 심사정·조영석과 함께 삼재(三齋)로 불리기도 하였다.

1. 우리 문화의 주체적 수용이라는 측면에서 바라볼 때 '가장 한국적인 것이 가장 세계적인 것이다' 라는 표어가 과연 적절한 표현이 될 수 있는지 생각해 보자.

   주제어: 보편성, 독창성, 문화 융합, 세계적 우수성 등

2. 문화를 바라볼 때 '선진적' 혹은 '후진적' 이라는 표현을 쓸 수 있을까? 아니면 모든 문화를 그 고유한 특성으로 이해하고 바라보아야 할까? 이에 대해 자신의 입장에서 논해 보자.

   주제어: 우월성, 평가, 상대주의, 고유성 등

3. 최근 아시아와 세계에서 우리의 드라마 · 영화 · 대중음악 등이 주목 받으며 한류 문화를 형성하고 있다. 이 현상을 문화 전파와 관련하여 어떻게 바라보아야 할지 말해 보자.

   주제어: 상업성, 보편적 감수성, 한국적인 특수성 등

＊ 찾아보기_ 2007 한국외국어대학교 수시 2학기 논술 : 문화 상대주의

〈참고문헌〉

1부

_1장

국사편찬위원회, 『고등학교 국사』, 교육인적자원부, 2007.

베네딕트 앤더슨, 윤형숙 옮김, 『민족주의의 기원과 전파』, 사회비평사, 1991.

송규진 외, 『동아시아 근대 '네이션' 개념의 수용과 변용』, 고구려연구재단, 2005.

에르네스트 르낭, 신행선 옮김, 『민족이란 무엇인가』, 책세상, 2002.

에릭 홉스봄, 박지향 옮김, 『만들어진 전통』, 휴머니스트, 2004.

임지현, 『민족주의는 반역이다』, 소나무, 1999.

_2장

『여성주의 저널 일다』 인터넷판, " '헌법 개정' 이 아닌 '헌법 개혁' 필요", 2006.7.12.

김종수 외, 『고등학교 한국근현대사』, 법문사, 2003.

오금성 외, 『고등학교 세계사』, 금성출판사, 2007.

장호순, 『미국 헌법과 인권의 역사』, 개마고원, 2003.

주진오 외, 『고등학교 한국근현대사』, 중앙교육진흥연구소, 2007.

한상범, 『살아있는 우리 헌법 이야기』, 삼인, 2005.

함께하는 시민행동 엮음, 『헌법 다시 보기』, 창비, 2007.

_3장

김봉석, 「한 장의 사진으로 조작된 전쟁 영웅」, 『한겨레신문』 2007.2.5.

마리 클로드 쇼도느레 외, 이영목 옮김, 『공화국과 시민』, 창해 2000.

박노자, 『당신들의 대한민국 2』, 한겨레신문사, 2006.

이태복, 『도산 안창호 평전』, 동녘, 2006.

주진오 외, 『고등학교 한국 근현대사』, 중앙교육진흥연구소, 2007.

한홍구, 『대한민국사 1』,한겨레신문사, 2003.

홍세화, 『악역을 맡은 자의 슬픔』,한겨레신문사, 2002.

2부

_1장

당대비평 편집부, 『당대비평 6』, 삼인출판사, 1999.

와카타베 마사즈미, 홍성민 옮김, 『불황에서 나라를 건진 경제학자들의 투쟁』, 국일증권경제연구소, 2005.

우석훈, 『한미FTA 폭주를 멈춰라』, 녹색평론사, 2006.

장하준, 형성백 옮김, 『사다리 걷어차기』, 부키, 2004.

장하준, 「처음엔 '자국보호', 나중엔 '후진국 때리기'」, 『오마이뉴스』 대안컬럼, 2003.8.19.

전국역사교사모임, 『심마니 한국사』, 역사넷, 2000.

정인교·노재봉 엮음, 『글로벌시대의 FTA전략』, 해남, 2005.

토드 부크홀츠, 이승환 옮김, 『죽은 경제학자의 살아있는 아이디어』, 김영사, 2005.

한미 FTA 저지 범국민운동본부 정책기획연구단 엮음, 『한미 FTA 국민보고서』, 그린비, 2006.

_2장

김삼수 외, 이병천 엮음, 『개발독재와 박정희 시대』, 창비, 2003.

로버트 라이시, 오성호 옮김, 『부유한 노예』, 김영사, 2001.

세계사신문편찬위, 『세계사신문 2』, 사계절, 1999.

스콧 니어링, 김라합 옮김, 『스콧 니어링 자서전』, 실천문학사, 2000.

이재유, 『스미스의 국부론 : 부의 근원을 찾아서』, 삼성출판사, 2006.

전국역사교사모임, 『살아있는 세계사 교과서 2』, 휴머니스트, 2005.

한철호 외, 『고등학교 한국근현대사』, 대한교과서, 2003.

_3장

김영수, 『건국의 정치 : 여말선초 혁명과 문명전환』, 이학사, 2006.

시오노 나나미, 김석희 옮김, 『로마인 이야기 3 : 승자의 혼미』, 한길사, 1995.

신광영, 「희망의 위기, 무엇을 할 것인가」, 『한겨레 21』 제641호, 2006.12.27.

이덕일, 『정약용과 그의 형제들 2』, 김영사, 2004.

『중앙일보』, "중산층을 OECD 수준(71%)으로", 2007.1.22.

『한국경제신문』, "빈부격차 갈수록 '악화일로'", 2007.2.19.

3부

_1장

마이클 리프 외, 금태섭 옮김, 『세상을 바꾼 법정』, 궁리, 2006.

미셸린 이샤이, 조효제 옮김, 『세계인권사상사』, 길, 2005.

스기하라 야스오, 석인석 옮김, 『인권의 역사』, 한울, 1995.

엄덕수, 「억울한 사형수, 어떻게 보상할까」, 『한겨레신문』, 2007.1.25.

유종선, 『미국사 100장면 : 한권으로 보는』, 가람기획, 1998.

이광주, 『유럽사회-풍속산책』, 까치, 1992.

한스 크리스티안 후프 외 엮음, 정초일 옮김, 『쿠오바디스, 역사는 어디로 가는가 2』, 푸른숲, 2002.

_2장

김기준 외, 『다수 2008 대입논술대비 사회논술』, 대성교육출판, 2007.

김종수 외, 『고등학교 한국근현대사』, 법문사, 2003.

김주환 외, 『고등학교 사회』, 중앙교육진흥연구소, 2007.

김흥수 외, 『고등학교 한국근현대사』, 천재교육, 2003.

슬라보예 지젝 외, 이운경 옮김, 『매트릭스로 철학하기』, 한문화, 2003.

전국역사교사모임, 『살아있는 세계사 교과서 2』, 휴머니스트, 2005.

타리크 알리 외, 안찬수 외 옮김, 『1968 : 희망의 시절, 분노의 나날』, 삼인, 2001.

테다 스코치폴, 한창수 외 옮김, 『국가와 사회혁명』, 까치, 1981.

_3장

김범주 외, 『고등학교 법과 사회』, 교학사, 2007.

버트란드 러셀, 송은경 옮김, 『게으름에 대한 찬양』, 사회평론, 2005.

오금성 외, 『고등학교 세계사』, 금성출판사, 2007.

이재유, 『스미스의 국부론 : 부의 근원을 찾아서』, 삼성출판사, 2006.

이진경, 『근대적 시·공간의 탄생』, 푸른숲, 1997.

제2기 노사정위원회 자료, 2001.6.

폴 라파르그, 조형준 옮김, 『게으를 수 있는 권리』, 새물결, 2005.

하종강, 「주5일 근무제에 대한 어느 아나운서의 시각」, 『미디어 오늘』, 2007.3.30.

4부

_1장

국사편찬위원회, 『상장례, 삶과 죽음의 방정식』, 두산동아, 2005.

이윤기, 『이윤기의 그리스 로마 신화』, 웅진닷컴, 2000.

이지은, 「백남준과 오노 요코, 그리고 여인들」, 『조선일보』, 2006.2.7.

필립 아리에스, 이종민 옮김, 『죽음의 역사』, 동문선, 1998.

『경향신문』, 「백남준 생전 퍼포먼스 시민들이 재현」, 2006.3.1.

_2장

J. 호이징하, 김윤수 옮김, 『호모 루덴스』, 까치, 1998.

강명관, 『조선의 뒷골목 풍경』, 푸른역사, 2003.

고사까 슈우헤이, 방준필 옮김, 『함께 가보는 철학사 여행』, 사민서각, 1997.

국사편찬위원회, 『고등학교 국사』, 교육인적자원부, 2007.

이광표 , 『손 안의 박물관』, 효형출판, 2006.

이이화, 『한국사 이야기 1』, 한길사, 2004.

진중권, 『놀이와 예술 그리고 상상력』, 휴머니스트, 2005.

한겨레신문문화부 편, 『20세기 사람들 (상)』, 한겨레신문사, 1998.

허경진, 『사대부 소대헌·호연재 부부의 사대부 한평생』, 푸른역사, 2003.

_3장

국사편찬위원회, 『고등학교 국사』, 교육인적자원부, 2007.

김영두 옮김, 『퇴계와 고봉, 편지를 쓰다』, 소나무, 2003.

김형효, 『원효의 대승철학』, 소나무, 2006.

오금성 외, 『고등학교 세계사』금성출판사, 2007.

유홍준, 『나의 문화유산답사기』, 창작과비평사, 1993.

이이화, 『한국사이야기 4』, 한길사, 2004.

최완수 외, 『우리 문화의 황금기 진경시대 2』, 돌베개, 1998.

한국철학사상연구회, 『논쟁으로 보는 한국 철학』, 예문서원, 1995.

역사 속에 숨어 있는 논술

펴낸날	초판 1쇄 2007년 7월 2일
	초판 4쇄 2014년 11월 25일

지은이	최경석
펴낸이	심만수
펴낸곳	(주)살림출판사
출판등록	1989년 11월 1일 제9-210호

주소	경기도 파주시 광인사길 30
전화	031-955-1350 팩스 031-624-1356
홈페이지	http://www.sallimbooks.com
이메일	book@sallimbooks.com

ISBN 978-89-522-0656-5   43900